# 红尘禅影 叁

做个自在人
——黄檗无念禅师说禅

[明] 黄檗无念禅师 著
王少农 标点注讲

当代世界出版社

**图书在版编目（CIP）数据**

做个自在人：黄檗无念禅师说禅／（明）黄檗无念禅师著；王少农标点注讲．—北京：当代世界出版社，2013.2

（红尘禅影；3）

ISBN 978-7-5090-0886-7

Ⅰ．①做… Ⅱ．①黄… ②王… Ⅲ．①禅宗－研究 Ⅳ．① B946.5

中国版本图书馆 CIP 数据核字（2013）第 021206 号

责任编辑：纵华跃
封面设计：出书网・元宝
责任校对：梁玉刚
责任印制：高立艳

**做个自在人：黄檗无念禅师说禅**

| | |
|---|---|
| 作　　者： | （明）黄檗无念禅师 著　王少农 标点注讲 |
| 出版发行： | 当代世界出版社 |
| 地　　址： | 北京市复兴路 4 号（100860） |
| 网　　址： | http://www.worldpress.org.cn |
| 编务电话： | （010）83907332 |
| 发行电话： | （010）83908409 |
| | （010）83908455 |
| | （010）83908377 |
| | （010）83908423（邮购） |
| | （010）83908410（传真） |
| 经　　销： | 全国新华书店 |
| 印　　刷： | 北京奥隆印刷厂 |
| 开　　本： | 700 毫米 ×960 毫米　1/16 |
| 印　　张： | 18.5 |
| 字　　数： | 250 千字 |
| 版　　次： | 2013 年 6 月第 1 版 |
| 印　　次： | 2013 年 6 月第 1 次 |
| 书　　号： | ISBN 978-7-5090-0886-7 |
| 定　　价： | 38.00 元 |

如发现印装质量问题，请与承印厂联系调换。
版权所有，翻版必究，未经许可，不得承载！

# 前　言

　　《嘉兴大藏经》新文丰版第二十册《黄檗无念禅师复问》，内容含《醒昏录》。黄檗无念禅师撰，明闻校订。明天启五年（公元1625年）刊行。黄檗无念禅师，名深有，明末著名禅师。深得憨山、袁宏道、李卓吾诸人之推崇。本书卷一至卷三为作者回答友人询问佛法禅理与生死问题的回信，卷四至卷六收《醒昏录》、法语、酬问、牧牛图颂，及传记资料等。

　　黄檗无念禅师对弘扬佛教与禅宗文化做出了巨大贡献，是中国历代高僧中不可或缺的一员，其书信语录集《黄檗无念禅师复问》，影响深远。

　　本书为作者首次标点、注释、讲解《黄檗无念禅师复问》。原经典密函、线装、竖排、繁体、无标点、无段落、无注释、无讲解、各卷杂编、篇幅错乱、亦有错别字，是原始资料汇编，本次整理使它在保持原样的基础上形象大众化、横排、简体、加标点、分段落、加注释（采用各家精华）、加讲解（新解），上帙部分解读文字后附有"禅师开示"加以点评，各卷分编、篇幅整齐独立、校正错别字，为《大藏经》的普世化、亦为佛教普世化做出了努力，这是难得一见的诠释注释本。

# 目 录

001 上帙　黄檗无念禅师复问

002 黄檗无念禅师复问原序

**003 第一卷　复问**

003 复邓太史定宇

007 复梅司马衡湘

014 复尼大士澹然（即衡湘公女也）

021 复刘太史云峤

029 复王宪副丰舆

043 复方督学讱庵

049 复袁考功石公

055 复袁太史石浦

057 复陶太史石篑

061 复焦太史澹园

065 复傅考功泰衡

067 复李孝廉

**069 第二卷　复问**

069 复邹司寇南皋

| 074 | 复刘金吾延伯 |
| 077 | 复岳司马石帆 |
| 079 | 复左督院心源 |
| 081 | 复董太史思白 |
| 083 | 复汪司马静峰 |
| 085 | 复黄司马季主 |
| 089 | 复蒋文选兰居 |
| 095 | 复李太守文台 |
| 098 | 复瞿太守洞观 |
| 100 | 复陈稽勋蠡源 |
| 102 | 复顾孝廉 |
| 104 | 复丘参将长孺 |
| 108 | 复孙比部善长 |
| 110 | 复苏兵宪云浦 |
| 113 | 复胡侍御催景 |
| 115 | 复陈少卿石泓 |
| 120 | 复李司徒梦白 |

**131 第三卷 复问**

| 131 | 复梅司马长公 |
| 138 | 复王司空墨池 |
| 143 | 复潘兵部昭度 |
| 147 | 复喻文学淑余 |
| 149 | 复中海禅师 |
| 151 | 复毛文学玄淑 |
| 153 | 复李文学 |
| 155 | 复邓文学信之 |
| 157 | 复王文学在明 |

159　复樊居士山图

165　复高丽禅师

170　复天倪禅师

173　复岳司马石帆

# 177　下帙　黄檗无念禅师醒昏录

178　黄檗无念禅师醒昏录原序

# 181　第四卷　醒昏录

181　法　语

205　酬　问

242　偈

245　牧牛图颂

# 253　附　录

253　小　传

255　赠无念上人序

257　书龙湖图赠无念上人

258　无念上人诞辰

259　赠别无念禅师

260　送无念禅师赴豫章请

261　送无念禅师还楚

262　赠无念禅师偈

263　因无念禅师示客偈

264　读龙湖集寄怀念禅师

265　禅那歌

266　赠无念禅师偈（时同卓吾住龙潭湖）

267　论　禅

269　再晤无念禅师纪事

270　本住法颂寿念师八十（有序并书）
272　开黄檗山记
273　法眼寺记
275　护塔文
276　行　由
280　忏　文
282　黄檗无念禅师传

上帙　黄檗无念禅师复问

# 黄檗无念禅师复问原序

## 顾起元

  黄檗无念禅师得无师智[1]，思与大心众生[2]开佛知见，以报佛恩。一时宰官居士以此事来参叩者，不觉老婆心切，向一座无缝塔[3]上透个机关。所谓官不容针私，通车马也。然虽如是，犹恐观者执语生解，影外认影，足外添足，则此一番葛藤又须快刀铲断。清净眼中，可容如许金屑乎？

  六祖有云："诸佛妙理，非关文字。常笑老子饶舌赚人，只诸佛妙理四言已是一篇大文字矣。"即说不关文字，为诸佛妙理，恐曹溪滴水未梦见在昔世尊说法四十九年，却言我于法未曾说一字。作如是解者，可以印黄檗复问矣。未离海底千山暗，才到中天万国明。请师为我更荐一转语也。

万历壬子仲春遁园居士顾起元书于懒真草堂

### • 注释

  [1] 无师智：无师自通的智慧，即自性觉悟，是学佛人必备的佛宝。宝是大乘的佛法僧三宝，性是种性，也就是成佛的自性住种性。自性住种性在经论中有诸多异名，《华严经》中称为无碍法界、无师智、自然智、如来智慧。

  [2] 大心众生：即有菩萨性（佛性）的众生，直译为菩萨众生，大心是菩萨别名。《净名疏》一曰：菩提为无上道。萨埵名大心。谓无上道大心。此人发大心为众生求无上道。故名菩萨。安师云开士始士。又翻云大道心众生。

  [3] 无缝塔：佛塔样式，比喻混沌状态。

# 复邓太史定宇[1]

僧[2]数十年涉水登山，只为这件事[3]。未得余习净尽[4]，所以终日挨拶[5]，寻个铁石心肠无情汉子[6]撩起就行[7]，竟不可得！

古云："佛道非遥远，久长难得人[8]。"虽有一二相知[9]，不免聪明领略[10]，或遇境逢源[11]、触发知觉[12]，认得个光影[13]，坐此窠臼[14]，如铁橛相似[15]！及乎问着本分事[16]，不是说些义理[17]，弄出许多机关[18]；便作默然良久。若与他同侣，反招累坠（通赘释者注）。

世情利害，作丧杀人[19]。不透此关，难出阴魔之手[20]！

只能入净，不能入秽[21]。

入佛入不得魔，入顺入不得逆[22]。

便有人境之分[23]，限量之隔[24]。何故？是他见识不忘[25]，气质未化[26]，被人一折[27]，便生嗔恨[28]。若不一刀两段，大有事在[29]。

# 又

屡承师友锥劄[30]，又恐见谛不实[31]，难逃顺逆二境。奔驰南北，借是非场，假利害剑[32]，磨炼习态[33]，方得疑情顿脱[34]，见惑销融[35]。

外无他求，内无所守，才见达磨直指之道，不费丝毫气力[36]。

僧已年暮，精神渐减，难奉人情，只好归山。放阔空怀[37]，渴饮饥餐[38]，闲游倦眠[39]，只待瓜熟蒂落[40]，大寂光[41]中作个满散矣[42]。

## • 注释

[1] 复邓太史定宇,这是黄檗无念禅师答复友人邓定宇的回信。邓定宇官居太史,是仕途中人,因此叫邓太史定宇。邓太史定宇,即明代著名思想家邓定宇,也叫邓文洁、邓以赞。著《邓定宇先生文集》等,见《四库全书存目丛书》集部第156册。

[2] 僧,和尚,黄檗无念禅师自称。

[3] 这件事,指成佛。

[4] 余习净尽,习气除尽。

[5] 挨拶,挨打。拶,音 zhá,夹指头的苦刑。

[6] 铁石心肠无情汉子,指下定决心学佛之人。

[7] 撩起就行,拉起就走。撩,音 liāo,掀起,拉起。

[8] "佛道非遥远,久长难得人。"意思是,佛法不遥远,但很久没个真正求法的人。

[9] 一二相知,一两个知心人。

[10] 不免聪明领略,偶尔也会有所领悟。

[11] 遇境逢源,在某一环境中碰巧看到某些事的缘由。

[12] 触发知觉,触发感觉。

[13] 光影,大概模样。

[14] 窠臼,音 kējiù,套路。窠,鸟兽在树上做的窝。臼,舂米的圆槽。

[15] 铁橛,铁锄头。橛,音 jué,原意为短木桩。借指锄柄,铁橛借指铁锄头。比喻倔强人。

[16] 本分事,指学佛。学佛之人当求佛法,所以叫本分事。

[17] 义理,原是儒学术语,指从经文中领略圣人的道理,本处借指拘泥于佛经中文字上的道理。

[18] 机关,花样,本处指障碍。

[19] 作丧,催命。

[20] 阴魔,佛经上说的阴间魔鬼,拘人性命。

[21] 净,指清净心。秽,指秽行。

[22] 顺,指守戒律。逆,指不守戒律。

[23] 人境之分,指内外之分。人,自我;境,外部环境。

[24] 限量之隔，指有限的领悟，不能进入禅法的深层。

[25] 见识不忘，固守成见。

[26] 气质未化，指本性难移。

[27] 被人一折，指遭人阻拦。

[28] 嗔恨，佛法中说的魔，指生气与怨恨。

[29] 大有事在，指要出大事。

[30] 锥劄，音 zhuī zhá，指来往信函。劄通札，平常书信。古人在纸上写信，写好后卷成筒，用绳子系紧，有的还要滴上一层蜡油，用以加固密封。解开时往往要用锥子来破蜡解绳，所以叫锥劄。

[31] 谛，佛法真谛。

[32] 利害剑，指欲望。佛家语。

[33] 习态，态度。磨炼习态指端正态度。

[34] 疑情顿脱，怀疑顿时没了。脱，即佛学典故"桶底脱落"的省语。

[35] 见惑销融，迷惑消失了。

[36] 直指，"直指人心、立地成佛"的省语，是禅宗宗旨。

[37] 放阔空怀，指放宽心。

[38] 渴饮饥餐，指渴了喝水、饿了吃饭，回到正常状态。

[39] 闲游倦眠，指想玩就玩，累了就睡。

[40] 瓜熟蒂落，指学佛功到自然成。

[41] 大寂光，大扫荡。寂光，指清除。大寂光指清除一切杂事。

[42] 满散，方言，通漫散，即懒散的意思。

• **解读**

黄檗无念禅师是著名禅宗大师，他的文字不是空自谈禅，里面有佛法。本篇由两封信组成，第一封信中暗藏两条语录，第二封信中暗藏一条语录。一共三条语录，开示弟子。把语录藏在信中，这是和尚的机锋。和尚不随便写信，一写就传法。因此，我们不可以将这两封信视为平常文字，而应该视作传法经文，才合黄檗无念禅师本意。

语录一："只能入净，不能入秽。"这是针对初学者，建议弃恶从善。有了善心，就可以抛弃善恶的观念，无净无秽。如果没走完第一步就想走第二步，只能是净秽不分，善恶不明。

语录二："入佛入不得魔，入顺入不得逆。"这是针对初入道者，建议不可"佛魔双修，顺逆双成。"要守戒律，不可以认为自己可以打破戒律。即"以戒为师"之意。

语录三："外无他求，内无所守。"这是针对初成道者，建议要打破执著，才能打通内外。外不求人，环境就不能制约我。内心不僵化，就可以应对世事。佛法说圆融，没有执著才能圆融，好比河中卵石，必然圆润。黄檗无念禅师三条语录，适合学佛三阶段，对我们大有益处。本篇是第一篇文字，是黄檗无念禅师禅法总纲。

---

禅师开示：佛魔之间，必定是魔。佛魔之上，必定是佛。成佛成魔原无意义，有意义的只是一个"纵身一跳"出火坑。

我愿世人勿恋红尘，方知红尘之趣也。

# 复梅司马衡湘

台下灵州之役，其作用妙处与卓老谈之久矣。嗣后闻拂衣之说，岂有他哉。盖谓生死难明，欲于风波中求出头耳。

夫道本无方，迷于执方[1]。丈夫事业，无妨道也。不曰不离法场而证菩提[2]乎？然未可谓功业真无妨道也，不有舍净饭之位而入雪山者乎？要之隐现，无所不可，惟不办生死之心徒尔，效颦[3]则真不可耳。令爱真灵照[4]复出，不知若翁果庞居士否？居士沉金帛于水矣，若翁独不能沉功业于水乎？

• **注释**

[1] 执方：即执著，亦作"执着"。指片面而孤立地理解，固执而狂妄。执著即障碍，无执才能见性。如《大般若经》卷七一："能如实一切法相而不执著故，复名摩诃萨。"又如《菩提心论》："凡夫执著名闻利养资生之具，务以安身。"众生虚妄的"执著"是很多的，主要是"我执"和"法执"。简单地说："我执"就是固执常一不变的主宰之"我"，从而产生种种"我见"。"法执"就是固执外境实有，从而产生虚妄分别的"法见"。

[2] 菩提：梵语 bodhi，巴利语同。意译觉、智、知、道。广义而言，乃断绝世间烦恼而成就涅槃之智慧。即佛、缘觉、声闻各于其果所得之觉智。此三种菩提中，以佛之菩提为无上究竟，故称阿耨多罗三藐三菩提，译作无上正等正觉、无上正遍智、无上正真道、无上菩提。

有关佛之菩提，据大智度论卷五十三载，有五种：

（一）发心菩提，谓十信菩萨发心求菩提，其心则为至菩提果之因。

（二）伏心菩提，谓十住、十行、十回向等阶位之菩萨行诸波罗密，制伏烦恼，降伏其心。

（三）明心菩提，谓登地菩萨了悟诸法实相毕竟清净，即所谓般若波罗密相。

（四）出到菩提，谓第八不动地、第九善慧地、第十法云地等三阶位之菩萨，于般若波罗密中得方便力，亦不执著般若波罗密，灭除系缚之烦恼，出离三界，到萨婆若（一切智），故称出到菩提。

（五）无上菩提，谓等觉妙觉证成阿耨多罗三藐三菩提，即佛果之觉智。

以上合称五种菩提。又法华经论卷下于佛之法、报、应三身，立法佛菩提（法身菩提）、报佛菩提（报身菩提）与应佛菩提（应身菩提）等三种菩提。

大乘义章卷十八区分无上菩提为方便菩提与性净菩提两种。此外，三菩提亦为天台宗之十种三法之一，即：

（一）实相菩提，又作无上菩提。悟实相理之真性菩提。

（二）实智菩提，又作清净菩提。悟契合理之智慧。

（三）方便菩提，又作究竟菩提。悟自在教化众生之作用。

上之三者与法身、般若、解脱三德无别。

据往生净土论载，远离：（一）执著自我；（二）不欲令一切众生得安稳；（三）仅求自己之利益等三种与菩提门相违之法。称为三远离心或三种离菩提障。同书又列举三清净心：（一）不为自己求安乐（无染清净心）；（二）除众生苦而令其安乐（安清净心）；（三）令众生赴菩提而予其永远之乐（乐清净心）。是为三种随顺菩提门法之心。以上皆须依赖智慧、慈悲、方便等三门始可令远离或生起。

又求无上菩提之大乘修行者，称作菩提萨埵，略称菩萨。求无上菩提之心，称作无上菩提心、无上道意或菩提心。顺趣菩提三十七种之行品，称菩提分法。佛成道之处所，称为菩提道场、菩提场，其道场树称菩提树。祈祖先等成佛，而修冥福，称为增上菩提。结讲念佛，广祈众生增进佛道，称为菩提讲。檀那所属之寺院，称为菩提寺、菩提所。

[3]效颦：东施效颦的省语，指模仿不得法，适得其反。

[4]灵照：即灵光。本处指学佛有天赋，很灵光，悟性好。

## • 解读

禅师语录云："盖谓生死难明，欲于风波中求出头耳。"这话的意思是：人活世上，生死纠缠不休，一时难以明了，但作为一个有修为的人，就不能做一个混世魔王，应该对自己的生命负责。怎么负责？禅师说的好："欲于风波中求出头耳！"希望我们在浊世风波中不动摇，抓紧佛法不放松。深挖细垒，巩固根性。自性不动，风波就动不了我。作为一个修行人，要有平常心，也要有"高人一等"的心。所谓"高人一等"，并不是高高在上，甚至好为人师，而是说要比常人见识高，手段高，这样才不辜负佛菩萨殷切希望。"风波中出头"不容易，但必须如此，否则一味应付则被风波淹没。达摩一苇渡江，岂非"风波中出头"！

> 禅师开示：寻找明白人，不再说"生死难明"。寻找定性人，不再说"风波中难出头"。一旦明白，黑暗消失。一旦定性，就是永恒。

# 又

接手书，感承远教。所云世缘[1]素轻，近益脱然，独疾痛一关不能打透，明知四大假合，有身为患。僧谓人之至亲者，身至难者，患苦必先打透此关，有个出身之路。然后便好逢缘作戏，借境炼心。纵患苦临身，亦脱然无累。

盖身是苦本，亦云极乐[2]。若离苦求乐，譬如舍矿求金。若即苦是乐，又是认矿作金。古人到此，舌折辞穷。切不可退惰，只要猛省[3]，返身一掷何如？

• 注释

[1] 世缘：俗世因缘。因缘为佛教语。佛教谓使事物生起、变化和坏灭的主要条件为因，辅助条件为缘。《四十二章经》卷十三："沙门问佛，以何因缘，得知宿命，会其至道？"按，《翻译名义集·释十二支》："前缘相生，因也；现相助成，缘也。

[2] 极乐：梵文本意是幸福所在之处，大乘佛教用语，出处在净土宗圣经《净土三经》。极乐指的是阿弥陀佛的净土或者阿弥陀佛的世界，也就是佛教中阿弥陀佛成佛时依因地修行所发四十八大愿所感之庄严、清净佛国净土。《佛说阿弥陀经》载明彼佛土以其国众生无有众苦，但受诸乐，故名极乐。另外，同经亦载，彼极乐国土中，有七重栏楯、七重罗

网、七重行树,皆是四宝周匝围绕,又有七宝池,八功德水充满其中,池底纯以金沙布地。四边阶道,金、银、琉璃、颇梨合成。上有楼阁,亦以金、银、琉璃、颇梨、车磲、赤珠、马瑙而严饰之。池中莲花,大如车轮,青色青光,黄色黄光,赤色赤光,白色白光,微妙香洁。彼国又有阿弥陀佛所幻化之种种奇妙杂色之鸟——白鹄、孔雀、鹦鹉、舍利、迦陵频伽、共命之鸟,昼夜六时出和雅音,演畅五根、五力、七菩提分、八圣道分如是等法,令其土众生闻是音已,皆悉念佛、念法、念僧。诸事具足圆满,唯有乐而无有苦也。《阿弥陀经》曰:"从是西方过十万亿佛土,有世界名曰极乐。其土有佛,号阿弥陀。今现在说法。……其国众生无有众苦,但受诸乐,故名极乐。"

《无量寿经》上曰:"法藏菩萨,今已成佛,现在西方。去此十万亿刹,其佛世界名曰安乐。"《般舟三昧经·行品》曰:"去此间千亿佛刹,其国名须摩提。"《平等觉经·一》曰:"无量清净佛,作佛已来凡十小劫,所居国名须摩提,正在西方,去是阎浮刹地界千亿万须弥山佛国。"《称赞净土经》曰:"于是西方去此世界过百千俱胝那庾多佛土,有佛世界名曰极乐,其中世尊名无量寿及无量光。"《悲华经·三》曰:"大王!汝见西方,过百千万亿佛土,有世界,名尊善无垢。彼界有佛名尊音王,……如是诸佛悉灭度已,复过一阿僧祇劫等阿僧祇劫,入第二恒河沙等阿僧祇劫。是时世界转名安乐,汝于是时当得作佛,号无量寿。"《鼓音声经》曰:"西方安乐世界,今现有佛号阿弥陀,……其国号曰清泰,圣王所住。"《观音授记经》曰:"西方过此亿百千刹,有世界名安乐,其国有佛号阿弥陀。"《秘藏记上》曰:"华藏世界者,最上妙乐在其中,故曰极乐。当知极乐与华藏,虽名异而非异所。"《天台弥陀经义记》曰:"彼有三名:极乐对苦,安养从用,无量寿逐人为国。"

净土宗认为通过禅定很难涅槃,因此强调通过阿弥陀佛的引导才能前往净土。从佛教的角度说,阿弥陀佛的净土是不存在于人间的,因为佛教认为人间是秽土。阿弥陀佛的世界就是极乐世界。

大乘佛教诸论经中说到许多净土,认为十方世界皆有净土,其中以东方妙喜世界阿閦佛净土、东方琉璃世界药师佛净土、兜率弥勒净土与西方极乐世界阿弥陀净土最有影响。密宗认为西方极乐世界是阿弥陀佛的净土,东方妙喜世界是阿閦佛的净土。依据《阿閦佛国经》卷上记载,东方去此众德世界度千佛刹。有世界名曰妙喜。其国有佛。号曰阿閦如来至真等正觉明行成为善逝世间解无上士道法御天人师号曰众佑度人无量。其有得闻阿閦如来名号者。捉持讽诵叹说其德。复劝他人令学讽诵。据支谶译《阿閦佛国经》说:"此佛住在东方妙喜世界,如有人勤修六度(即布施、持戒、忍辱、精进、禅定、智慧),发愿往生其国者,死后可以转生此地。"《阿閦佛信仰与阿弥陀佛信仰皆起源于大乘佛教早期，但是在汉传佛教中的影响力较小。大乘佛教则主张有无量诸佛。诸佛在其国土教化众生，《法华经》讲灵山净土，《华严经》讲莲花藏世界，《大乘密严经》讲密严净土，《无量寿经》讲阿弥陀佛西方净土，《阿閦佛国经》讲阿閦佛的东方妙喜世界。《维摩诘经·佛国品》说，"若菩萨欲得净土，当净其心，随其心净，则佛土净。"药师佛所居的这片净土，称为东方净琉璃世界。

[3] 猛省：猛然省悟。省是儒家术语，指反省修身，佛教借指反观觉悟。有时特指顿悟，大彻大悟。如《五灯会元·西天祖师·十一祖富那夜奢尊者》："祖曰：'汝被我解。'马鸣豁然省悟，稽首皈依，遂求剃度。"

• 解读

禅师语录："盖身是苦本，亦云极乐。"这话意思是：根据佛法大义，人的身体是一个苦宅子，一切无名烦恼都从里面进来，又从里面出去，人身是冤孽的载体，确实是苦的根本。所谓"不苦不成人"就是这个意思。于是我们看到：凡事都是苦的，每个人、每一天都是苦的，生活麻烦不断，世界动荡不休，好像无穷无尽，没个宁日。但这一切，在有修为的人看来，也不过是短暂现象。任他轰轰烈烈，转眼冷冷清清。任他繁花似锦，转眼枯萎一片。苦毒如花，业力所催，一时大盛，便催生出种种骇人奇事，恼人怪事，生活中的一切苦楚都源自自身。有修为的人意识到：苦本身虽然根基很深，但它也有个生命周期，只要我们不助长滋生毒草，"时时勤拂拭，莫使惹尘埃。"水有清的那天，人有悟的一刻。忘怀得失，不在乎名利，人生的苦便减半。投入善的洪流，借助真的力量，便于超越凡尘，苦就全没了，佛法云"真如极乐"即是。

禅师开示：我不是要用一个"极乐世界"来哄你修佛，实则修佛是无上乐事。无苦是一乐，无苦无乐更是一大乐。大丈夫都来修炼自己，从解脱苦海到超渡苦海，从一个"苦乐人"改做一个"乐苦人"，善莫大焉！

## 又

　　数年在江西,每闻邓老道及公经济之才,并见诗疏稿,当今真难得此人也。又云国家幸有此长城之寄[1],更复何虑。我辈林下人[2],得以安心学道,真大快事。及某回来,又闻公以出世自任山僧,甚不然。岂可将世间第一等便宜都要占尽了也!留下此一着,与山林野人过日罢,何得挨行夺市。

　　昔庞老亦是楚人,公岂庞老复出乎?他一家洞明[3]大法,来去自由,今果有此大手段、大力量否?幸以所得处见教一二,何吝法之甚。令爱大法[4]已明,公信得及否?若信得及,不妨与之商量,彼决不负乃翁也。

· 注释

　　[1] 长城之寄:恭维语,意思是可以寄托长城的大臣。

　　[2] 林下人:指隐修之士,本处指僧人。

　　[3] 洞明:洞然明白。

　　[4] 大法:即佛法。佛法能使人大觉悟,得大成就,因此称大法、正法。何为正法?《增一阿含经》卷四十四云:"阿难白佛言:设如来灭度之后,正法存世当经几时?佛告阿难曰:我灭度之后,法当久存。

　　《胜天王般若波罗密经》卷五《证劝品》则云:"菩萨摩诃萨行般若波罗密,通达一切法名为正法。所谓四念处、四正勤、四如意足、五根、五力、七觉分、八圣道分、空、无相、无愿、通达平等,名为正法。"即以三十七道品为正法,并认为此正法于如来灭后亦可久住。

　　此外,《大毗婆沙论》等认为如来的世法有世俗、胜义之别,行法上亦有教、证两种。该论卷一八三云:"又契经说:有二补特伽罗能住持正法。谓说者、行者。毗奈耶说我之正法应住千岁。或复过此由度女人出家便减五百。……此中有两种正法：（一）世俗正法。（二）胜义正法。世俗正法谓名句文身，即素怛缆、毗奈耶、阿毗达磨。胜义正法谓圣道，即无漏根、力、觉支、道支。行法者亦有二种：（一）持教法。（二）持证法。持教法者谓读诵解说素怛缆等。持证法者谓能修证无漏圣道。若持教者相续不灭，能令世俗正法久住。若持证者相续不灭，能令胜义正法久住。"

## • 解读

禅师语录云："安心学道，真大快事。"这话好啊，明白人才会做爽快事，世界上最大的爽快事不是奔跑如风，而是不动不摇，自有彼岸凉风吹来。人在夏天盼凉风，凉风来了受不起。因此学道学的不是别样道，学道学的是安心。一切道可称"安心道"，一切佛法可称"安心佛法"。二祖求达摩："请为我安心。"达摩指示自安其心。因苦孽太重，二祖挥刀断臂，终于安心。砍自己手胳膊，狠不狠？狠！为什么要砍？不砍不行。为什么不砍不行？因为手不听使唤。达摩的"面壁禅"，二祖的"断臂禅"，都是见血的真功夫。不要以为安心是那么容易的事，任何人都要付出代价，才会得到明珠一颗。哪怕是龙树菩萨，也得绕塔七天七夜。安心的诀窍在于放心，放心的关键在于信心。《信心铭》指示我们：要想念佛的慈悲，要想念自性不失，一念即可成佛。学佛人天天都想悟，怎样悟？说来说去还是一个信心。弘一法师教佛徒三件事，首先是要信因果，佛法慈悲。

> 禅师开示：按捺狂心，斩却狂魔，安安心心不动不摇，便是极乐。

# 复尼大士澹然（即衡湘公女也）

来书言言真切，可惜精神向见解上去了。孔子三千徒众，个个聪明博达，善学愚者止颜子一人。

近时学道者，譬如猜谜，或于公案，或于话头上猜着欢喜也，当悟了一番，纵把三藏十二部[1]、一千七百则[2]都明白了也，只是播弄精魂。不如收摄真神，向那黑漫漫处，要晓不能晓，要说不能说，眼睁睁地，如机关木人相似。到此更加逼拶，豁然嚗地一声，头破脑裂，如梦忽醒，方知从前见解都是梦言。

尊翁聪明豪侠，真不可及。不免被伶俐所使，忽日老苦临身，不能治也。不若劝渠趁此强健时，向那神算不到处，计较难测处，见闻不及处，讨个分晓。纵有神机妙用，能所是非，一齐休歇。惟有饥食倦眠而已。只待报缘一尽，符[3]到奉行。

# 又

山中兀坐不闻动息，未知近来见地何如？学道[4]须趁初心猛利，就要讨个分晓。日用对境逢缘，才得出脱。不然日久月深，渐忘精进，依旧流于世情耳。

近时学道人，只图口舌便利，见识聪明，及乎病苦临身，一些也用不着。又不恨自己念头不切，立志差错，反说先圣也只如此，且莫错会好。

古圣一言半句，如吹毛剑，铁钉饭，木扎羹，涂毒鼓[5]，无你侧耳处，无你下口处，无你着意处，无你近傍处，狭路相逢，贬眼错过。到这里情消想绝，思尽神穷，寒暑两忘，寝食俱废，正于无可捉摸处，蓦忽猛省，驰求顿歇，再不随声逐色。到此地位，但是聪明解会能巧，神通脱手，让与他人。终日如痴如讷，空腹闲心，世人亦不识鬼神，觑不见阎老子，无处着眼，才是个顶天立地的汉子。

## • 注释

[1] 三藏十二部：泛指一切佛经。三藏即经、律、论，十二部即佛说经分为十二类，亦称十二分教，即长行、重颂、孤起、譬喻、因缘、无问自说、本生、本事、未曾有、方广、论议、授记。

根据《君友会大藏经》记载，具体来说，"三藏"系印度佛教圣典之三种分类。据《大乘庄严经论》卷四述求品载，藏，是"摄"之义，即总摄一切所应知之意。若依觉音之说，则藏为"谙记"之义，即以谙诵之法而师徒口传。另据《文殊支利普超三昧经》卷中载，藏为"器"之义，即容受所应知之一切教法之意。大众部与其它部派在三藏之外另加杂藏（本生因缘等），犊子部另加咒藏（真言、陀罗尼）而成立四藏。法藏部另加咒藏与菩萨藏，大众部之一说部另加杂集藏与禁咒藏，成实论加上杂藏与菩萨藏，六波罗密经加上般若波罗密多藏与陀罗尼藏，五者合称五藏。此外，经藏与律藏二者，或声闻藏与菩萨藏两者，并称为二藏。

"三藏"中的经藏，音译素怛缆藏、修多罗藏，意译契经藏。即指佛所说之经典，上契诸佛之理，下契众生之机；有关佛陀教说之要义，皆属于经部类。

律藏，音译毗奈耶藏、毗尼藏，意译调伏藏。佛所制定之律仪，能治众生之恶，调伏众生之心性。有关佛所制定教团之生活规则，皆属于律部类。

论藏，音译阿毗达磨藏、阿毗昙藏，意译作对法藏。对佛典经义加以论议，化精简为详明，以抉择诸法性相；为佛陀教说之进一步发展，而后人以殊胜之智能加以组织化、体系化的论议解释。论藏又称论部。

在《释氏要览》卷中援引《阿毗达磨集论》之说，谓经藏乃用以对治疑烦恼，律藏对治受用二边之随烦恼，论藏对治自见取执之随烦恼。此外，西藏喇嘛教以三藏配于三毒，而谓律藏可断除贪欲，经藏可断除瞋恚，论藏可断除愚痴。

有关三藏的先后次第，尚无定论，若就三藏结集的先后而言，则其次第为经、律、论；若就行修之顺序而言，则为律、经、论。若将此三藏配于三学，则经相当于定学、律相当于戒学、论相当于慧学。同时，经亦包含戒、定、慧三学，律包含戒、定二学，论唯包含慧学。

在诸宗中，凡是以经立宗者，如华严宗、净土宗、密宗、日本日莲宗等，皆称为经宗；以律立宗者为律宗，如中国南山律宗；以论立宗者为论宗，如俱舍宗、成实宗、三论宗等。又精通三藏之各藏者，分别称为经师、律师或论师。造论弘扬佛教者，称为论主或论师。精通三藏之法师称为三藏法师、三藏比丘、三藏圣师，或单称三藏。在我国，三藏之翻译家亦称三藏，例如称玄奘三藏、真谛三藏等。

"十二部"是佛所说的法，按照其叙述形式与内容分成的十二种类。又作十二分教、十二分圣教、十二分经。即：

一、契经，音译修多罗，即契于理契于机之佛教经典，又作长行。以散文直接记载佛陀之教说，即一般所说之经。

二、应颂，与契经相应，即以偈颂重复阐释契经所说之教法，故亦称重颂。这可以从形式和内容两方面来理解。从形式上看，文句字数有定，与古诗相似，这是从梵文、巴利文沿袭而来的文体，一般称为偈颂。从内容上看，都是对长行内容的复述，故称应颂或重颂。应者，"顺应长行"；重者，"重宣其义"。

三、记莂，又作授记。本为教义之解说，后来特指佛陀对众弟子之未来修证果位所作的印记。通俗地说就是经典中所记载的佛陀明确告诉弟子何时可以成佛的经文。据《璎珞经》讲有八种授记，《法华经》第六品专名"授记品"。

四、讽颂，又作孤起。全部皆以偈颂来记载佛陀之教说。与应颂不同者，应颂是重述长行文中之义，此则以颂文颂出教义，故称孤起。也就是不依前面长行文的意义，单独发起的偈颂。

五、自说，佛陀未待他人问法或者无请问佛法者，而佛自行开示教说的经文。如《阿弥陀经》，名"自说经"。我们知道，佛陀说法，多是弟子先请问，佛再作答，于一问一答中深入开来。而自说一体，是指弟子们不知提问，而佛从大事因缘出发，认为教义重大，即便无人求法请问，也要主动开示众生。

六、因缘，记载见佛闻法，或佛说法教化之因缘，如诸经之序品。如《大智度论》卷三十三："说诸佛法本起因缘，佛何因缘说此事，修多罗中有人问故，毗奈耶中有犯是事，故结是戒，一切佛语缘起事，皆名尼陀那。"如来说法必有因缘，即经中见佛闻法因缘，及佛说法教化本末因缘之处，如诸经"序品"。因缘是有关该经在什么情况下，为解决什么问题，对什么人而说的等等记述，属于交代背景、主题、性质、目的等内容。

七、譬喻，佛说种种譬喻以令众生容易开悟的经文。如《法华经》中的火宅喻、化城喻等。

八、本事，载本生谭以外之佛陀与弟子前生之行谊。也就是佛经中所记载的许多有关佛讲述某菩萨或弟子过去几生几世所作所为的种种因缘事业，此类即称为本事经，如《法华经》中的"药王菩萨品"即是其例。

九、本生，记载佛陀前生修行之种种大悲行。凡经中佛说自身往昔行菩萨道时，修诸苦行，利益众生所行因缘之经文，名"本生经"。如《佛本生经》中就讲述了佛陀在过去世修行时，为鹿、为鹰等动物舍己度化众生的故事。

十、方广，字面意思是宣说广大深奥之教义的经文。宽泛点说，即一切大乘经之通称，又指词广理正，广辨诸法甚深真理的经。凡属宣讲菩萨道的教理，弘扬菩萨行的法门，均属方广，是为教化大乘菩萨的大乘经典的通名，如《大方广佛华严经》。对于方广经典，《菩萨地持经》卷三云："十二部经，唯方广部，是菩萨藏，余十一部，是声闻藏。"小乘的方广经，唯以语广，此类经文，名"方广经"。

十一、希法，又作未曾有法。记载佛陀及诸弟子希有之事。此是形容佛在说法中显现出来的种种神力、吉祥、瑞相的经文。之所以称名"未曾有"，是因为这些瑞相在我们这个娑婆世界从来未曾有的境界，众弟子同声赞叹："未曾有"而得名。如经中说诸天身量，大地震动，旷古稀有，以及佛力不可思议之事的经文，名"未曾有经"。

十二、论议，记载佛论议抉择诸法体性，分别明了其义，是一切论书的通称。论议是佛法经典的主要形式，即"以理论议，明辩法相。"如佛为声闻乘说"苦集灭道"四圣谛之义理。在文体上显示为"一问一答"或"直发精义"的两种，显示了佛说法的活泼亲切。

此十二部，大小乘共通。为了方便后人记忆这十二部经的名称，古人将十二部经编成了一首偈颂：

长行重颂并授记，孤起无问而自说，

因缘譬喻及本事，本生方广未曾有，

论议共成十二部，详如大论三十三。

[2] 一千七百则：泛指一切禅宗公案，是一千七百则公案的省语。"一千七百"并非实数，系根据《景德传灯录》中所载之一千七百零一人之传法机缘而来。

[3] 符：此处指阎罗符咒。

[4] 学道：此处指学习佛法之道。

[5] 吹毛剑，铁钉饭，木扎羹，涂毒鼓：公案语。吹毛剑指佛法如利剑斩断世情，铁钉饭指学佛之心坚定不移，木扎羹比喻下手艰难，涂毒鼓比喻耳根污染。

• 解读

禅师语录云："纵有神机妙用，能所是非，一齐休歇。"禅师的意思很简单，要我们做人不要玩弄心机，一切神机妙算全都没用，即使你比诸葛亮还能算，那又如何？江山不是算出来的，有福人自得之。还有的人，很擅长搬弄是非，口口声声称自己"能辨是非"，其实一旦起了是非心，如何不黑？谚语说得好："来说是非者，即是是非人。"更有可骇者，宣称自己能辨大是大非，这种人，手拿大棒把人打死，得理不饶人，做事做绝，不是佛菩萨喜欢的。作为一个积极入世的修行人，要学会"放下"，无执著心，无是非心，无算计心。禅师云："一齐休歇！"歇歇吧您！莫让事情脏了手，伤了口，戕了心。

> 禅师开示：找一个能"停下"的人最难。我看到世人奔跑如风，挥汗如雨，很佩服这种精神，但是南辕北辙，缘木求鱼，火里取栗，这些都没用啊。真应该冷静下来，吃一杯茶去。

## 又

昨见尊翁，以楞严晦昧为空相[1]。示此问，正为自己细惑未尽，见识不化，生出许多见解。不知总是缘境晦昧，明被明昧，晓被晓昧，觉被觉昧，总之不识真空所在故也。

自性真空，触物而应，临机而变，你向何处知晓他？譬如睡着无梦无觉时，你知在何处？忽然响声惊觉，知从何来？要省响声未至，知未生时是何境象？切莫作睡醒会好。

尊翁胆略聪明可遵，唯这着子不敢奉承。何也？见识太广，机巧太多，被伎俩气魄参合，难得净尽。岂不闻：为学日增，为道日减。减到自不知处，虽有六根[2]置于无用之地。又有何虚空大地、晦昧名相耶。

## • 注释

[1]空相：本来指真相、本相，此处为引用语，只是指空话。何谓空相？所谓"无人相，无我相，无众生相，无寿者相"。想达到"无我"的境界，最简单、最有效、最唯一的方法就是对一切境界不思量、不分别、不执著！就是无心，"无心"不是我们普通意义上的"没心没肺"，而是念而不执。

《金刚经》中所说四相之义：

把五蕴的假合执著为我是我相；

依同一相续生存的补特伽罗，依有漏的身蕴住于有漏世间是人相；

以业和烦恼转生三界轮回是众生相；

同一时间中，异熟果相相同，可以保持相续的寿命为寿者相。希求长寿或怕死也是一种粗大的执著，实相中寿命相是不存在之故，亦不应有寿者相。

实有执著是解脱中最大的障碍，如果有四相实执则不可能获得真实的佛果。

所有相，包括佛相，都是虚妄的，见法身如来的条件就是"见诸相非相"，也就是慧眼所见的空相，或者是法眼所见的"色即是空"，它的意思就是"见一切相如同见空空寂寂的相"。

[2]六根：又作六情。指六种感觉器官或认识能力。为十二处之内六处，十八界之六根界。根，为认识器官之意。即眼根（视觉器官与视觉能力）、耳根（听觉器官及其能力）、鼻根（嗅觉器官及其能力）、舌根（味觉器官及其能力）、身根（触觉器官及其能力）、意根（思维器官及其能力）。前五种又称五根。五根乃物质上存在之色法，即色根。有两种之别，生理器官称为扶尘根，以四大为体，对取境生识仅起扶助作用；实际起取境生识作用者称为胜义根，以四大所生净色为性。对此，意根则为心之所依生起心理作用之心法，即无色根。据有部之说，前刹那之六识落谢于过去，意根即是引起次刹那六识之等无间缘。故六识之作用，须常以意根为所依（通依）。然前五识除依意根之外，另有特定之根为其所依（别依）；意识则仅依意根，并无其他特定之根。瑜伽行派等则由唯识义上说六根，主张六根、六境均为内识所变。又六根可视为我人之身心全体，如法华经说读诵、书写经典，六根即可清净。

## • 解读

　　禅师语录云:"减到自不知处,虽有六根,置于无用之地。"禅师慈悲,开示我们佛法妙道。禅师告诉我们:人生要做减法,不能无限叠加上去,再加上去,最后一根稻草也会把人压死。人是怎样死的?往往都是死于某件"小事",其实世上之事无大小,有一件事应有一件事的因果报应,所有的事化不开,积在心里,想想看那是何等可怕,哪怕不再有什么事,也会被自己吓死。淝水之战,苻坚要夺人家的江山,被合力打败了,草木皆兵,风声鹤唳,三年后死去,他是被自己吓死的。包袱太重,自己也成了包袱。学禅求解脱。何谓解脱?就是黄檗无念禅师说的"减到自不知处"。这样以来,六根就清净了,苦就没有了。要问禅师说的"自不知处"是何处?是人心最深处的灵光,佛经谓之"灵珠",是个比喻,就是人的自性。也就是天生性善。佛家是讲善的,讲乐的,故能成全世上一切美好心愿。

　　禅师开示:脱衣才能入浴,脱却烦恼才能学佛。世人错了,错在以为找佛菩萨来帮我解决烦恼,殊不知正确的应该是:你自己抛却烦恼然后来找佛菩萨。怎样见菩萨?自己成了菩萨才能见菩萨。怎样见佛?自己成了佛才能见佛。聪明人会问:我都已经成佛了还见他做什么?问得好,答案是:正是要你自性成佛。除此外一切路不通,门都没有。做减法的人得到自身。

# 复刘太史云峤

接来教,感谢奉行。从此外学愚讷,内非虚闲,不负高明之望也。愿公深根固蒂,莫被境风摇动。要信尊显成坏,乃是前因[1],非今生人力为也。若信得过、识得破,脚跟稳当,趁此境风大进。是非里煅炼出世英雄,岂俗士可知。

僧奔驰人境,非求名誉,只恐今生错过,万劫[2]难逢。伶俐汉脚跟须点地,脊梁硬似铁。游戏人间,幻视[3]万缘,脱去知解[4],及至作用,不落窠臼,才是观自在[5]也。

• 注释

[1]前因:即因果。谓因缘和果报。根据佛教轮回之说,前世种什么因,今生受什么果;善有善报,恶有恶报。《涅槃经·遗教品一》:"善恶之报,如影随形,三世因果,循环不失。"《大宝积经卷第四十一》:"假使经百劫,所作业不亡,因缘会遇时,果报还自受。"《泥犁经》曰:'父作不善,子不代受,子作不善,父不代受,善自获福,恶自受殃。'《因果经》曰:'欲知前世因,则今生所受者是,欲知后世果,则今生所为者是。'《涅槃经》曰:'善男子,知善因生善果,恶因生恶果,远离恶因。'《弥勒所问经》曰:'一业多果,多业一果。'(一业多果是一罪数刑,多业一果是数罪一刑,从其重也。)《弥勒所问经》又谓一业渐感五果,得异熟三果,等二果。又谓十不善业道,有三种果:一果报果,二习气果,三增上果。生地狱中,是名增上果。由地狱退生人中,依杀生故有断命果,依偷盗故有资生果。乃至依邪见故痴心增上,以是一切名习气果。依彼十种不善业道。有一切外物气势,所谓土地高下雀鼠雹棘,尘土臭气多有蛇蝎,乃至如此一切苦界名增上果。

什么叫因果?因果又叫业因果报,又叫因果报应,是佛教基本原理之一。因就是原因,果就是结果。业就是指一切身心活动,分为身、口、意三业。报就是业的报应,即由三业的善恶导致的后果。因就是业,果就是报。

行上品十善者生天,中品十善者做人,下品十善者做阿修罗;犯上品十恶者落地狱,中品十恶者堕饿鬼,下品十恶者沦畜道。

[2]万劫,泛指一切劫难。亦作"刧数",亦作"刦数",亦作"刼数"。原为佛教语。指极漫长的时间。后亦指厄运,灾难,大限。《敦煌变文集·佛说观弥勒菩萨上生兜率天经讲经文》:"个个延经劫数,日日不离宝树。"古印度婆罗门教认为,世界经历若干万年后会毁灭一次,然后重新开始。这一生一灭被称为"一劫"。而在佛教教义中,劫数包括"成、住,坏,空"四劫,坏劫时会有水灾、风灾和火灾出现,导致世界毁灭。

[3]幻视:视之为虚幻。幻为何物?

(一)指假相:以佛教立场而言,诸法皆由因缘和合而生,由因缘离散而灭,一切事象皆无实体性,故可称为幻。《放光般若经》卷三《问幻品》云:"五阴则是幻,幻则是五阴;十二衰及十八性皆是幻;三十七品及佛十八法亦是幻。"现象无自性而幻现为有,故称"幻有"。此外,由幻术师(又称幻师、幻士)变化种种物,如幻化象、马等,谓之"幻化"。此为佛典中常见之譬喻。

(二)想象中的物品。印度吠檀多学派中商羯罗派的术语:商羯罗哲学主张最高的存在是"梵"。梵是单纯同一性的,因与无明结合,而显现千差万别的现象。此差别世界,就俗谛而言为实有,就真谛言即幻。约绝对性言之,既非实有亦非无,恰似魔术师所变化的幻象。即现象世界不过是梵的化现,此又称"幻现说"。

[4]知解:知识见解。知解是外部作用,是真正认识内心的障碍,因此被称为知见障、所知障。《成唯识论卷九》:"所知障,由法执(法我见)而生,以贪瞋痴等诸惑为愚痴迷暗,其用能障菩提妙智,使不能了知诸法之事相及实性,故称所知障,又作智障。"《圆觉经卷下》:"理障,谓邪见等之理惑障正知见者,相当于所知障。"指徒为表象所蔽,不能看到超越于具体形式以上的本质,从而妨碍所学至道妙境的达成。仿佛知见越多,越是妨碍悟道。很多东西你见到,你知道了并不表示你对问题的理解就更深刻准确,如果不保持清醒的心态,知道和见到就会成为你认识问题的障碍。有时候,我们的知识、见识、或者过往经验会成为我们了解真相的障碍。

[5]观自在:即观音菩萨、观自在菩萨。就经文来说,有两种解释:

一是观察自在、彻底断惑、法界即我、触目菩提的大菩萨。

二是寻声救苦的圣观自在——观世音菩萨。

所谓"观自在菩萨",是泛指一切自观自在、观察自在的大菩萨。

菩萨贵行,所谓"六度万行";离开行,就没有证,也没有菩萨。坐在那里不动,是不能到达彼岸的。践行般若波罗密,有深有浅,因为践行的深浅,所以从登地菩萨到十地菩萨、从等觉到妙觉,都是由践行般若波罗密的深浅度来分证的。

"观自在菩萨"就性质而言,是大菩萨。就属性而言,有悲、智二方面:

(一)在智的方面是观自在:一切诸法,万事万物,入眼了然,不会执著认同,不会形成窒碍。由万事万物的本源,看到万事万物的本来面目,看到万事万物的最后结局,看到条件组合的万事万物当体是空。

(二)在悲的方面是应机救苦自在:一称南无观世音菩萨,马上获得解救。这是"大悲自在"。

"观自在"是菩萨的共法。观,是"觉观"。菩萨"自观自在",卓然独立,不认同外物。既然眼耳鼻舌身意(六根)不实,色声香味触法(六尘)虚幻,色受想行识(五蕴)原本不存在,就只有"自在自觉"、"自觉自在"了。能够这样,自然就会超越一切痛苦、烦恼、灾难。

## • 解读

禅师语录云:"愿公深根固蒂,莫被境风摇动。"禅师这段语录最要紧的是第一个字:"愿。"禅师这不是平常说教,而是发出大愿心。学佛之人最慎重的就是发愿之事,不能轻易发愿,发了愿就要去行愿,最终要还愿,都是圆满。此处,禅师对友人发愿,实是以禅力加持其修行,慈悲之心跃然纸上,分我之好为人之好,即使损我之好也要为人之好,这是真心为他人,普度众生的真学佛人。自性成佛,不错,成佛是自己的事,但自性在哪里?并不仅仅在于一己之身,而在山河大地,芸芸众生中。见人之善,即得自善。见人之性,即得自性。此为佛经所云"自性成佛"大义,亦是禅师语录所指。禅师发愿为友人,希望道友"深根固蒂",意思是自性不失,自家种的菜要殷勤培养。希望道友"莫被境风摇动",此处讲的"风"不是外在的风,外在的风再大都有限,人都是被内心的狂风吹倒的。讲来讲去还是一个"信"字,有信仰的人内心有枝烛,红通通,亮堂堂。因他静处风暴中心,就没有风。因此相信风暴会过去,就有了亮。

> 禅师开示：不动不得开花，孤芳自赏其实不是孤芳，而是两朵花：孤芳赏孤芳。自性坚定的人做一件有来历的事，事情就了。"深根"是多深？莲花立足淤泥之底。"固蒂"是多固？请来须臾山。桌上有张纸，风吹就飞，镇尺一压，它就不飞了。

## 又

闻公时刻不暇，常有不如意[1]事。人生世间都在事物中安身，大智慧[2]人自有出身之路，不被事扰。先识得自己，所以脱洒自由。道眼[3]未开时，被事所转，常有如意不如意的在心，总之，不识本命元辰也。

公气魄豪侠不凡，只恨不在己分中打点。若趁早回头，讨个分晓，便好游戏三界[4]，就事安身。不然我是我，事是事，纵做得勋业格天，功名盖世，源头上不清彻，才力气魄只在名利窠里。临命终时，依旧黑漫漫地。

不如放下门外事，向那理会不及处猛着精彩，着力打点，着力查考。忽然英雄愤发，嚗地一声脱胎换骨[5]，不求无事，分明绝矣。

• 注释

[1]如意：满意。本为器物名。梵语"阿那律"的意译。古之爪杖。用骨、角、竹、木、玉、石、铜、铁等制成，长三尺许，前端作手指形。脊背有痒，手所不到，用以搔抓，可如人意，因而得名。或作指划和防身用。和尚宣讲佛经时，也持如意，记经文于上，以备遗忘。

[2]智慧：梵语"般若"（音 bo-re）的意译。佛教谓超越世俗虚幻的认识，达到把握真理的能力。《大智度论》卷四三："般若者，一切诸智慧中最为第一，无上无比无等，更无胜者，穷尽到边。"

[3] 道眼：本处指佛眼。佛经上说有五眼。

五眼，是指从凡夫至佛位，对于事物现象终始本末的考察功能。眼睛为"智慧之门"、"灵魂之窗"，眼睛能够明辨物象、增长知识。修行的层次越高，心眼作用的范围越广。佛眼具足前面四种眼的所有功能，是智慧的全体，大圆镜智的本身，又称为大圆觉，也称为无上菩提。指五种眼力。即：（一）肉眼，为肉身所具之眼。（二）天眼，为色界天人因修禅定所得之眼，此眼远近前后，内外昼夜上下皆悉能见。（三）慧眼，为二乘人之眼，能识出真空无相；亦即能轻易洞察一切现象皆为空相、定相。（四）法眼，即菩萨为救度一切众生，能照见一切法门之眼。（五）佛眼，即具足前述之四种眼作用之佛眼，此眼无不见知，乃至无事不知、不闻；闻见互用，无所思维，一切皆见。

天台宗说因位有肉眼、天眼、慧眼、法眼四者，果位有佛眼。又藏"坤"、通"乾"、别"离"、圆"坎"四教于五眼之义各不相同。密教则认为五眼无优劣之分，主张前四眼之德皆与佛眼相等。此外，真言家特重佛眼，将其佛格化，称为佛眼尊。

[4] 三界：三界指众生所居之欲界、色界、无色界。此乃迷妄之有情，在生灭变化中流转，依其境界所分三个层次；又称作三有生死，或单称三有。因三界迷苦如大海之无边际，故又称苦界、苦海。

（一）欲界，即具有淫欲、情欲、色欲、食欲等有情所居之世界。上自第六他化自在天，中包括人界之四大洲，下至无间地狱等二十处；因男女参居，多诸染欲，故称欲界。

（二）色界，色为变碍之义或示现之义，乃远离欲界淫、食二欲，而仍具有清净色质等有情所居之世界。此界在欲界之上，无有欲染，亦无女形，其众生皆由化生；其宫殿高大，系由色之化生，一切均殊妙精好。以其尚有色质，故称色界。此界依禅定之深浅粗妙而分四级，从初禅梵天，终至阿迦腻吒天，凡有十八天。

（三）无色界，唯有受、想、行、识四心，而无物质之有情所住之世界。此界无一物质之物，亦无身体、宫殿、国土，唯以心识住于深妙之禅定，故称无色界。此界在色界之上，共有四天又称四无色、四空处。

此三界之果报虽有优劣、苦乐等差别，但属迷界，系众生生死轮回之趣，故为圣者所厌弃。

又指断界、离界、灭界等三种无为解脱之对治道。（一）断界，即断除九结（九种烦恼）中除贪以外之其余八种烦恼，或断除无明结。（二）离界，谓断离贪烦恼或断除爱结。（三）灭界，谓断灭有漏善及诸有为、无覆无记等烦恼。即除九种烦恼外之其余有漏法。

又指法界、心界、众生界。此系基于《华严经》心、佛、众生三无差别之说而立。

[5]脱胎换骨：原是道教术语，本处借指成佛。道教谓修炼得道，脱去凡胎而成圣胎，换易凡骨而为仙骨。

## • 解读

禅师语录云："我是我，事是事。"禅师这句话指点迷途，值得一赞。世上人被事情伤了，被事情迷了，说到底被事情害了。佛法认为，世上的事不分好事坏事，都是因果。不分大事小事，都是业。因此人不做事还好，一做就错。但是人世间又不能不做事，明知做不得偏要去做，人的苦境自家知道。谚语云"眼望陷阱还要跳下来"。如何出"火坑？"出"火宅"？禅师此处指示我们：人事两分，人事两清，就可以飞升出火宅，跳出欲火深坑。何谓"人事两分？"即禅师所云"我是我，事是事"，不陷入事情泥潭，不走事情迷宫，重要的是，人不沦落为做事的机器，比如赚钱的工具。正因人爱物，世上物吞吐人。物欲横流，物化之心岂能不流。因此要人、事两分。我们在做人，努力做人，真诚做人，良善做人。我们也在做事，同样地，努力做事，真诚的做事，良善做事。但经过很多事情后我们认识到：事情做不完，说不清，敬神明。人是胜不过事的，事情是陷阱。因此有修为的人并非不做事，而是在正常做事中早已把事情抛开，不随他走，回到自心，生平只做一件事，那就是与人为善。这样人事两分，便得清净。然后连善恶都抛弃，只是一个混沌人，彼此不相负，就是人事两清了。

> 禅师开示：找一个"不做事"的人做一件大事。所谓"不做事"，指不做平添烦恼之事。所谓"大事"，指能使唤此心安定之事。世上之事，莫大于此！怎样才能心安定？与人为善可以安人之心，安人之心者自家的心也安定了。

# 又

前日未了公案,只今何如?予见公性勇猛,恐无入处。生退堕心,权露光影,令暂歇脚耳,切莫以此便休。

古宿有三种接人,下根人来,除境不除法;中根人来,境法俱夺;上根人来,全体作用,不立崖岸。除是金刚[1]牢强,铜头铁额汉,到这里便有通变的手眼。

今夏入山,大家多买柴炭,锻炼一番,阴气销尽。倘一日洗面[2]摸着鼻孔,大有得力处在。

• 注释

[1]金刚:本义为金刚石。因其极坚利,佛家视为稀世之宝。《大藏法数》卷四一:"梵语跋折罗,华言金刚。此宝出於金中,色如紫英,百炼不销,至坚至利,可以切玉,世所希有,故名为宝。"唐玄奘《大唐西域记·缚喝国》:"伽蓝北有窣堵波,高二百余尺,金刚泥涂,众宝厕饰。"季羡林等校注:"梵文 Vajra,音译跋折罗,即金刚石。佛教之金刚常喻坚贞不坏。"引申喻如来之智慧。唐一行《〈大日经〉疏》卷十二:"金刚喻如来之秘密慧也。金刚无有法能破坏之者,而能破坏万物,此智慧亦尔。"有时指金刚力士。执金刚杵的佛的侍从力士。宋元照《行宗记》卷二上:"金刚者,即侍从力士,手持金刚杵,因以为名。"

[2]洗面:此处喻洗心革面。

• 解读

禅师语录云:"全体作用,不立崖岸。"这是古来高僧大德所说的三种修行人"下根人"、"中根人"、"上根人"中的具有上等根基的"上根人"的修行法，即学佛的上乘功夫。禅师在本处披露，尽其所知，无有隐瞒，这是何等慈悲，老和尚佛心尔尔。禅师云"全体作用，不立崖岸"，"崖岸"是篱笆、障碍的意思，此句意思是：学佛要动用一切慧根，全体作用，身心合一，所有的本事拿出来，所有的兵器一起上，人不豁出去是不可能成佛的，佛经所云"无畏金刚"即是。舍不得必然得不到，放不下必然上不来，这是肯定的。禅师还告诉我们在学佛过程中不能自己设限，把自己限死了，种种圈套套谁？套自己。学佛之人刀山火海都不怕，何况崖岸？不如省下心来管好自身。设崖岸是为了防人，没想到反而暴露了"我在这里"，成了众矢之的，这是很可笑了。学佛不是要你挂一把锁再开一把锁，而是要你现在就把锁砸了，进到屋里去。佛经所云："解铃还需系铃人"即此。"全体作用，不立崖岸"，怎一个"猛"字了得！金刚并非全体金刚，金刚身上也有不纯之处，甚至也有不是金刚的地方，但他一旦有了一颗金刚心，就是人生的猛士，无畏的佛子。要走一起走，要上一起上，人是一支军队，要自家指挥，莫要散失了。人种不可失，佛种不可失，古来高僧大德所谓"真道种子"即是。发芽是全体发芽，开花是全体开花，结善果子是全体见善性。

> 禅师开示：寻一真心人，做一真心事，真性情不怕，从此不再逃避。全身心投入，这是福气。

# 复王宪副丰舆

别后不闻一音，未知今日又作么生？想大进不待问矣，公既省得自己反观，万缘犹如梦幻，古人到此意尽言穷，若是义解之流，饶他识量冲天，聪明盖世，到这里无插足处，方知前头工夫易得，后步工夫最微。十地菩萨[1]量等，三千、大千世界[2]说法不可思议[3]，见性如隔罗縠。等觉菩萨，了色[4]即空[5]，悟空即色。法量未灭，智识有限。饶他说法如雨如云，总是度量，智是量边事，终非究竟。

僧数十年只为这件事，不避寒暑，穷参力究，困苦劳形，逼得身心无逃奔处，一日掇盒送柜，不觉失手柜盖倒来，打头作痛，豁然猛觉，踢破无明，掀翻识浪，数十年愁苦一旦休息。外缘既寂[6]，内识不停，鼓作精神，滔滔变化。遇境逢缘，六根不歇。后阅古宿公案，遇着向没意味句，尽力不能吞吐，当下失身丧命，直得无事可守，无本可据，不免依原托钵，度日以待岁尽而已。

## • 注释

[1] 十地菩萨：十地菩萨就是法云地菩萨，意思是菩萨至此第十地，修行功满，唯务化利众生，大慈如云，普能阴覆，虽施作利润，而本寂不动。经云：慈阴妙云，覆涅槃海，名法云地。（梵语涅槃，华言灭度；谓之海者，以其深广，无法而不容也。）检验十地菩萨的标准是：据《金光明最胜王经》：十地菩萨，是相先现，如来之身，金色晃耀，无量净光皆悉圆满，有无量亿梵王，围绕恭敬供养，转于无上微妙法轮，菩萨悉见。

十地菩萨是菩萨真境界。大乘佛法将菩萨修学佛法的过程分为有十住、十行、十回向、十地。十信属十住之初住分出。十地前为三贤位，见道后登地为圣位，以后进入修道阶位，直至十地，等觉妙觉，最后圆满成佛。

"十地"菩萨是真正的大菩萨，大菩萨为什么要称做十地呢？"地"，能生万物，树木花草依地而生，一切有情依地也才能存在。菩萨以地分阶位，是因地能生万物，因地能生诸功德，登地的菩萨就快要成佛了。

欢喜地：初地的菩萨，断除了身见结、戒禁取结、疑结，不再有执著恐怖、颠倒、梦想。不忧虑生活，不惧怕死亡，不怨人毁谤。进入初地的菩萨，等于生到诸佛如来的家中去了。助人为本，以布施为乐，能绍隆佛种，能弘法度生，因为分证了佛陀的法身，相应了菩提，欢喜踊跃，所以叫欢喜地。

离垢地：二地的菩萨，自己修行十善，也劝人勤修十善，不再误犯微细的戒律，远离垢染，获得三业清净，能够广行慈悲，饶益有情，所以叫离垢地。

发光地：三地的菩萨，勤求佛法，受持佛法，能忍一切外境，不再动心，精修定学，得慈悲喜舍的四无量定，不再为贪嗔愚痴暗蔽，圣格升华，像光明一样，驱散了一切暗冥，所以叫做发光地。

焰慧地：四地的菩萨，精进修习三十七道品，除了我执、法执，见解上没有愚痴，思想上也无谬误，不生爱染，不起嗔怒，智慧的光像火焰一样炽盛，照亮了佛道，所以叫做焰慧地。

难胜地：五地的菩萨，不但修满了禅定，而且更证悟真实的谛理，离诸戏论，证悟空有不二，不住生死，不住涅槃，这是极难到达的阶位，所以叫做难胜地。

现前地：六地的菩萨，圆满了般若智慧，经常安住在灭尽定中，不起有漏心识分别，照见缘起性空，彻悟诸法自性，可说真实的佛法已现前，所以称现前地。

远行地：七地的菩萨，安住在灭尽定中，出定入定，随念自由，不用功而能行诸佛法，度众生而有无限方便，远大的目标，即将到达，所以叫做远行地。

不动地：八地的菩萨，功德任运增进，愿恼不再现行，不为名利所动和境风所诱，只有大愿度生，所以叫做不动地。

善慧地：九地的菩萨，无相无功用行，自证的固然无功用行，为他说法，也不待功用，以自然而然的清净法力，守护佛法宝藏，以纯善的智慧开示众生，所以叫做善慧地。

法云地：十地的菩萨，是真正的法王子了。所谓补处菩萨，就要成佛了。有大慈悲，大神通，那福德智慧的云朵，严密护身，可以发为电光，震大雷音，降大法雨，伏诸魔外，终成佛道。

菩萨从最初发心经历十地，到此完成三大阿僧只劫的修行，等着入诸佛位。

[2] 大千世界：大千世界是佛教说明世界组织的情形。每一小世界，其形式皆同，中央有须弥山，透过大海，矗立在地轮上，地轮之下为金轮，再下为火轮，再下为风轮，风轮之外便是虚空。须弥山上下皆大，中央独小，日月即在山腰，四王天居山腰四面，忉利天在山顶，在忉利天的上空有六欲天，再上则为色界十八天，及无色界四天。在须弥山的山根有七重金山，七重香水海，环绕之，每一重海，间一重山，在第七重金山外有咸海，咸海之外有大铁围山。在咸海四方有四大洲，即东胜身洲，南赡部洲，西牛货洲，北俱卢洲，叫做四天下，每洲旁各有两中洲，数百小洲而为眷属。如是九山、八海、一日月、四洲、六欲天、上覆以初禅三天，为一小世界。集一千小世界，上覆以二禅三天，为一小千世界。集一千小千世界，上覆以三禅三天，为一中千世界。集一千中千世界，上覆以四禅九天，及四空天，为一大千世界。因为这中间有三个千的倍数，所以大千世界，又名为三千大千世界。

[3] 不可思议：神秘奥妙，无法想象，难以理解。有欢喜的意思。如《维摩诘所说经·不思议品》："诸佛菩萨有解脱，名不可思议。"

[4] 色：色身，佛家语。色，指有形、色、相的一切物，即所谓物质。肉身，即有形血肉之身；自四大（地、水、火、风）、五尘（色、声、香、味、触）等色法而成，故称色身）；色即是空，佛家语。指世家一切色法（物质）的本性（内在真实性）都是空无所有。广义之色，为物质存在之总称。狭义之色，专指眼根所取之境。有广狭二义：

（一）色为物质存在之总称。即五蕴中之色蕴，五位中之色法（与心法相对）。乃质碍（占有一定空间），且会变坏者。经论中对于色有诸种分法，据俱舍论卷一载，色包含五根（眼耳鼻舌身）、五境（色声香味触）、无表色等十一种。唯识宗分色为五根、五境、法处所摄色等十一种。其中，法处所摄色是意识之对境，包括极略色、极迥色、受所引色、遍计所起色、自在所生色等。于此诸色法中，又可依其一一法之性而归纳成下列数种分类：一、内色（五根）与外色（五境）。二、细色（无表色，或指色界之色）与粗色（由极微所成之色，或指欲界之色）。三、定果色（由定所生之色）与业果色（由业所造之色）。四、可见有对色（指狭义之色，即色境）、不可见有对色（指声、香、味、触、五根）与不可见无对色（指无表色）等三种。

（二）眼根所取之境。对于声、香等而言，色乃专指眼根所识别之对象，如青、黄等质碍之境。五境之一，六境之一，十二处之一，十八界之一。又作色境、色处、色界。据瑜伽师地论卷一载，色大别有三种：一、形色，长、短、方、圆、高、下、正、不正等八种。二、显色,青、黄、赤、白、云、烟、尘、雾、影、光、明、暗等十二种。三、表色,凡吾人行、住、坐、卧、取、舍、屈、伸等,种种动作形态,显然可表示于外,而令人目见者。盖此皆于五根、五境等色蕴中,特指眼根所取之境,故称为色。

[5] 空:佛学常见词汇,因缘和合而生的一切事物,究竟而无实体,叫做空,也是假和不实的意思。世间看到的空它是空也不是空,空中有空,循环在循环。重复在重复,无空无空。空色:指视觉感知现象——无色与有色(晴空和彩虹,白色和彩色),即对事物认知的辩证统一观念——空中摄有,有内存空;色即是空,空即是色。

从所否定的对象来说,空可分"我空"、"法空"两种。我空,即认为一切有情都是由各个组成元素聚合而成,不断流转生灭,因此不存在常一主宰的主体——我,这是小乘佛教的观点;法空,则认为一切事物都依赖于一定的因缘或条件才能存在,本身没有任何质的规定性,但法空并非虚无,它是一种不可描述的实在,称为"妙有",这主要是大乘中观派阐明的观点。

从论证的方式来说,空可分"分析空"、"当体空"两种。分析空即从统一之可分解为若干部分或因素上,从事物的生灭变化上,说明事物的不实在和不自在,这主要是小乘所采用的方法;当体空则认为一切事物无须分解,只要用空的理法去观察,就可以明白它本身就是空的,这主要是大乘所采用的方法。

从是否终极真理来说,大乘又把空分成"但空"、"不但空"两种。把空当作绝对的虚无,认识不到它实际是有的一种存在形式,即一种妙有,就是但空,也叫"恶取空";反之,如能认识到事物不但有空的一面,还有不空的一面,认识到空不遣有,有不离空,空中摄有,有内存空,这就是不但空,也叫中道。

从上述几种对空的基本解释出发,佛教各派还推衍出三空、四空、六空、七空、十空、十一空、十二空、十四空、十六空、十八空、十九空、二十空等。其中以《大品般若》、《大智度论》所说的十八空影响较大。

[6] 寂:本指寂灭,略作灭。即指度脱生死,进入寂静无为之境地。此境地远离迷惑世界,含快乐之意,故称寂灭为乐。《增一阿含经》卷二十三:"一切行无常,生者必有死;不生必不死,此灭最为乐。"概谓对生死之喧动不安而言,不生不死之寂静安稳即称为寂灭。又特指小乘之涅槃。又常作示寂、入寂、圆寂。

## • 解读

禅师语录云:"见性如隔罗縠。"罗縠即罗衣,衣服。禅师这话很深,有两层意思,浅层意思是:学佛不能只见衣服不见人,反被衣服迷了自性。深层意思是:见衣即见人,法衣中有法身。人之性不只在内心,"全体作用"下,全身都是自性。一指一毫,都是一样。佛典所云"拈花微笑",那一拈,那一笑,是全身全心的一拈一笑,是自性自然,这叫"见性不隔身"。

> 禅师开示:一丝不挂才能牵挂众生。无衣是大法衣。佛菩萨满身璎珞,何尝有璎珞?老和尚袈裟在身,何尝有袈裟?佛性不要自我隔离,内外一切贯通,这才是学佛境界。从理上悟出的,要比从功上炼出的深。佛理胜禅功。眼观鼻鼻观心不是面壁修为,大彻大悟才能见如来。

# 又

纯夫对卓老言,会公于福州。时将淆讹诘问他,渠[1]说都是哄人的,公说只此一言,毫发尽同也。卓老笑云,观公之言,不必问学可知矣。不唯辜负古人,亦乃自欺瞒耳。不知先圣怜悯众生[2],沉没苦海[3],无可奈何,设此淆讹公案,智识不能解,利口不能言。若是宿有灵根,遇此公案,如箭入心,结滞胸中,欲透不能,欲罢不能,怀下圣胎,年深日久,喷地折,嚗地断,生死利害,才奈何我。不得方,好与人解粘、去缚、抽钉、拔楔,若果到此,六根休歇,心腹空闲,决不作此注解矣。

令郎信根[4]大利,切不可把识见染污他,逼拶到不通气处,忽然猛省,方晓香严一击,忘所知那一句子,才不负他灵根聪明处耳。

## • 注释

[1] 渠：他。

[2] 众生：又译作有情、含识（即含有心识者）、含生、含情、含灵、群生、群萌、群类。"众生"一语，普通指迷界之有情。《杂阿含经》卷六："佛告罗陀，于色染着缠绵，名曰众生；于受、想、行、识染着缠绵，名曰众生。"一般而言，此词系指具无明烦恼，流转生死之迷界凡夫；然若就广义而言，则亦含摄悟界的佛、菩萨等。《大智度论》卷二云："如诸法中涅槃无上，众生中佛亦无上。"

[3] 苦海：苦多成海，比喻人生。释迦牟尼说法之初，便讲"苦谛"。佛教认为，众生在"生死轮回"中，遭受着种种"苦报"；生死之苦茫茫无边，称为"苦海"。《法华经·寿量品》谓："我见诸众生，没在于苦海。"佛教为了救度众生出于苦海，指出了一个超越生死的"彼岸"作为修行的归宿。苦海是由无数恶业造成的。那么，要出离苦海，到达彼岸，就要回头修一切善事，"诸恶莫作，众善奉行"。"苦海无边，回头是岸"，劝人去恶向善。

[4] 根：即根器省语。植物的根能生长枝干花叶，器物能容物。有大小、多寡之不同，性质并没有不同；修道者能力有高下，福报并没有不同。因此用根器打比，指人修行的天赋牢实。《〈大日经〉疏》卷九：'观众生，量其根器而后与之。'

## • 解读

禅师语录云："六根休歇，心腹空闲。"禅师意思是让身体休息，让心灵下班。人之累，累在身心俱疲。眼、耳、口、鼻、舌、意全天开动不用说，就连心灵也不得空闲，睡眠还做梦，做梦就是加班。针对世人劳累，禅师开出的方子就是"休息"二字。这是真休息，不是假睡。休息就是休息，不是为了更好的工作而休息。休息都带有功利心，现代人被物化到了何等地步！君到北京香山，山下有尊佛，其名曰"卧佛"。佛也要休息，何况世人！一切放下，放下，再放下；全部停止，停止，再停止。你会发现有时候不"进步"，世界会更好。退步可以全身，止步可以看风景。当你真正停止之日，就是真正进步之时。

禅师开示：不吃不喝也比吃了喝了再吐出来好。人活世间造成不要把自己当过程。

## 又

蜀楚间关数千里，何时得一觌面也？世上业缘，足以累人，不是有力量汉，诚难担荷。公向此热闹门庭，佛事炽然，真是不坏世相[1]而入实相[2]也。虽到此地，未称究竟[3]。此时色力充实，强自支持。腊月三十日到来，又作么生抵敌？

公平生全力在于性命，命根不断，是非锋起，我此昭昭灵灵，乃自生后入此壳漏子，被现前种种业力[4]驱使。如今三界二十五，有莫不依此为凭仗，以此当主人公。屡闻辩论奇特，乃是依此发出来的。支节恐无始，习气未得剿绝，于应缘处则不相应矣。功名富贵真是令人可爱，大慧斥云：做得官大的无明大，做得官小的无明小，这老汉两句淡话，令人思之有味。学道人真如大火，聚一切大小名相[5]俱不依倚。世上梦幻[6]，无有穷极，要得大醒，在于何劫，倘便道一谈，幸幸。

• 注释

[1]世相：世界表相。

[2]实相：实有本相，为佛教专用术语。实者，非虚妄之义，相者无相也。是指称万有本体之语。曰法性，曰真如，曰实相，其体同一也。就其为万法体性之义言之，则为法性；就其体真实常住之义言之，则为真如；就此真实常住为万法实相之义言之，则为实相。其他所谓一实，一如，一相，无相，法身，法证，法位，涅槃，无为，真谛，真性，真空，实性，实谛，实际，皆是实相之异名。

[3]究竟：佛教语。犹言至极，即佛典里所指最高境界。《大智度论》卷七二："究竟者，

所谓诸法实相。"唐王维《西方变画赞》序:"究竟达于无生,因地从于有相。"明李贽《六度解》:"此六度也,总以解脱为究竟,然必须持戒、忍辱以入禅定,而后解脱可得。"

[4] 业力:一种认为一个人的行为在道德上所产生的结果会影响其未来命运的学说。业力是组成因果关系的元素。业力是指个人过去、现在或将来的行为所引发的结果的集合,业力的结果会主导现在及将来的经历,所以,个人的生命经历及他人的遭遇均是受自己的行为影响。因此,个人有为自己生命负责的可能性以及责任。而业力也是主导轮回的因,所以业力不单是现世的结果,还会生生不息地延伸至来世。业力用最简单的话说就是:"善有善报,恶有恶报,不是不报,时辰未到"。用农作收成的话说,业力可解释成:假使你播下好的种子,你将会有好的收成,假使你播下坏的种子,你将得到不好的收获。

《法句经》中业的解释是,心是善、恶业的主导者,假使你的语言和行为基于善或恶的发心,则愉快或痛苦(不愉快)将跟随你,如同牛车跟随牛蹄,如影随形般永不离开。

业力就是一种行动,生命体中有一种动力,名叫本能倾向或意识等等,这种固有的习性推动每一种意识,包括推动心理和生理,这一动起来即成行为,这种行为的重复就是习惯,此习惯变成他的个性,在佛教中,这种过程称它为业力。就"业"的终极意义来说,它是有善有恶的,可以是心智活动,也可以是意志作用。佛说:"业是意志力"。如此说来,业是一种过程而不是以一种实体,它也是一种行为、能力和力量。有人解释这种力量为"行为影响力",这是我们自作自受。人所经验到的苦乐都是他自己的身、口、意活动的结果。成功、失败、愉快、忧愁,都是由我们身、口、意的造作而来。

[5] 名相:佛教语。耳可闻者曰名,眼可见者曰相。南朝梁萧统《令旨解二谛义》:"无名相中何得见有名相?"唐玄奘《大唐西域记·羯罗拏苏伐剌那国》:"其义远,其文博。包含名相,网罗视听。"

[6] 世上梦幻:所有的梦幻,包括众生梦幻与非众生梦幻,实有梦幻与寄生梦幻。

## • 解读

禅师语录云:"学道人真如大火,聚一切大小名相,俱不依倚。"禅师此处说的"火"是真火,是灭火之火,不是起火之火,首先要分清,不然就错了,试想火宅熊熊,岂能火上加火?如果你知道这是灭火之火,就知这是火宅克星。学道人学的是什么道?并无别样道,学的就是灭火道。不真不行,真才能破幻。不猛不行,不猛不除魔。真火的特征就是真诚而猛烈。佛法又称真法、正法,无真不成佛。成佛要成真佛,不要成假佛。三藏法师西游,求的是真经,拜的是真佛。有了这个前提,才能看清一切,种种名,种种外相,都传诵,不再傍假山,不再痛饮假水,真山真水见真人。禅师说的一个"聚"字,有一并舍除的意思。事情都是一起来,魔都是一起上,当此时,正显大丈夫斩妖除魔的手段。一起来就一起收,一起上就一起完结。人处世间,眼前每日人潮汹涌,稍有触动,即有暗流蜂拥而上。学佛人视世上事如浮云,不为所动。不依靠他,就不会被连累。不求他,就不会被要挟。不贪心,人就动不了我。不互动,事就消亡。

> 禅师开示:真火所至,冰雪消融。做个无欲之人,一切事自然消停。名目繁多的世界,问一声"走向何处?"立刻化为乌有。

## 又

一别十余年矣,不得日侍左右,钦领教言,徒怀恋慕耳。宗社[1]寂寥,无如今日,单传[2]一路,荆棘丛生。海内参学者虽众,各执己见,不肯知非。欲得个返本归源,光扬祖室者,其在公乎!

此段事决非小根浅识者所能担荷,若非铜头铁额汉子,浑身是胆,未敢撒手悬崖。若肯直下,赤手空拳,一肩担荷,何惜余光照临穷谷耶?

不审日用事作么生?迎接僚属时,政务冗杂时,还生忻厌否?逆境逼迫时,心安寓否?事不称意时,心一如否?六根对物时,人境两空[3]否?形骸分散时,来去自由否?望一一明示。

- 注释

[1] 宗社:较小的僧团、寺庙。

[2] 单传:又称心传。一脉传承,故称单传。有时佛法传众不传私,有时佛法传私不传众。

[3]人境两空：内心与外部环境都清静。境是境界的省语，为佛教语。指事物所达到的程度或表现的状况，有时指感悟到的意境。《无量寿经》卷上："比丘白佛，斯义弘深，非我境界。"有时指三界，欲界、色界、无色界，或指断界、离界、灭界等三种解脱之道。

• 解读

禅师语录："若非铜头铁额汉子，浑身是胆，未敢撒手悬崖。"俗谚云："苦海茫茫，回头是岸。"回头难，难在身后不堪。回头难，难在前方诱人。然而不回头则断头，不收手则断手，因此威信英雄并非一味前冲，而是能按住马缰。禅师说的好："撒手悬崖"，紧要关头放弃，往往是明智的，要看放弃的是什么。如果为求佛法，磕头到灵山，这是可贵的，最后一步要走，最后一个头要磕，否则就是"为山九仞，功亏一篑。"如果是为了世间名利，杀个不休，最后一刻放弃，正是智者所为。禅师说"撒手悬崖"极难，必须要"铜头铁额、浑身是胆"的"汉子"才做得到，这就说明了放下的难度要大于进取，忘怀的艰辛要大于记得。然而正因为难，才显出其可贵。当世人争斗不休时，我来包容。当某事、某物、某个位置"抢手"，我来拱手让人。不押宝的人肯定有更大的宝。不赌者不输，不斗者不败。

禅师开示：眼前有万丈悬崖并不可怕，可怕的是在悬崖上梦游。要找一个人拉住梦游人的手，这人必须是自己没在梦游。

## 又

别后不奉道诲久矣，不审动定如何？近日士大夫以聪明意见，将暂时岐路指为究竟，便抛入无事甲里。道力不能胜业力浸淫，打入尘劳[1]内，几与"饮酒食肉不碍菩提，行盗行淫无妨般若"[2]此等外道同一窠臼，如此岂唯生死大事不得力，即小小利害已自手脚忙乱了也。如居士根力道眼，迥异时辈，想不蹈此病。

古德云：学道如钻火逢烟且莫休，竿头进步是所望耳。至于日用行持，尤宜绵密。昔李汉老已明大事而大慧，犹叮咛之曰：日用间当依黄面老子所云，违其现业，除其助因，此乃了事汉无修证中真修证也。居士家尊奉五戒[3]，谨护三业[4]，此乃悟[5]与未悟所共之行，如日用饮食，必不可废者，莫将逆行菩萨偶尔示现之迹，便附会入一切无碍见解。自己一人其毒犹小，展转相传，写乌成马，将来无忌惮之流，殆不忍言。

山僧往年见刺不破，虽不敢自抉藩篱，误出示人，亦未免有圆滑托大之弊。今喜宰官中黄慎轩、袁中郎兄弟辈同时回头，苦心参禅，真实修行，守护戒宝[6]，此乃法门之幸事也。居士是法中有力健儿，但恐休歇太早，智不入微，道不胜习耳。若不回头，此纸即同腊月扇子[7]也。

## • 注释

[1] 尘劳：在红尘中劳碌。佛教讲六尘，与眼、耳、鼻、舌、身、意六根相对，为色、声、香、味、触、法等六尘。六尘是外境，六根是内境，必须加上眼、耳、鼻、舌、身、意的六识，才能产生身心现象。心为外境所转，也就是被六尘所动，就会以六根造作善恶、好坏等的行为，佛法称此为造业。其可以造恶业，也可以造善业：造恶业下堕地狱、饿鬼、畜生的三恶道；造善业则还生为人，或生天界，享受人天的福报。但是不论下堕或上升，都是在世间的轮回生死苦海之中。欲解脱，则必须认识六尘是虚幻的、不实的、多变的。《金刚经》把它形容为如梦、如幻、如泡、如影。能够彻悟六尘世界的虚幻不实，当下就是解脱自在。若身心处于六尘世间，而不为六尘世间所困扰、诱惑，就不会起烦恼，称为解脱之人。

[2] 般若：般若（bōrě），梵语的译音。或译为"波若"，意译"智慧"。佛教用以指如实理解一切事物的智慧，为表示有别于一般所指的智慧，故用音译。大乘佛教称之为"诸佛之母"。般若智慧不是普通的智慧，是指能够了解道、悟道、修证、了脱生死、超凡入圣的这个智慧。这不是普通的聪明，这是属于道体上根本的智慧。所谓根本的智慧，就是超越一般聪明与普通的智慧，而了解到形而上生命的本源、本性。这不是用思想得到的，而是身心两方面整个投入求证到的智慧。这个智慧才是般若。所以"智慧"两个字，不能代表般若的整个含义。在所有的佛经，以及后世菩萨高僧大德们的著作中，《金刚经》在学术的分类上，归入般若部，所以叫做《金刚般若波罗密经》。

[3] 五戒：五戒是五条戒律或行为准则。佛教中的五戒是一不杀生，二不偷盗，三不邪淫，四不妄语，五不饮酒。这五戒，是佛门四众弟子的基本戒。《大庄严经名五大施弥勒问经论》云：五戒名大施者，谓以摄取无量众生故。成就无量众生乐故，以能增长种种功德故。

[4] 三业：指身业、口业、意业：身业是身所作业；口业新译为语业，指口所说业；意业是意所起业。

有时指顺现业、顺生业、顺后业：具称为三时业。

有时指福业、非福业、不动业：又称三行。

[5] 悟：吾心为悟，指见心。是禅悟的省语。禅的本意是静虑、冥想，悟与迷对称，指觉醒、觉悟。悟是意义的转化，精神的转化，生命的转化，含有解脱的意义。禅是修持方式，悟则是修持结果，两者是有区别的。中国禅宗学人把禅由坐禅静思变为日常行事，由心理平衡变为生命体验，从根本上改变了禅的内涵。中国禅宗学人还认为觉悟要由日常行事来体现，由生命体验来提升。禅与悟是不可分的，悟必须通过禅来获得，禅没有悟也就不成其为禅。没有禅就没有悟，没有悟也就没有禅。从这个意义上说，禅与悟之间不存在手段和目的的关系，或者若从禅包含了悟的意义上说，禅就是禅悟。禅宗的认识论，即禅悟，与我们今天以及西方认识论不同。禅悟不能用西方的认识论，如直觉、感性认识、理性认识、质的飞跃等来比附。禅悟自有其特点，是另外一种思维方式。惠能与神秀的争论在于顿悟与渐悟之分。其实，无论顿悟、渐悟，都是顿中有渐，渐中有顿，他们的思维方式还是一致的，即没有主客之分，于平常心中悟得平常心。禅悟是独特的生命体验。其方法有不可说与无修之修等。

### 不可说

禅宗认为第一义（或第一句）不可说。《镇州临济慧照禅师语录》云："若第一句中得，与祖佛为师。若第二句中得，与人天为师。若第三句中得，自救不了。"第一义是不可说的。《佛果禅师语录》云："师升座，焦山和尚白槌云：'法筵龙象众，当观第一义。'师乃云：'适来未升座，第一义已自现成。如今槌下分疏，知他是第几义？'"就是说，第一义不能说，当一说的时候，已不是第一义了。这些说都是戏论。但戏论归戏论，总得说出来，就用遮诠的方法。说第一义，即不做死语，让人知道什么不是第一义，从而体会第一义。比如，有人问和尚什么是春源一滴水。师云：是春源一点水。和尚没有说什么。你只管问，和尚只回答不相干的话，这就是说第一义不可问，不可说，让你自己明了。说了第一义不可说，则会招来"为什么不可说"一类的问题。故而和尚不说或说些不相干的话，这就是不道之道。

### 无修之修

就是非修非不修。马祖在南岳传法院整天坐禅修行，对于来访者一律不见。师（怀让）就在马祖面前磨砖，马祖不理会他。时间长了，马祖问师："磨砖干什么？"师说："磨做镜子。"马祖说："磨砖怎么能成镜子呢？"师说："磨砖不能成镜，坐禅能成佛？"也就是说，坐禅不能成佛，道不可修。马祖问："什么是修道呢？"师说："道不是修得的。如果道是修得的，你能修得道，就还能坏道。如果说不修呢，那就是凡夫俗子了。"道是非修非不修，即"无修之修"。因为佛法认为万事万物皆为因果，就有成有坏。若能修则能坏，所以道不能修，不修就是修，故为无修之修。不修，不是不做任何事，而是做事无心，不滞，不住。禅者要在日常起居中做不用功的功，不修之修，即没有认知的对象，也没有认知的主体，即无主客对立。不要想悟道，就整天思量着道是什么？道到底是什么？这就是我们的主客对立立场了。这样就执著于道本身或悟道本身。有所执就丢失了整体的生活世界。如此则永远不能进入禅的境界而悟道。只有每天并不思量道是什么，也不整天总是要记得不要想道是什么。而是根本不想这个问题，只是如常人一样饮食起居。有一个法演禅师见圆鉴法师。圆鉴法师让他看"如来有密语，迦叶不复藏"一句。一日对他说：你为什么不早来，我年纪太大了，你去参见白云端和尚。法演到了白云，一日上法台，忽然大悟"如来有密语，迦叶不复藏。"果然如此。智与理冥，境与神会，如人饮水，冷暖自知，诚哉是言也。于是颂谒一首："山前一片闲田地，叉手叮咛向祖翁。几度卖来还自买，为怜松竹引青风。"悟己所得，并非新得到了什么知识。禅宗人常说：山是山，水是水。在你迷中，山是山，水是水，在你悟中，山还是山，水还是水。"山前一片闲田地，几度卖来还自买"，田地就是那块田地，本来就是你的，除此另找田地，岂不是多事而造新业。开悟前无道可修，开悟后亦无佛可成，即没有得到什么新的知识或大道。这就是佛传给迦叶禅宗，迦叶从来也没有藏起来，是公开的秘密。

[6] 戒宝：以戒为宝。这是佛法僧三宝中的法宝。

[7] 腊月扇子：腊月不需要扇子，比喻多此一举。

### • 解读

禅师语录云："学道如钻火逢烟且莫休，竿头进步是所望。"禅师说话，讲俗话，但话中有深意。俗谚说："百尺竿头更进一步"，讲的是前进不能停留，然而无休止的进步是可怕的，将很快迷失自己。因此，禅师这句语录的关键在于上一句"钻火逢烟且莫休",讲学道如钻木取火,一阵猛钻,木头冒烟,但不能"见烟就是火",还需要继续下力气,烟透了,才会亮出火。禅师这句语录有两层意思,浅层意思是学道要学透,深层意思是见火要住手。"学道要学透",如果不透,等于不学。不明白的人睁眼瞎,不明了的人做事鬼打墙。一旦透,哪有什么墙,哪有什么鬼,坦荡而行,何等畅快。"见火要住手",如果不住手,将有断腕之危,甚至有焚身之忧。见火就住,不失为勇者。见水就渡,不失为智者。

> 禅师开示:学道如钻木取火,为的是取火,既然取了火就应该住手,不然将木烧了是小事,把人烧了是大事。成道之难,不是难在得不到,难就难在得到了要住手。学道学的是"住手之道"。

# 复方督学讱庵

时承远教，知公道念愈切，菩提愈亲。逆势趋贫，谁人肯作。古云：世情日短，道路遥长。己见不忘，千生隔越。今既到此，切莫便休。但尽凡情[1]，别无圣解[2]。

何为凡情？或遇顺则喜，遇逆则怒，爱则着，憎则离，是则称非，则毁乃至；善恶取舍，种种分别者是。若到凡圣情尽，迷悟见消[3]，又何明之有？只恐觉明未化，见识犹存，境风触动，辩论不绝。

古云：得意忘言，道易亲。若不彻底穷根，终非到家时节。般若如火[4]聚，尽力不能缘。世情如标胶，逢着便粘去。以相似之言，记忆于怀，于四大[5]身中，妄认个不生灭性，末后穷年，悔时晚矣。

• 注释

[1] 凡情：珍重平常情分，这是世间法。

[2] 圣解：超凡入圣的见解。凡不离圣，圣从凡出。

[3] 迷悟见消：迷惑与觉悟一起消除。《景德传灯录·富那夜奢》："迷悟如隐显，明暗不相离。"

[4] 火：佛教指两种火。一是业火，二是诸佛菩萨的性空真火。诸佛菩萨功德不可思议，众生业力亦不可思议。

[5] 四大：地、水、火、风。佛家常讲"四大皆空"、"五蕴无我"，这两句与"知一切法，悉皆空寂"的意思完全相同。"四大"是什么？就是物质。物质有四种性质，叫它做四大；它有四大特性，用地、水、火、风来表达。佛经上讲的"四大"，就是基本的

物质，所有一切的森罗万象，都是这个基本物质组合而成的。《金刚经》上讲"一合相，即非一合相，是名一合相"，就是这一个基本的物质组合成了森罗万象。大至组成星球、星系，小则我们讲的微尘，佛经上常讲的汗毛，都是这个东西组成的。基本的物质从哪儿来？从心法变现出来的。唯识经论里面讲得很清楚，"无明不觉生三细，境界为缘长六粗"，这个就是"三细相"里面的"见分"跟"相分"，"能见相"跟"境界相"。基本的物质就是"境界相"，就是"相分"。"相分"是从"见分"变现出来的，"一切法悉皆空寂"。明白这个道理，才知道佛家讲的"万法皆空"，这是事实。我们眼前这些法，摆在面前，眼睛所见的、耳朵所听的、身体所接触的，这些法到底是空、是有？从理上讲是空的，事上讲是有的，摆在面前。这个"有"叫"假有"，"有"不是真的，"有"是假的，而"空"是真的。真假怎么说法？在佛经里面的定义，所谓"真"是永远不变的；如果它会变，就不是真的。所以"空"永远不变，故叫"真空"；至于"有"，一切现象都在变化。我们人很显著的变化，"生老病死"，任何一个人都能觉察出来。其实微细的变化，如我们身体细胞的新陈代谢，刹那都不停，所以它是在变化。我们这个物质的肉身，是基本的物质组合的。佛在三千年前讲经说法，这种物理的现象就讲得这么清楚、讲得这么明白。一切的物相统统都是在变化，既然都是在变，那就不是真的。所以"有"，佛叫它做"假有"、"幻有"、"妙有"，真空妙有。佛家所讲的"空"、"有"是一桩事情，不是两桩事情。"真空"在哪里？"真空"就在"妙有"之中；"妙有"在哪里？"妙有"就在"真空"里面。"真空"是体，"妙有"是相，这样我们才能够把一切境界相看清楚，看明白。看清楚、看明白有什么好处？帮助你"舍离一切执著"，都清楚了，没什么好执著。执著从哪里生的？是不了解事实真相，以为可以得到，这才执著。搞清楚了，晓得原来什么都得不到，不但身外之物一样都得不到，连自己的身体都得不到，那还有什么好执著？自然就肯放下，就容易放下。真正放下了，说老实话，那个真的、永远不灭的，你才会得到，那叫真正的自己。真空是讲的"真如本性"。真如本性为什么叫做真空？因为它没有迹象。它没有色，眼看不见；它没有音声，耳朵也听不见；甚至于我们连思维想像都达不到，我们六根完全对它失去效用。但是"真如本性"确实存在，它是宇宙一切万法的本体，一切法都是从这个体变现出来的。所以什么叫成佛？你见到性，就叫成佛了。明心见性，见性就成佛。见到性之后，就像经上讲的，就不生不灭了。至于要现相，那就很自在，喜欢现什么相，就现什么相。像我们现在迷惑颠倒，怎么想都枉然，都变不出来；见到性之后，自己就能够变现得出来了。尽虚空、遍法界，自己作了主宰，自己作了主人，这叫得大自在。所以一定要晓得事实真相，

"一切法悉皆空寂"，这是从理上说的、从本体上说的。

四大皆空，这讲物质组成的现象，不是真的是假的，《金刚经》上讲"梦、幻、泡、影"，举四个比喻。缘聚就有这个现象，缘散这个现象就没有了。仔细去观察，缘聚的时候这个相也不生，缘散的时候这个相也不灭，你才见到事实真相是什么？不生不灭。这是讲物质现象，不生不灭。

### • 解读

禅师语录云："若不彻底究根，终非到家。"这也就是"打破沙锅问到底"的意思。不彻底，不能见真相。不触底，不放心。学佛是穷究天人学，斟破世间之情，藏着掖着无益于修身，必须是赤裸裸来去无牵挂，才见真如本性。禅师的意思，彻底也要有度，已经彻底了还要彻底，只会把桶捣破。不到"桶底脱落"时，万不可脱落。桶底结实好盛水，人心真诚好迎新福。学佛人是迎福人，关键是虔诚。禅师说"到家"，是引水到家、引福到家的意思。世上福禄不是没有，缺少的是彻底虔诚的祈福人。这福不是一己之私福，而是为天下人求福报。佛云"自求多福"，讲要从自性里得福。彻底行路，才会到家。

> 禅师开示：凡是经不起问的必是问题，凡是越问越清楚的必是答案。做事做彻底，自然见佛性，自然有生机。

## 又

纯夫到得手书，闻舟中得悟者三。一路辩论甚妙，觉得从前都不是。此语虽好，总是见解，不如忽然猛醒，披襟一笑，更不道是我非我[1]，省多少精神。不然如梦说梦，纵悟得一千遍，与己何干？昔所谓倾囊布施之言，总成寱语矣。若得梦醒，更不复梦。做梦说梦，总是自己，岂有一人之身自作，昔是今非之见耶？

纯夫道公与王丰舆不相信，非二公不信，僧无可信处，但愿二公自信，不随人脚跟转。就是达磨[2]西来，觅个自肯的不可得，纯夫说二公尽被他转动脚跟，诘其来由，依旧在门外打之绕。如此学道不但哄人，亦乃自哄。

• 注释

[1] 我：佛教所说的我不是指自我，指我见。又称"身见"。一切众生的肉体和精神，都是因缘所生法，本无我的实体存在，但吾人都在此非我法上，妄执为我，叫做我见。"我见"是一种思想上的烦恼，是知见上的执著，即是我们在第六识认为五蕴假合的身心之中有——"我"、我的东西——我所。我们可通过明了"无我"的道理，破除"我见"，故"不正见"容易破除。"我见"是第六识所起的认知，而我执是第七识所起，所以"我见"不是"我执"。"我见"证得初果须陀洹后即可破除，而细微的"我执"则须成就佛果后才可彻底断除。

[2] 达磨：即达摩。通称达摩，是中国禅宗的始祖。他生于南天竺（印度），婆罗门族，传说他是香至王的第三子，出家后倾心大乘佛法，出家后从班若多罗大师。南朝梁普通年中（520～526，一说南朝宋末），他自印度航海来到广州，从这里北行至北魏，到处以禅法教人。据说他在洛阳看见永宁寺宝塔建筑的精美，自言年已一百五十岁，历游各国都不曾见过，于是'口唱南无，合掌连日'（《洛阳伽蓝记》卷一）。达摩在中国始传禅宗，"直指人心，见性成佛，不立文字，教外别传"。佛陀拈花微笑，迦叶会意，被认为是禅宗的开始。不立文字的意思是禅是脱离文字的，语言和文字只是描述万事万物的代号而已。这也是为什么惠能大字不认识一个，但是却通晓佛经的原因。只要明心见性，了解自己的心性，就可以成佛。经二祖慧可，三祖僧璨、四祖道信、五祖弘忍、六祖惠能等大力弘扬，终于一花五叶，盛开秘苑，成为中国佛教最大宗门，后人便尊达摩为中国禅宗初祖，尊少林寺为中国禅宗祖庭。东魏天平三年（公元536年）卒死于洛滨，葬熊耳山。

• 解读

禅师语录云："如梦说梦，纵悟得一千遍与己何干？"禅师这条语录说得痛彻。求悟而得悟，是悟而非悟。似是而非的"悟"，害人不浅。平常学道人，迷信一个"悟"字，殊不知有时不悟还好，一悟则迷。小悟小迷，大悟大迷。禅师提醒我们要匹配，陷阱之所以是陷阱，就在于他没有标记。佛说"一切如梦幻泡影"，一切都在梦中。梦中又做梦，是连环梦、套中梦。梦中说梦，又岂能真的醒来？禅师说"纵悟得一千遍与己何干？"指示我们：梦中一切都是幻，无一可当真。佛说梦是魔，梦魔即是。一梦之中，多少颠倒放纵，迷失人本性，损伤人心。学佛之人之所以要学习坐禅，目的之一就是击退梦魔。不出梦中，始终入不了道。

> 禅师开示：人要自己醒来。用佛性破除一切梦幻，哪怕面对真而不美的世界，也比面对美而不真的梦境好。何时醒来，何时开始真修。

# 又

昨承慈念，感愧难当，愿公愍正法寂寥，拼舍见闻，报佛恩德[1]，苟或参决未透，鉴辨未明，被爱恶情欲缠缚，于思惟测识之中卒，未免于毫厘千里之谬。

盖世学者莫不以识见解，会分别，能所为，知至于聪见不及处，则以为知有未尽，理有未穷，仍向古人册子上旁求博采，渔猎见闻，见人说得相似，便作道理会去。殊不知本有妙明[2]、清净[3]、无为之体[4]，已陷于知知识识之中。忽被业风吹向境缘，浩浩地依旧与情意辊作一团，自己分上了无交涉，如此者唤作辜负己灵，埋没先圣。古云：知之一字，众祸之门，岂虚语哉！

近时士大夫学道，说得头彻尾彻，下笔四六[5]尖新，写得攒花簇锦，一逢利害，便自作主不得，不知学道何为。

• 注释

[1] 报佛恩德：意思是，学佛是为了报恩。学佛要报三重恩：一报己恩，己身见天地。二报父母恩，父母舍了天地生了我。三报佛恩，佛是免债人。

[2] 妙明：不即不离的佛性，奇妙而光明，所以叫妙明。《楞严经》云：性觉妙明，本觉明妙。

[3] 清净：无善无恶无干扰的状态。音译毗输陀、输陀。略称净。指远离因恶行所致之过失烦恼。

[4] 无为：本是老子语，借指放下不妄为。

[5] 四六：本指骈文。骈文讲究四六对仗，所以叫四六。本处借指表面文章。

## • 解读

禅师语录云："'知'之一字，众祸之门。"讲一个"知"字，是一切祸害的开端。人的一切纷争、烦恼、想不通、放不下，全是因为人有所谓知识。其实这不叫知识，叫魔障，佛法把它叫做"知见障，实实地是一个大魔头。知识生主见，主见生妄为独断，妄为独断生斗争，斗争生残忍诡诈，最后生出死亡。并非不要人有知识，而是要人有真知识，不要把世上小见识当成大学问。那些追名逐利的工具，岂能使唤人真正受益？知识招祸，禅师直指曰："'知'之一字，众祸之门。"知识生个体户，个体户生贪求，贪求招辱，辱极必亡身。佛学是平定欲望、扫荡魔君之学，入手处正是要人放下知识，做一个没知识的人。放下才扶起，无路得指引。要想念佛菩萨的伟力。

> 禅师开示：无祸一身轻，招祸莫大于知识，所谓"知识"生出各种招祸的行为。如今无知无欲，做一个自在人。

上帙　黄檗无念禅师复问

# 复袁考功石公

素服公筋骨如铁，胆壮神雄，但开口应对，便不本色，不觉被机语[1]气魄瞒过，何也？好奇胜之过耳。

令弟聪明才学出自天然，要紧处毫厘不肯放过，真不可及。二公乃是公安二圣复出世也。令兄亦肯好学，虽入义路[2]去了，念念不休。若得回头，未可知也。刘太史见地已明，只欠悬崖撒手。在公权巧，曹溪一脉[3]不绝也。

寂寥中看古宿，省益人处。录呈数段，请教似同志者共览何如。

• 注释

[1] 机语：机锋语的省称。机锋，佛教用语，又作禅机。机，指受教之法所激发的内心活动，或指契合真理的关键、机宜；锋，指活用禅机的敏锐状态。意思是说禅师或禅僧与他人对机或接化学人时，常以寄寓深刻、无迹象可寻，乃至非逻辑性的言语来表现一己的境界或考验对方。

[2] 义路：指专攻义理、考据的学术道路，本处借指执著于经文。

[3] 曹溪一脉：即禅宗一脉。曹溪是地名，在广东曲江县双峰山下。唐仪凤二年（公元676年），六祖惠能住持曹溪宝林寺，此后曹溪被历代禅者视为禅宗祖庭。曹溪水喻指禅法。

• 解读

禅师语录云："若得回头，未可知也。"佛法殷勤，禅师心切，也无非是一个要人回头的意思。一回头前程无量。眼前路已堵死，看似金光大道，其实火焰沸腾。不如回头看来路，再错也对一分。总比全错全毁好。佛学就是"回头学",要人看来路,不要急着上路。风雨匆匆,往往惶惶无主。学佛学的是定心无闻,安心若无心,安定若无定。一切随缘放下,自然福在其间。不妄作,不妄想,便是福。

> 禅师开示:铸造一铁笼头,把人笼住拉回,莫使唤他往火坑跑。人性如牛马,硬闯乱踏,何时是了?不如给片天,给片草场,重做野牛野马。看似更"野"了,"顺"了,顺服在天地的怀抱中。

# 又

别后数载,知所造[1]日益精明,见佳刻。戏笑怒骂皆为佛事[2],真法门梁栋[3]也。不知令兄何如?今居清要之官[4],兄弟一处,终日共话无生。昔东坡言:世间那有扬州鹤,今观公兄弟受用,岂不胜腰缠骑鹤者万万倍耶。又见令弟与梅杨和书,云学道事甚大非。一面作功名、受富贵、耽声色、料理世情,一面又去学,可以了得。又云:古人四十年打成一片,除粥饭二时,是杂用心,何等勤苦专一;今才有所得,便以为一切无碍[5],恣情作业,不知地狱债[6]何时还也?可畏可畏。如令弟所云,诚是未可轻易抹过。

僧谓如世间种种事业,做官做人,聪明气魄,诗文草圣,一切从心意识拟得的,尽让与公家兄弟,只有聪明拟不得的,意识行不得的这一着子,还让与老僧受用何如?

近有一疑[7],无人为我破得。僧与邓公相处数十年,承其过爱,相信之深,真知己也。今一旦舍我而去,虽日夕思念,竟不知在何处。公具慧眼者,必能看得透。毕竟邓公真在何处?若能破我此疑,莫大之恩也。

• 注释

[1] 所造:所为。佛叫把人的行为称作造业。

[2]佛事：与佛教相关事务，也可称个人修行。分成佛之事与灭佛之事。因灭（度）成佛。

[3]法门梁栋：佛教精英。法门即佛门。

[4]清要之官：闲散的肥缺。清要指清闲而重要的要职。

[5]无碍：没障碍。分无情碍与无法碍。情碍指因为世上情而生出障碍，法碍指因为佛法而生出障碍，都是障碍。

[6]地狱债：死债。佛教认为死亡是欠债不还的果报。

[7]近有一疑：这是禅师的设疑语，其实无疑。设疑是参学的常用手段，通过问答解决问题。因人而设，也可自设。但不可浮设、夸设、伪设，遇到反设容易出问题，因此不是必备、必需的手段。

• 解读

禅师语录云："戏笑怒骂，皆为佛事。"禅修不拘一格，有所得就好。佛学无有框框，才是真佛学。至于佛事，禅师云，穿衣吃饭都是佛事，难道只有办场水陆道场才是佛事？同样的，不一定要高堂大庙才是佛国，一念善缘，佛菩萨在眼前。佛教的魅力在于看出万物由来，同享天人真修。佛法是共享，共享中有分享，唯独没有私藏。其开放性不可思议。有欲私藏者菩萨也不喜欢。佛法不是为引渡一人，而是普渡众生，这才见大力破除大孽，大爱成就大缘。高手做文章，风流倜傥。高僧传佛法，喜笑怒骂。开心处见真知，会意时得真修。

> 禅师开示：性情流畅，自视本真。学佛不可闷了，闷了不好玩。学佛不可呆了，呆了不好教。学佛也不可狂了，狂了不好改。学佛心要正，但不可僵化，总要活泼才好。

## 又

生平求友不了之，怅得一面，足下悉为酬尽。海内谈心学者[1]，本不具眼，又不遇人，所以尽成辜负去也。焦先生辈奈患聪明太毒，难教净尽受，症在极微细所知愚处，故不能浑融境风[2]。卒来凑泊[3]，犹在种地不空，出皆渣滓。举笔开谈，不无根蒂。为人手眼，说法导迷，如将剿贼，先破其巢，然后擒如探囊。

今时学者不经本色，开导多是鼓唇意度，博一肚皮道理，亲师近友，只图拨些胜负，那得半个虚心空腹者哉！这件事若欲求人，正好于圣明[4]之下，大辟炉冶，煅炼群雄。闪电光中摄取得三两个英灵者佐助宗乘，使佛灯不坠，含识[5]乘恩，功莫大焉。苏云浦有超格之资，筋骨之士当用钳锤，不可放过。梅长公到京，谅纳入知己中。此公到是个货，赤历无染[6]，胆壮神雄，正可优任，奈不生鼻孔[7]，无把捉他处，愿宛转殷勤，造就得出来，不同弱质无气味者。至嘱至嘱。

- 注释

[1] 谈心学者：本处用心学借指佛学，谈心学者指讲谈佛学而并不信佛的人。

[2] 浑融：即圆融。佛教讲圆融，称圆教。圆融指破除偏执，圆满融通。《丁福保佛学大辞典》解释为：圆者周遍之义，融者融通融和之义，若就分别妄执之见言之，则万差之诸法尽事事差别，就诸法本具之理性言之，则事理之万法遍为融通无碍，无二无别，犹如水波，谓为圆融。曰烦恼即菩提，曰生死即涅槃，曰众生即本觉，曰娑婆即寂光，皆是圆融之理趣也。

[3] 凑泊：凑过来停住，指因缘聚合。

[4] 圣明：圣治明时的省语，指盛世。

[5] 含识：有见识。含而不露，因此叫含识。

[6] 赤历无染：心如赤子，经历各种事情依然不被污染。染，即尘染。尘指六尘：色、声、香、味、触、法。修行时排除物欲，保持心地洁净。

[7] 不生鼻孔：比喻不听话。"不生鼻孔"原是骂牛的话。牛要听话，常要穿鼻。

- 解读

禅师语录云："说法导迷，如将剿贼。先破其巢，然后擒如探囊。"意思是：宣讲佛法、指引迷途，就像大将剿匪。擒贼不可迷恋路上厮杀，要直捣黄龙。破其巢穴，一家子都清除了。引导人最不可取的是"路上对路上"，虽有良将，终会迷失在路上。要有目的地，要有方向感，要甩掉尾巴进发。禅师指出：学佛如剿匪，非得直捣黄龙不可。路上的胜利全部都不算数，都会有反复。真正的成功是拿下老巢，捣毁魔窟。人生陷入混战时，读禅师此语，无异于醍醐灌顶，使唤人猛醒奋进。

> 禅师开示：人生处处是战场，学佛要做猛将。不敢下手杀魔即为魔所杀，不知杀入魔窟，更大的胜利于事无补。学佛要有主次，主要就是入魔窟荡魔头。

## 又

适逢来教，闻发愤志断除助因[1]，此念既发[2]，定成圣果[3]。承寄汾阳一段因缘，我前在藏里拣出，欲剿绝邓公见解，不觉老僧也被他打失鼻孔[4]，至今痛恨无地。又承寄来，不知是我仇敌[5]。

我费尽数十年辛苦学得禅道，零零碎碎，尽被揭搦一空，依旧只还得个粥饭僧[6]耳。老穷无倚，空守寒崖，闲时栽得些恶辣物事[7]，管待禅客。倘不弃，来我山中，也要奉上一碗，辣出一身白汗。到这里全身放下，一步一看，除我一身之外更有何事！纵有说的明的，修的学的，总是剩语。此话非公力量超群，断不敢陈上。

• 注释

[1] 助因：指外来帮助。外来帮助再大，也是外因，无法成就，因此称助因。

[2] 此念既发：指念头一出就不能追回。学佛最慎起念。善念有善报。虽然念力不能成就自身，但可以成就他人，因此念力是互相成就的一种法门。善念为他人，叫做加持。

[3] 圣果：善果。有善有恶不能得善果，无善无恶得善果。

［4］打失鼻孔：这是禅师的禅语，指打掉执著得自由。牛穿鼻孔被拘束，打失鼻孔（指绳子从牛鼻孔里掉下来）恢复自由身。

［5］仇敌：这是禅师的禅语，指内外干扰。佛经谓之魔。《佛光大辞典》："最善之佛陀与最恶之恶魔，于表相而言，形成两个极端，然就实体本性言之，实则佛与魔之本性始终一体不二，故称佛魔一如。"有的禅师说：见佛杀佛，见魔杀魔，意思是说内外打通，一切放下，让自性来做主。

［6］粥饭僧：这是禅师的谦语，意思是只会吃饭的和尚。生活禅虽然不能成佛，但可以帮助成佛，因此是一门必修课。

［7］恶辣物事：这是禅师的戏语，指辣椒之类。学佛忌五荤与辛辣食品，有忌有不忌。念头里有荤有素是荤，无荤无素是素。有素味荤心，有荤味素心。心生欢喜，即为素心。

## • 解读

禅师语录云："到这里全身放下，一步一看：除我一身之外更有何事？"黄檗无念禅师开示：要得身上爽，剜却身上疮。世间万事围绕，日夜喧腾不休，看似天大的事，一旦放下，也就是一股烟。除却自身，别无所有。这就是宇宙真相：一切都在人的意识中。自身意识没了，世界也就不存在。因此，佛法并不是教你解决世间烦恼，也不是教你忘掉世上烦恼，而是告诉你并无所谓世界，并无所谓烦恼。一切都是一念作怪。止念则无烦恼，无念则世界都消失。进入本真空无境界，便是极乐。禅师云"全身放下"，指明要从头到脚停下对世界的探求，回到自身，就是答案。

---

禅师开示：做人答案在心中，原来不必向外求你。

# 复袁太史石浦

陶公云足下是真了手汉[1]，不任欣慰。虽然切不可以此为是，若自认是，终无日新之用。学如大海，渐入渐深，故曰无尽藏[2]。僧入山来，愚讷兀坐，全无活计。数十年所学，不知向何处去了。依然只是个住山僧[3]耳。

山中人无别事，只有几个法亲[4]常在心中，若得无法可执，无见可逞，吾事毕矣。

• **注释**

[1] 真了手汉：真能罢手的男子汉。彻底放下叫了。了是了却的省语，原指被他人夺去性命。汉译佛经，此词借指终结、放下。

[2] 无尽藏：无尽的宝藏，指佛法广大，以无尽法应对并超越无尽业。《维摩诘经·菩萨品》认为，"无尽"是不生不灭的"无为法"。又佛性广大无穷、妙用无边，谓之"无尽藏"。隋慧远《大乘义章》卷十四说："德广难穷，名为无尽；无尽之德，包念曰藏。"此外，华严宗认为，生灭无常的现象世界（有为法）也是"无尽"的，叫做"无尽缘起"，如众生无尽、世间无尽、虚空界无尽等。佛法广大，要求修行者发愿无尽、布施无尽、持戒无尽乃至博闻无尽。《维摩诘经·菩萨品》用"无尽灯"比喻菩萨化导无量众生，"有法门名无尽灯者，譬如一灯然百千灯，冥者皆明，明终不尽"。

[3] 住山僧：这是禅师的谦语，意思是呆呆地住在山中的和尚，修的是静功。

[4] 法亲：道友如亲人，所以叫法亲。

## • 解读

禅师语录云:"学如大海,渐入渐深,故曰无尽藏。"黄檗无念禅师在此处说的"学"专指化学,不是世上俗学。"海"专指智慧海,不是烦恼海。"入"专指通过善念感通、灵应进入福报空间,不是世上常有的侵占式、掠夺式进入。"深"专指持念到底,不是说无穷无尽的贪婪索取。这是需要明辨的。黄檗无念禅师开示:佛学深如大海,是无尽宝藏,学佛之人必有福报。但我们不能用平常学习世俗学问的方法来研究他,必须持善念来信仰,在信仰中学习,才是学习佛学的正确方法。佛宝极多,故改名"无尽藏",是向任何人开放的,善果子希望人人来拿,真道路希望人人来走。与"无尽藏"相对应的是"有尽心",指我们的心应有尽头,无尽的心也只能走失。当心有尽头,就知道收手回头,路就在眼前。原来宝藏并不是在天边,就在眼前。珍惜眼前人,做好眼前事,这就是宝,这就是福。

> 禅师开示:驾一叶轻舟,驶过烦恼之海。与人为善,自身得解脱,自身得福报。人我和谐,龙天欢喜。此为不学之学,最终之学问,佛宝在其中。

# 复陶太史石篑

闻公学有大进，僧甚庆喜。非夙植德本[1]，焉能如是恳切。迩者学人，只图充阔神机[2]，增长见识，与己何益。果有真志，二六时中，切不可放过。逼到有眼如盲，有耳如聋，更加逼拶，忽有个省力处，就是得力处。果尔到此，庆快平生，方知佛不欺人。

故云：未到家乡惟务到，及乎到了也，寻常又有何玄妙能巧向人言哉？又莫作平常会[3]，才道平常便不平常了。公既不被生死罗笼，便好游戏人间，幻视万缘。

书中道某是了手汉，不知即日用应酬了？抑另有了处？若另有了处，如梦说梦。若即事了，何处是了？这里分疏得出，方具只眼，不然祇自欺耳。

• 注释

[1] 夙：夙缘的省语。前生的因缘。见《敦煌曲子词·鹊踏枝》："自叹夙缘作他邦客，辜负尊亲虚劳力。"

[2] 神机：非常有谋略。

[3] 平常：平淡无奇。莫作平常会，这是禅师的反话，意思是要作平常会，平淡对待。修行讲究平常心。平常心是道。最早是马祖道一提出来的。从南泉普愿传到赵州从稔手上，更是发扬光大，成为他独特的宗风。所以，学人向赵州从稔问道时，他常常就顺手从眼前的平常事物拈来回答。僧问："学人迷昧，乞师指示。"赵州云："吃粥也未？"僧云："吃粥也。"赵州云："洗钵去！"其僧忽然有省悟。僧问："万法归一，一归何所？"赵州云："老僧在青州，作一领布衫重七斤。"其他像吃茶去、大道通长安都是脍炙人口的禅语。

平常心，是指眼前之境就是真心的显现，当下就是真理，不需要到遥远的地方追寻。

• **解读**

禅师语录云："佛不欺人"。黄檗无念禅师这话本着真诚，用自身作担保，对大众作出庄严承诺：学佛是学诚，我佛不欺人。学佛是真心，必然有感应。世上之事，凡学必伪，凡学必欺，因此人人凡学必疑，但凡见高尚、神圣、庄严之事皆嗤之以鼻。这是因为，经过一千次被骗后，世人有了畏惧之心。慢慢地知道，佛学是真高尚、真神圣、真庄严。何以见得？持善念必有福报。但凡一个人，心无杂念，高尚做人，无私为社会，那么他就会得到无穷福报。不是为了福报才信佛，毕竟有福报，真实境地毕竟不空。人不欺佛，佛不欺人。人若欺佛，佛还是不欺人。佛菩萨岂是斤斤计较？又岂是可以做交换？又岂是能收买。一切都要本着自己的心。心不欺人，所以禅师说佛不欺人。心就是佛，人人心中有一个真佛，那就是不泯的善念，不堕的真心。

> 禅师开示：找个真诚的人做真诚的事，世界就是美好的。人人都是佛。人不自欺，佛必不欺人。

## 又

自领教来，会卓老言渠遨游四方，至南北二都[1]，寻求师友，不见有一人。实为生死惟公志气真切，只是路径不同，但向聪慧气魄上着力，不肯退步知非。近时士大夫祇要会得事事分晓，说得道理如佛祖相似，不知反成壅塞[2]。我此门中无你分晓处，无用气魄处，只贵息机忘见[3]耳。某无一能，只这着子不肯泛然[4]。左挨右拶，直得途穷路绝，觑透渊源。饶他千圣[5]出来，也须吃棒[6]。

## • 注释

[1] 南北二都：指南京与北京。明朝以南京为首都，后迁都北京。习惯上称南北二都。

[2] 壅塞：障碍。本处指因为学问太多引起的知见障。

[3] 息机忘见：停止进取忘掉见识，打掉知见障。

[4] 泛然：随便。

[5] 千圣：泛指所有圣贤。

[6] 吃棒：即棒喝。禅宗独特的修行与教化手段，祖师接化弟子之方式。禅家宗匠接引学人时，为杜绝其虚妄思维或考验其悟境，或用棒打，或大喝一声，以暗示与启悟对方。《碧岩录》第二则："直饶棒如雨点，喝似雷奔，也未当得向上宗乘中事。"相传棒之施用，始于唐代德山宣鉴与黄檗希运；喝之施用，始于临济义玄（或谓马祖道一）。以德山善用棒，临济善用喝，故有"德山棒，临济喝"之称。以后禅师接引学人，多棒喝交施，无非欲藉此促人觉悟。后世对警醒人之执迷不悟，称为当头棒喝。据五家宗旨纂要所载："临济家风，全机大用，棒喝齐施。"临济宗始祖义玄禅师受黄檗之影响，有所谓四喝八棒。八棒，即：（一）触令支玄棒，为罚棒；（二）接机从正棒，为从正之棒；（三）靠玄伤正棒，为罚棒；（四）印顺宗旨棒，即印证来机，为赏棒；（五）取验虚实棒，即一见便打，试学人修行之虚实，无关赏罚；（六）盲加瞎棒，即盲目乱打，此为宗师之过；（七）苦责愚痴棒，与前者相反，乃苦责学人；（八）扫除凡圣棒，为至高之正棒。四喝，即：（一）一喝如金刚宝剑，有斩除情解之作用；（二）一喝如踞地狮子，有喝阻情解之作用；（三）一喝如探竿影草，有勘验学人之作用；（四）一喝不作一喝用，有不敢触讳之作用。

## • 解读

禅师语录云："饶他千圣出来，也须吃棒。"黄檗无念禅师这是棒喝之意，开示我们：无论一个人的天赋有多高，被世上称作圣贤，也必须要经过大磨难，大觉悟，才能真正步入超凡入圣的境地。春秋责备贤者，佛学考验圣人。越是所谓圣人，越要他知道有所不足，造成不可骄傲。否则因圣成魔，就更加可怕。梁武帝对达摩说：我修庙斋僧，暗示还厚待了你这个不受欢迎的外国和尚，有没有功德？达摩说：并无功德。即是此意。

禅师开示：一定要放下圣贤的架子，打消成圣的念头，消除圣凡差别，老老实实行善为人，这才是要紧的。

# 复焦太史澹园

金陵别后，消息茫然。李卓老化为乌有。以法台视之，不知了手何如？若以为未了，则彼自挂冠[1]以来，精进[2]殆无宁刻，岂以聪明豪杰，勤苦数十年而犹未耶？若以为了，则又安所凭据？公素具法眼，且卓老亟称海内知己，惟公一人，故今所疑难，不得不以相质。此段商量，正是出生死关头处，不作比方人物看。望明以示我。

海内人文零落，命脉如线，都中固材薮[3]，不知尚有足任者否？先时个中自不乏人，然或为毁誉所吓，或为疑信[4]所摇，不免改换脚步，半途而废，真可惜也。

• 注释

[1] 挂冠：自愿罢官停职。

[2] 精进：锐意进取。

[3] 材薮：人才库。薮，渊薮。

[4] 疑信：疑言、谎言。这是禅师的责语，意思是要坚定信念。修行不以功德而成就，修行以信念而成就。正信得正果。《大乘起信论》：起大乘正信。《胜天王般若波罗密经》卷第五：佛告治世圣王言："大王，菩萨摩诃萨行般若波罗密，因正信故而得胜进。何者正信？知一切法不生不灭自性寂静，常能亲近正行之人，不应作法终不造作，心离散乱听受正法，不见说者，不见我听，勤修精进令得神通，身心轻举教化众生，不见我有神通、能化、众生受化。何以故？大王，菩萨摩诃萨行般若波罗密，不见我，不见众生，二处平等，则得胜进而不退堕。"

### • 解读

禅师语录云:"若以为了,则又安所凭据?"黄檗无念禅师开示:求法求到底,勇猛精进,不怕牺牲,才会有真觉悟。禅师讲的"了"在文中指"了手",即罢手之意。禅师在信中与焦太史拉家常,说起李卓吾之事,人人自危,都准备罢手,不再学禅。在这佛法式微的关头,黄檗无念禅师站出来说"若以为了,则以所凭据?"意思是不能就此罢手,假如因为有牺牲就放弃,岂不自己丧失了上进的依据与信心?即应"越挫越勇"之意。李卓吾之死,应视作"法难",是上进的凭据。黄檗无念禅师不愧是李卓吾的朋友与知音,说了一句李卓吾爱听的话,不枉二人道友一场。禅师指出:学道是担当,各人求各人的福,各人背各人的罪。总有一些事情得自己亲自承当,无法扔给别人。当此之时,除了直面,除了担当,并无办法。学佛不是说就可以马上就做太平天子,而是引导人在不太平的世界里保持一颗太平的心。亦即善心一颗,真心一颗。这是罪得赦免的凭据。

> 禅师开示:真心做人,这世界就太平了。

## 又

大令郎欲构静庐[1],置野朽于座右,共商个事,不惟吾宗有托,且残喘得所赖矣。复接手教,知遽断世缘,伤哉!是造化之妒贤,不俯就人好事也。人生此世,颠沛坎坷,大数不无,千古英贤不足类是,老翁临此剧痛何如?学问阴毒[2],最隐最微。十地菩萨尚有未尽,为道若不经百万恶煞[3]照鉴,检察不出。

近世学人不取自悟,多游识,迳攀缘,他家糟粕比合自己根尘,一段无味无生底径,截不肯推究。讲太平禅[4],说脱空话,个个都似毫无错谬,一旦飞灾罹厄,八面冲来,浑无把捉。待事过理融,已鹞过新罗[5]矣。若祇讨论些义味，逍遣闷怀，浮沉世俗，乃可要济生死关津，岂能得乎实务？

了此大事，须卸却一生，装载干竭，累积珍藏，将至玄至妙的、能觉能悟的、阴结不化的、隐隐在脏腑中作奇作怪的、劫贼阴魔，通身打落罄，教净尽全无倚托，如灵魂不得附尸相似，倒向平地上忽转过身来，才有一星见量[6]。现前急须吹毛铲落[7]，无令纤土停针[8]，方许少分相应。

• 注释

[1] 静庐：本处指精舍。

[2] 学问阴毒：意思是暗地里被各种知识困扰，乃至伤害荼毒。

[3] 百万恶煞：指所有艰苦磨难。

[4] 太平禅：指附庸风雅、不痛不痒的假禅话。

[5] 鹞过新罗：指机会不再，消失了。鹞，鹞鹰。新罗，古时朝鲜半岛上的一个国家。

[6] 一星见量：一线希望。

[7] 吹毛铲落：这是禅师的禅语，意思是铲掉烦恼，好比收拾家禽。

[8] 无令纤土停针：这是禅师的禅语，意思是不要搞错方向。无令纤土停针，原是风水术语，指罗盘不在薄土停留。

• 解读

禅师语录云："为道若不经百万恶煞照鉴，检察不出。"黄檗无念禅师开示：求道甚苦，得道甚怖，不经历风雨怎能见彩虹？真修行人要投身苦怖之中，万难得一福。因为当初一罪害万人，所以今天万难得一福，这就是报应。不知报应，枉自学佛。禅师告诉我们，种种大苦大难大凶煞都是前世因果，无法避免，但也无法害怕，直面就是了。有债还债，就怕没信心，不怕还不起。真金不怕火烧，善念不怕恶人。"百万恶煞照鉴"，反而证明了此心不妄，是真诚君子。不怕善人来求，也不怕恶人来问。夜半追债，坦然应之，这是真学佛人。

禅师开示：要炼出一片空明，内心无滓尘。纵然有凶神恶煞，也无非是空气澎湃，大水泻嚷，闹一阵就走了。不可凶神对凶神，恶煞对恶煞，要用他来检讨自身，为何我老有魔难？无非心不善不诚，又善又诚，眼前有一片春风，足下是万里河山。

# 复傅考功泰衡

接蒋考功书,道公吞过栗棘蓬[1]三个,不受人瞒。僧特过访,果不虚也。若非夙植德本,累劫薰修[2],焉能一信至此。虽然切不可认着,何也?若作圣解迷,在中途所以前步,工夫只图见性后步。须要透出重关,觑破生死。

譬如驾船无风浪时,撑篙荡桨之人也都扶得柁,若遇风浪滔天,须是久惯的稍公,柁柄在手,随波上下,安稳无忧。到恁么时,便好逢场作戏,随寓安身[3],出格利生,无处不可。若有毫厘未尽,强作主宰,卒境一至,瞥尔情生,虽有见识聪明都用不着,实自欺瞒,非先贤之罪也。

• 注释

[1] 栗棘蓬:方言,指没去皮、带刺的栗子。吞栗棘蓬是苦修。

[2] 累劫薰修:经历磨难不改变,依然洁身自好,坚持不懈。薰修,特指薰香沐浴斋戒修行。清除心的不净叫做"斋",禁止身的过非叫做"戒",斋戒就是守戒以杜绝一切嗜欲。在祭祀或修行中沐浴更衣、整洁身心,以示虔诚。

佛陀对斋戒的开示:《大般涅槃经》:"当于尔时,阎浮提内,无一比丘为我弟子。尔时波旬悉以大火焚烧一切所有经典。其中或有遗余在者,诸婆罗门即共偷取,处处采拾,安置己典。以是义故,诸小菩萨,佛未出时,率共信受婆罗门语。诸婆罗门虽作是说:'我有斋戒。'而诸外道真实无也。诸外道等,虽复说言有我乐净,而实不解我乐净义,直以佛法一字二字,一句二句,说言我典有如是义。"

盖凡有持斋,则必有戒,故斋戒二字自古并称。狭义言之,即指中《阿含卷五十五持斋经》中所谓"圣八支斋"者,亦即今日教内习称之八关斋戒(又称八关斋、八戒),此一戒律乃专供优婆塞、优婆夷等在家二众于一日一夜受持出家之戒。其内容于诸经所举颇有异说，然通常所谓之八戒者列举如下：（一）离杀生；（二）离不与取，"不与取"系指未经他人允诺而自行取用他人之物，亦即偷盗之意；（三）离非梵行，梵行即清净不淫之行；（四）离虚诳语，举凡两舌、恶口、妄言、绮语等均属之；（五）离饮诸酒，酒能乱性昏智，妨碍修行，故须远离；（六）离眠坐高广严丽床座，不坐卧于一尺六寸以上或宽大华丽之床座，以免养尊处优，习于放逸；（七）离涂饰香鬘及歌舞观听，即不以香花、花鬘佩戴于身，不以香油等涂抹于身，不作歌舞倡伎，亦不无故前往观听；（八）离食非时食，即上记所谓之不过中食，此系八戒中之最重要者。

[3] 随寓安身：这是禅师的禅语，意思是安居火宅，内有清泉。

## • 解读

禅师语录云："透出重关，觑破生死。"黄檗无念禅师开示：生死事大，大不过不怕的人。关山重重，拦不住通行的人。之所以通行，畅通无阻，是因为身上有通行证。什么是学佛人的通行证？不是一身袈裟，不是满口佛言，更不是这种证、那种牒、世俗身份，官职加身，只能是善心一片，走哪里都是一个诚。老实做人，老实修行，这就是畅通无阻的通行证。什么叫"透出重关？"不是说有无穷本事，本事越大越要被收拾，做一个"没本事"的人最好，不伤人，不求人，这是真本事，因此身处社会如入无人之境。什么叫"觑破生死？"不是战胜生死，生死无法战胜，你越恐惧他，他就越发时时刻刻粘住你。只有忘怀得失、忘情生死，持一颗善心，一切随缘不强求，就已身在生死之外。已经得生之人，何必言生？已经历死之人，何必畏死？佛法是不生不灭之道，不是助长生死之道。但凡悦生畏死，皆未达佛旨。佛菩萨是要我们做一个跳出生死的人，而不是做一个在生死中得好处的人。这是禅师所示。

> 禅师开示：找一个不怕死的人不难，找一个不怕生的人极难。直面苦乐人生，念一声佛，行善而不扬善。暗中得好处，不必得罪人，也不教训人，其中有修行乐趣，自己的生死自己负责，日日敬神明，不妄想，便有实在收获。

# 复李孝廉

来云怕死,忽到不知趣向,若真怕死,且看这一怕死的从何而起?查来查去,不论年月,如水湿麻绳[1],渐渐紧来,逼到无用力处,连那怕死的、查考的,一齐粉碎。生尚不可得,死从何来?切莫知解[2]过去了。

- **注释**

[1]水湿麻绳:这是禅师的禅语,意思是人生的麻烦越来越大,包袱越来越重,必需抛下。

[2]知解:通支解,本处指蒙混过关。

- **解读**

禅师语录云:"生尚不可得,死从何来?"黄檗无念禅师在此再论生死,殷切开示:先把生的问题搞明白了,死自然不是问题。这也就是夫子"未知生,焉知死"的意思。死虽重大,也不过是生的副产品。说是"副产品"是很准确的,意思是经常伴生,但并不是必然伴生。也就是说,有生常有死,但有生未必有死。生是生,死是死,不能见风就是雨,见生就是死。佛学斟破迷妄,打出鬼门关。怎样打出鬼门关?不是说你恋生就免死,世上哪有这种好事?恋钱就成富翁吗?恋生就能长生吗?最傻的人也知道这不可能。富从福中求,生从仁中生。上苍有好生之德,佛菩萨有慈悲心,因此我们罪中免罪,恩上加恩,白白得来这条命。生命哪里来?福报中来,赦免中来,恩赐中来。如不珍惜,应付收回。什么叫死?死就是福报收回。一旦没了福报,恶报就来,人敌不过魔,可不就死了。一定要惜福,惜福得的不是福,惜福得生。这是禅师所示。

禅师开示：世间享福人太多，因福招祸，无可救药了。现在要找一无福之人，向他施一福，看他惜还不惜？如他惜福，我便惜之。

## 第二卷 复问

# 复邹司寇南皋

不审年来己躬[1]，造诣[2]何如？僧数十年苦辛搬尽，欲求个知命者[3]佐助吾宗，终无适愿。公天姿卓异，胆志超群，正足胜任此段因缘，奈聪明太煞[4]，多被见解阴魔瞒过，于般若本心[5]不能触动，先哲斥为认贼作子者是也。若据本位[6]中一切觉知全无交涉，但起丝毫觉知，即劫家珍之贼，非本觉[7]主人。也然觉知者，但方便权名耳！岂觉更有觉，知更有知，中间更容谁分别是觉非觉、是知非知耶？如翁自南皋，岂更向人道我是南皋。这场事惟翁堪任。

且人生得失兴衰，犹若一梦，惟死生大事，乃永劫无尽。功勋[8]安有大过量人，肯草草苟图，自印而已。况浮世事无有尽期，扶世担子[9]，挑来已极，亦当放下，图个轻安。出世[10]一法最紧要事，急忙下手，打教净尽，毕此残缘，分明落处。三界出没，无复滞碍。入凡不卑，入圣不尊。佛界魔宫，随意自在。虽然亲证[11]始得，切忌相似。

• 注释

[1] 己躬：躬行、践行。本处特指依佛为人，践行禅道。

[2] 造诣：成就。本处特指果位，实修的阶段。

[3] 知命者：知道自己的人生使命。本处特指有恒心修炼自己的人。

[4] 太煞：太厉害，厉害过了头。

[5] 般若本心：智慧心。本心即真心、自性。"本心"一词出自孟子，意思是本性是善（善性）。佛教借用，本心又叫真心、一心。在佛经有许多名字：真如、自性、法身、实相、佛性、法性、如来藏、圆成实性、本来面目、大圆镜智等。一心的真谛不可思议，不可思即禅宗

的"动念即乖、心行处灭",不可议即禅宗的"开口便错、言语道断"。莲池大师说本心:"心是无形相的,所以没有任何东西可作为比喻。大凡用来比喻心的,都是不得已,姑且取其仿佛与心的作用有些近似的东西来形容它,使人对于心的概念多少有所领会,但不可以认为心当真如某种东西。试举一例,譬如以镜子比喻心,大家都知道镜能照物,当物还没有对着镜子的时候,镜子不会把物的影像摄入镜中;当物正对着镜子的时候,镜子不会因为物的好恶美丑而生憎爱;当物离开镜子的时候,镜子也不会把物的影像保留在镜子里。圣人的心常寂常照,寂则一尘不染,照则遍觉十方。此心既不住内,不住外,不住中间,三际空寂,而又无所不住,无物不照。所以用镜子来比喻心,只是取其某些略似而已。究极而论,镜子毕竟是一种没有知觉的物体,心难道也像镜子那样无知吗?而且镜子在黑暗中便失去作用,怎能比得上心的妙明真体常寂常照。以此类推,或以宝珠喻心,或以虚空喻心,无论用哪一种比喻,其道理都是一样的。"本心即本愿。什么心发什么愿,成什么人。

[6] 本位:即本心。本心自悟本来位置,同证果位,因此叫本位。

[7] 本觉:即本心。本心觉悟,因此叫本觉。

[8] 功勋:奖赏、荣誉。本处特指果报中的善报。

[9] 扶世担子:救世心,各种善行。

[10] 出世:不是离开世界,而是在世界中成就,并且成就世界。

## 出世

谓诸佛出现于世间成正觉并教化众生:《金刚三昧经》卷一云:"佛言:善男子!汝能问我出世之因,欲化众生,令彼众生获得出世之果,是一大事不可思议。"《瑜伽师地论》卷二十一云:"云何名为诸佛出世?谓如有一普于一切诸有情类,起善利益增上意乐,修习多千难行苦行,经三大劫阿僧企耶,积集广大福德智慧二种资粮,获得最后上妙之身,安坐无上胜菩提座,断除五盖,于四念住善住其心,修三十七菩提分法,现证无上正等菩提,如是名为诸佛出世。过去未来现在诸佛,皆由如是名为出世。"经论中,对于佛陀出世之动机,颇多描述。《法华经》卷一《方便品》谓佛以一大事因缘出现于世,即欲令众生开示悟入佛之知见。《大般若经》卷五则谓佛为宣说甚深般若波罗蜜多,而出现于世。此等出世之动机,是为佛陀出世之"大事因缘"。又称出世本怀,或出世大事。学佛人指舍世俗事,趣入佛门以修净行:即所谓出家或出尘。此为世俗所常用之"出世"意义。

所出者何?何为世间?世间指我们现在居住的世界。我们的世界,无论是有情无情,皆念念生灭,三世迁流不停,故名世;人与人,物与物之间,各有各的方所与界限,是名界。《楞严经》说："世为迁流，界为方位，汝今当知，东南西北，东南西南，东北西北，上下为界；过去、未来、现在为世。"据此可知世约时间言，界就空间论。由于世界，含有时间与空间无限连续的意义，所以又名世间。世间可分为有情间、器世间、正觉世间三种。有情世间，指凡是有生命的动物世界，包括六道众生。因为六道众生，有情识分别，有思想活动，有欲望占有，故名有情世间，属于众生的正报。器世间，指众生所居住的国土，包括山河大地，及人类依赖生存的生态环境。例如花、草、树、木等，虽有生长能力，而无情识活动，一切靠人培植，供给人使用，故属众生的依报。无论依报或正报，皆有作为，有生灭，无常迅速，不能久住。因此又名有为法。正觉世间，在大乘，是指诸佛菩萨，以根本智所证的实相理；在小乘，指二乘圣人，以真空智证偏空涅槃的境界。佛言器世间是诸行无常；有情世间是诸法无我；正觉世间是涅槃寂静。意思是：有情与器世间中的一切动物、植物、矿物、生理或心理，物理，其共同性质，皆是无常。世间无常，故有成住坏空；物质无常，故有生住异灭；人命无常，故有生老病死；好景无常，故乐极生悲；聚散无常，故生离死别；人情无常，故冷暖炎凉；世态无常，故沧海桑田，桑田沧海，苦恼无量。是以佛说：诸受皆苦。欲想离苦得乐，当追究苦因，谋求灭苦之道，循道进修，到达涅槃寂静，清净无为的境界，自然可以超越世间无常、苦空，揖别生死烦恼，获得人生永恒而真实的生命，此正是孕育小乘出世思想的主要原因。

### 出世的意义

佛为怜愍众生，愚痴无智，未能直接承受一乘佛法，因而权巧方便，曲就机情，说四谛法，令众生知苦断集，慕灭修道。四谛即是苦谛、集谛、灭谛、道谛。

苦谛，指人生的三苦、八苦以及无量之苦。六道众生，由因感果，有说不尽的忧悲苦恼，有受不尽的打击与折磨。世间无常，好景不永是坏苦。一切有为法，念念生灭，迁流不息，是行苦。人的生理除八苦交煎外，还要承受来自人事界的打击，来自自然界的灾害，使人苦上加苦，是苦苦。所以佛说：人生有三苦、八苦、无量诸苦。如《法华经》说："三界无安，犹如火宅，众苦充满，甚可怖畏。"是名苦谛。

集谛，指人心中积集烦恼，成为招苦之因。所以佛说："集是苦因，苦因集有。"人心烦恼虽多，究其主要不外贪、嗔、痴、慢、疑、恶见等六种，是一切烦恼的根本，故名根本烦恼。

贪，又名贪欲，或贪爱，以染著为性，生苦为业。众生对于物质享受，心生贪著，爱恋不舍，无论贪名、贪利、贪财、贪色，贪不得时必争，或强夺巧取，或欺骗奸诈，给社会制造罪恶与混乱，给人类带来忧悲苦恼。故佛说贪是根本烦恼之一。

嗔，以憎恚为性，是不安与牵引所依为业。人对于逆境，心中懊恼，烦躁不安，便动肝火，迁怒他人，展开搏斗，残杀无辜。所以佛说："一念嗔心起，八万障门开。"又说："嗔是心中火，能烧功德林，欲免轮回苦，善自护嗔心。"痴，以不明事理迷暗为性，一切惑所依为业。众生心性暗钝，迷于真理，不见实相，幻生我法二执，是理痴，即根本无明。迷于事相，不明因果，不识邪正，妄生邪见，是事痴，即枝末无明。《唯识论》言："诸烦恼生，必由痴故。"人因愚痴，不明事理，故贪、嗔、痴、我慢、邪见，疑惑不决，是以痴，是根本烦恼中的根本烦恼。

慢，以恃己高举为性，生苦为业。《大毗婆沙论》四十三卷说慢有七种。一慢：即骄傲成性，于同类中，执己为胜。二过慢：他人胜己，偏说同等，于同等人中，强说己胜。三慢过慢：于胜争胜，人本胜己，反执己为胜。四我慢，恃己凌他，贡高我慢。五增上慢：未证圣果，妄言证圣，诳惑他人。六卑慢：以劣自夸，己不及人，反说人不如己，不肯向他人学习。七邪慢：自己无学无德，妄言胜他，大言不惭，或固执邪见。

疑，是疑惑不决，犹豫为性，能障信心为业。《大乘义章》："疑者，于境不决，犹豫曰疑。有两种：一者疑事，如夜观树，疑为是人、非人等。二者疑理：疑诸谛理。小乘法中，唯取疑理，说为疑使；大乘智取，皆须断故。"疑心重的人无论对事对理，都缺乏明智果断，不独障碍进取，坐失良机，同时因怀疑真理，不信三宝，或毁谤三宝，作业流转，苦恼无量。故疑亦是生诸烦恼的根本。

恶见，属于不正确的思想与见解。《成唯识论》言："于诸谛理，颠倒推广，染慧为性，能障善见，招苦为业。"包括执四大五蕴为实我的身见，执身或断或常的边见，拨无因果的邪见，执己为胜，以邪为见的恶见，固执非理禁戒，作无益苦行的戒禁取见。由恶见产生身见，边见，见取见，戒禁取见，合前贪、嗔、痴、慢、疑，名十种根本烦恼，天台宗名前五种为五钝使，后五种为五利使。

灭谛：灭谓消灭、寂灭，是修道悟证的涅槃果。人凭修道力，灭尽三界烦恼，及因烦恼所作诸恶业，而证得涅槃寂静的境界。《杂阿含经》言："贪欲永尽，嗔恚永尽，愚痴永尽，一切诸烦恼永尽，名为涅槃。"声闻人证此，不仅精神获得自由与解脱，就是由众苦积聚的现实生命，亦可以摆脱生老病死，不再受三界众苦逼害，同时展现人生永恒、自由、自在的真理生命，故名解脱。

道谛：道谓正道，助道，以通达为义。是通往涅槃解脱的渠道。正道指三十七道品，三解脱门，是依理而起的慧行。助道，指能对治心理毛病的方法，以及修诸禅定。

入世的精神

入世的精神，指大乘菩萨，或回小同大的二乘圣人，因观众生苦，发菩提心，愿成佛道，愿度众生的壮志伟行。因为佛道非但自利，还要利他，不仅修慧，还要修福；直至福慧圆满，二利究竟，始可成佛。所以菩萨发心，既要上求佛道，增长智慧以自利；还要下化众生，深入人间以利他。恒抱但愿众生得离苦，不为一己求安乐的无畏精神。

[11] 亲证：亲自印证。本处特指实修。

• 解读

禅师语录云："入凡不卑，入圣不尊。"黄檗无念禅师开示：既然已经打破生死，也必须消除圣凡之隔。收了一副神圣嘴脸，做一回老实凡人，"采菊东篱下，悠然见南山"。此中有真意，越朴素越见真道，越简单越见真理，越凡俗越是真修。六祖惠能先做樵夫，后做伙夫，这是好工作。佛祖带徒弟，也不过把钵行乞而已！庙门口那个打地的，是全庙之宝。看门人是全家之福。什么叫做"入凡不卑"？意思是进入凡俗世界能够和光同尘，若有所悟，游戏风尘也未尝不可。风尘中有自尊，火坑里也有尊严，这叫入凡不卑。不作贱自己，不贱卖自己。内心信念不失，人就是一块宝。最怕一块宝不把自己当宝，那么人家就把你当瓦片对待。什么叫"入圣不尊"，指进入圣人境界也不要高高在上，太有尊严就僵了，活泼泼的才亮堂堂，太阳也要落下，一动不动就成了恐怖景象，迟早有后羿来射它。因此，超凡而不入圣，比超凡入圣好。就在凡圣之中，修行人得到了"一颗种子两边开"的好处，走到哪里都一样，重要的是把自己做好，原不在乎名分。这是禅师所示。

> 禅师开示：凡人也不凡，各有神通。圣人也不圣，迟早拉下马。应当找一个无名号的人同修，修无名佛学，成无名佛，这样最好。

# 复刘金吾延伯

学道得力处,在临机不乱[1]。所以然者,只是平常,看得幻妄破,如用兵法临阵,遇敌彼此两忘,横冲直撞,取无不胜。

足下天资超卓,迩来妙用,神鬼莫测,真为学之得力也。正是口说无凭,做出便见。足下虽信此段因缘,不假功用,但少竿头再进耳。此处若不抖擞精神,曝地一断,突出本地光辉[2],是所谓"无明窟[3]里出活佛,解脱坑[4]中入死人"是也。深惟珍重。

# 又

接来教,令某毫发悚然。就是释迦老子在灵山会上,四十九年觅个无事的人不得,末后拈花示众,止有迦叶觑透此意,不料公当下省会,直超百千万劫,可见长公具眼说公聪明,直取法王首,真不偶然也。阖家老子原是自己日用善善恶恶的心,既无此心,又有谁吃铁棒,驴胎马腹[5],即日用中妄求取舍如意的心。既无此心,临机应变,如架上洪钟,大扣大应,了无形相可得。只这看子尽大地人不省,只在幻得幻失处颠颠倒倒,纵求得功名盖世,见超今古,全不得受用。不但不得受用,且造幻业,去受幻报,岂不哀哉!公既大醒,方敢说这话。

- **注释**

　　[1]临机不乱：说话做事处变不惊。机，机锋，泛指变化中的玄机。

　　[2]本地光辉：这是禅师的禅语，意思是见本性。

　　[3]无明窟：这是禅语，比喻变幻无常的人世，无明是指不知意识心之虚幻。大乘佛法把无明分成两个部分：一念无明，无始无明。

　**一念无明**

　　一念无明包括四种："见、欲、色、有"四种住地烦恼。

　　见一处住地：是指不明白五蕴空的实相，而执著于颠倒见——以世间的颠倒知见来看世间一切法，以及揣摩猜测涅槃实相而产生的错误见解。

　　欲界爱住地：是指对欲界六天和物质世间的色声香味触以及这五尘引生的各种法的贪着。

　　色界爱住地：是指对于色界天的境界，也就是初禅到四禅的这些境界的贪着。

　　有爱住地：是指于无色界的四空定中，虽然没有色阴，但是有受想行识四阴——能知能做主的心还存在。因为贪着无色界中的心的境界而产生无色界的苦果。

　　这四种住地的无明生起一切的烦恼叫做"起烦恼"，总称一念无明烦恼。一念无明是阿赖耶识从无始劫以来累积留存下来的。一念无明无始有终，是众生轮回的原因，断尽一念无明，就断了轮回的种子，舍报后可以取涅槃。故二乘辟支佛及阿罗汉都已永断一念无明，一切妄想烦恼永不复起，舍报以后必定取证涅槃。如果烦恼妄想又生起来，就是没有断尽一念无明，只是暂时伏住而已，这是欲界定或者未到地定的境界，而不是阿罗汉、辟支佛的境界。如果涅槃中还是会起一念的话，那就还是要在三界里面受生。

　**无始无明**

　　世尊说："其四住地前更无法起故，故名无始无明住地。"也就是说，在凡夫众生还没有明心见性之前，生起一切烦恼都属于起烦恼。这四种住地的烦恼之前没有任何一法能够生起，因此叫做无始无明住地。无始无明住地所能生起一切烦恼叫做"上烦恼"，这些上烦恼只有在我们明心见性之后，想要修学成为究竟佛的心生起之时，才会产生。无始无明不是从众生的根尘识中来，这种无始无明从无量劫以来不与众生心相应，一直到菩萨第一次明心以后才第一次相应，所以说："心不相应无始无明住地"。二乘辟支佛阿罗汉断尽一念无明，即断了分段生死，舍报后可取涅槃。二乘辟支佛阿罗汉虽断尽了一念无明，却仍未与无始无明相应,没有到达无始无明境界。无始无明从无量劫以来不与众生心相应,一直到菩萨第一次开悟明心以后才第一次相应,而仍然还没有断尽,要到佛地方才断尽。明心见性以后分断无始无明,到这个时候才能称为到无始无明境界。断尽一念无明,舍报后就可以取涅槃,所以菩萨在断一念无明之前应先求明心见性,免得成为菩萨声闻,那就不容易成佛了。断尽一念无明是悟后起修的内容。

[4] 解脱坑:这是禅语,比喻从变幻无常的人世中解脱。解脱的境界可分大乘与小乘之别,其境界略有差异,依小乘佛法而言,要证得初果、二果、三果、四果等果位,方称得上解脱,而以四果为小乘终极圆满之果地,必须断见思惑,出三界,得成阿罗汉果(梵语 arhat)。依大乘而言,要证成初地以上,乃至佛的果位,皆为解脱的境界,每一个阶位解脱的境界渐次入深,而以佛的果位是大乘佛法终极之位,必须勤修六度万行,以中道实相义而正行,破尘沙惑、破无明惑,因而证成佛道。

[5] 驴胎马腹:这是禅语,比喻人有众生性。

## • 解读

禅师语录云:"学道得力处,在临机不乱。"黄檗无念禅师开示:世上只有一样乱,那就是心乱。事情本身是不会乱的,心乱则事乱,心乱则人乱,然后命也乱了,运也乱了,招灾惹祸,糜烂不堪。禅师开示:学道之人心不乱,那么一切都乱不了,自有恒定。吾淡定之心,何惧浓艳!要说功夫,这就是功夫。要说本事,这就是本事。佛祖当初经受各种考验,魔女温柔,诱惑人犯罪,佛祖心不乱,魔女自去。如何才能心不无别样办法,自夸心正也有乱的一刻,因为心在运动。自夸心好也有乱的一刻,因为心在变化。只要有一颗心在,始终会乱。如何才能心不乱?没心就不会心乱。忘掉这颗心,得到自颗心。不必时时供养,自然是神明。不能过多骚扰,让心自宁。不能过分关怀,让心自定。不能过分使用,让心自适。这颗心一旦回到安宁状态,他会告诉我一切。学道是修心,修心是学会忘记这颗心,不再折腾,放下一颗心就叫放心。这是禅师所示。

> 禅师开示:找一个"没心肝"的人同修,修出铁石心肠。不怕乱,更不作乱,乱世中开太平。

# 复岳司马石帆

自获命[1]以来，数十年江海奔驰，欲觅一知命者担荷此事，为报先德。奈近时学道者不具本眼，尽被邪宗诱入他窟，并不遗半个过量丈夫，回头返脑，向自己脚跟下推穷，一向只去倚墙靠壁，攀为己有。眼空一切，无知之流信以为实，互相引证，秘为极则快事，殊不知大家牵入火坑去也，真为可怜悯者。设有知者，亦只得缄口坐视而已。

僧一见足下，倾施肝胆，顾如骨肉，非曩劫道缘，曷能值此。且喜公已具智慧眼、金刚骨，笃信有此，研究益切，真吾法中瑞相也。老朽往返千余里，受风水颠危，不啻万状，得足下，悉为我酬谢尽也。

足下造诣已纯，但须弱竿再进，勿容见解滞绊。识情瞥起，急用金刚慧剑，铲教净尽，不被有贼讹乱。

要见有贼么？只这参学人于四威仪[2]中究取明辨的，于古德章句上追求的，于自己意根下卜度的，觉有滋味、有透悟、有玄妙、人所不知、己独知之，有所得者便是。先德斥此荼毒，鼓喻眼着瞪睛，耳着塞闻，臭着鼻裂，味着舌烂，触着身摧，意着颠痴，于六根门途相逢，总教遭他诛戮，于此不可不慎。

既识得渠面目，再勿使他酷毒，抖擞精神，竖起脊梁，看如何便得不遭他手。如是追、如是究、如是逼，才有好事到来。随疾驱向他方，世界毕竟造到个力尽气微处。横不是、直不是、提不起、放不下、浑无巴鼻[3]、亦不得生。大憔悴，愈恼愈急时忽然迸破关捩子，伸手摸着鼻孔，始知令郎元从翁出，有甚奇特。百万绳索，霎时顿断。实证如斯田地，正好借幻世为砂石，磨琢自己锋利。随缘了却残庚[4]，缘尽分明落处，至嘱至嘱。

## • 注释

[1] 获命：获得生命，这是禅师自叙出生。

[2] 四威仪：行、坐、住、卧见本性，自然有威仪。《菩萨善戒经》："谓修道之人。心不放逸。若行若坐。常在调摄其心。成就道业。虽久于行坐。亦当忍其劳苦。非时不住。非时不卧。设或住卧之时。常存佛法正念。如理而住。于此四法。动合规矩。不失律仪。是为四威仪也。一得谓修道之人。举止动步。心不外驰。无有轻躁。常在正念。以成三昧。如法而行也。（梵语三昧。华言正定。）二住谓修道之人。非时不住。若或住时。随所住处。常念供养三宝。赞叹经法。广为人说。思惟经义。如法而住也。（佛、法、僧，谓之三宝。）三坐谓修道之人。加趺宴坐。谛观实相。永绝缘虑。澄湛虚寂。端肃威仪。如法而坐也。四卧谓修道之人。非时不卧。为调摄身心。或时暂卧。则右胁宴安。不忘正念。心无昏乱。如法而卧也。"

[3] 浑无巴鼻：没着落。巴鼻，方言，指着落。

[4] 残庚：残生。

## • 解读

禅师语录云："但须弱选题财进，勿容见解滞绊。"黄檗无念禅师开示：纵然有好见解，也要浑然忘却，追求更真的真理。平常学道人不是被障碍绊倒，而是解除障碍后自己跌倒，好比一脚踢空，滚下悬崖。因此要知道有时有障碍还好，障碍把人垫起，垫上新的高度。最怕自诩有见解，一头栽倒半空。修行人再进一层，就知道不足，就不会好高骛远，被看不见的空气绊倒。空气是桥梁，善用空之妙，发现有之窍。一切都有窍门，窍门就是找到万事万物之间的内在联系，找到人与人之间的内在关系。找到因果，得到果。承认因果，回到因。因果之上有因果。一个善念可以让因果的链条自己断，重新做新人。禅师不是要人在因果中求见解，而是要人不被见解绊住，这是修行之忠告，学佛之良言。

> 禅师开示：一定要宣称我无见解，我无见识，才能读佛经学禅道，不然拿起一片黑，修出个烂泥巴，住不得人。

# 复左督院心源

远承翰召[1]，何感如之。僧平生温饱自适，别无所长，何辱名公大诲。海内真学道者零落如辰星，此际豪杰皆流入气魄名障中。可叹也。惟贵省之风不变，一二大老尚肯以此事作家常茶饭，着实参究，此便是弥勒内院[2]矣。闻台下常住云门，从姑间，僧不胜神往。

正法寂寥，无如今日，安得跛阿师[3]复出，欲打杀瞿昙[4]以报佛恩也。台下想是云门后身，故扶持正法藏，广布大法雨，令有情无情，同成佛道。诸佛出五浊恶世，真不虚也。然众生虽各具本性，不得时雨，终不发生。望公以当日灵山付嘱，舍身弘法，无似戒禅师作东坡唠嚷一生，令空过也。想公必不深讶，惟坚固道心，千里犹如亲面矣。

• 注释

[1] 翰召：来信召唤。翰，翰墨，书信。

[2] 弥勒内院：这是禅师的禅语，意思是佛门自家人。弥勒即弥勒佛、弥勒菩萨。弥勒菩萨（梵文 Maitreya），意译为慈氏，音译为梅呾利耶、梅怛俪药，佛教八大菩萨之一，大乘佛教经典中又常被称为阿逸多菩萨，是释迦牟尼佛的继任者，常被尊称为弥勒佛。被唯识学派奉为鼻祖，其庞大思想体系由无著、世亲菩萨阐释弘扬，深受中国佛教大师道安和玄奘的推崇。即未来佛，藏语谓"强巴"。名阿逸多，译曰无能胜。或言阿逸多为姓，弥勒为名。生于南天竺婆罗门家。继释迦如来之佛位，为一生补处菩萨。先佛入灭，生于兜率天内院。彼经四千岁（即人中五亿七千六百万岁），下生人间，于华林园龙华树下成正觉，初过去之弥勒，值佛而修得慈心三昧，故称为慈氏。乃至成佛，犹立是名。

[3] 跛阿师：即今释（1614～1680年），字澹归，号舵石翁，又称冰还道人、借山野衲、茅坪野僧、跛阿师等。俗姓金，名堡，字道隐，一字蔗馀，号卫公。浙江仁和（今杭州）人。历仕明崇祯、隆武、永历三朝。清顺治九年（1652年）下广州参拜雷锋海云寺天然和尚，受具戒，名今释，字澹归，晚号舵石翁，创建广东丹霞山别传寺。著有《遍行堂集》、《遍行堂续集》、《丹霞初集、二集》、《岭海焚余》等，是明末清初广东佛教曹洞宗海云系以及文学、书法的代表人物之一。

[4] 瞿昙：即释迦牟尼佛。

## • 解读

禅师语录云："有情无情，同成佛道。"黄檗无念禅师以一片慈悲心，在此开示大众，安慰众生：无论何种人，只要一心向善，就可以一起成佛。佛之所以是佛，就在于有教无类。学佛之所以可学，就在于人人都有出路。出路何在？并不是获得名利地位，而是收获自己身上一颗不妄的真心。有情众生有情苦，无情世界无情苦。颠来倒去都是一个苦字，不如不要那苦，人办不到，佛办得到。这个佛也不是外在的佛，而是内心之佛。从心魔到心佛，一念之间。哪一念？善念。善念成佛，不善之念成魔。正念成金刚，邪念成狂魔。一个"情"字害人。要讲情就要讲一个真情，这个真情就是慈悲心。真情不累，真道不毁。不动不摇才是真火。佛法广大，法寸普施众生，不遗一人。重德不重人，重根不重性。什么叫"重德不重人"？讲只要有德就是好人，原不在乎是何种人。什么叫"重根不重性"？讲性虽有善恶，但只要知道同根，就不分善恶，一起来拯救。这是禅师所示。

禅师开示：老农进菜园，什么菜都爱，因为是亲手种的。佛菩萨救人也必是一概拯救，并不分何种人。这是何等慈悲大爱，吾人岂能不能不因愧生勤。此生余下别无大事，唯有报恩。

# 复董太史思白

适窥学问，已造穷崖，只欠撒手。幸念时不待人，猛于百尺竿头愤进一步，突出元身，历劫烦恼，无明当下，冰消瓦解，自是乘般若力，勿忘本愿，正好垂手入廛[1]，于太平盛世大建炉锤，煅得出一两个铁面无情汉，续佛慧命，以示后昆。使世出世法，悉赖勷佐。佛道王道，不无梁栋，方同千古圣贤，以宇宙为家，物我一体，忧人之忧，乐人之乐，苟一物不得，其所如箭入心，梦寐无暇安者。

今此法门，危如垒卵，诚难挽济，惟居士立地，推倒须弥[2]，吞却器界[3]，举足下足，无心外法，方是借王道而显家风，真出窟狮子也[4]。

• 注释

[1] 入廛：即入户。廛，音禅，门户、仓库。

[2] 推倒须弥：这是禅师的禅语，意思是推倒压在身上的重担，轻松做人。须弥即须弥山。（梵语:Sumeru），又译为苏迷嚧、苏迷卢山、弥楼山，意思是宝山、妙高山，又名妙光山。古印度神话中位于世界中心的山位于一小世界的中央，后为佛教所采用。传说须弥山周围有咸海环绕，海上有四大部洲和八小部洲。

[3] 吞却器界：这是禅师的禅语，意思是吞却世界。世界如器皿，所以叫器界。佛教讲八识，器界一词出于此。第八识是阿赖耶识，是八个识中最重要的一个识。它是前七识的根本（前七识由第八识的种子生起），也是宇宙万法的本源。这宇宙万法本源作何解释？原来第八识摄持万法种子，在"因能变"时，种子生起第八识；在"果能变"前七识相继生起，八识识体各各生起相、见二分。而第八识的见分，是识体"能认识"的功能，它所

认识的物件就是相分。第八识所缘的相分，是"根身、器界、种子"，根身就是有情的肉体，第八识"摄为自体"；器界就是有情身外的物质世界。

[4] 出窟狮子：这是禅师的禅语，意思是金刚出世。

## • 解读

禅师语录云："借王道而显家风。"黄檗无念禅师开示：佛法无处不在，有时可以借助世间力量弘法。"王道"指帝王统治力量，"家风"指佛家风范。黄檗无念禅师这条语录很好地传承了佛陀传教方法：一是与世间帝王不冲突，二是借助世间帝王的力量弘法。中国佛教得益于上经，虽经几次法难，始终得到了越来越大的发展。世间修行人虽然不在世间打滚，但他必须要看清世事，看得透，才打得出。禅者处世，必须与社会、与众人保持和谐关系，不能紧张，更不能对峙。"借王道而显家风"，这也是佛法。正因为他远处不在，所以人人见得。正因为他处处成全，所以成为人人的希望。

---

禅师开示：公门里面好修行。自今以后，"公门禅"当发扬光大。

# 复汪司马静峰

几欲扶筇[1]，躬聆教益，奈不果所愿，但遥望道风而已。时临像季，正法凋摧，慧宗一脉寥寥，几绝海内。法席不无，然不免殊途异辙。居士夙植般若，亲承授记，降生末法，拯救群迷，正慧命悬丝之赖耳。

所虑流光易迈，天意人情，变无常度，事在燃眉，宁容缓滞。惟妙运玄机，与大地众生抽钉拔楔[2]，使参禅者毋沉妄见，念佛者了悟唯心[3]。言唯心者别无净土可生，若有可生，又是头上安头，反添翳障。

心土既净，人境两空，又有谁作彼此去来之相？果然猛省，尽大地是无生处处成极乐国矣。欣厌总是自性三昧，才不辜居士夙世正因、生平造诣也。

• 注释

[1] 扶筇：扶杖。筇，筇竹，产自西南。

[2] 抽钉拔楔：这是禅师的禅语，意思是解除烦恼。

[3] 唯心：《华严经》说：若人欲了知，三世一切佛，应观法界性，一切唯心造。

• 解读

禅师语录云："心土既净，人境两空。"这是禅家真境界，黄檗无念禅师在此开示：要想耳根清净，先要心地干净。空明境界来得不空，来得实在，它来自苦苦修持的修行人。"心土"即心地、心田，指人的内心世界。"净"指自净，自我净化，依靠任何外力都无法使心变得纯净，唯有依靠自性觉悟的加持力，才能清洁源头。古井之所以清，正是因为有自我净化功能，否则在外面灌进来再多的清水也是浊。清者自清，人都有自我净化功能。在自我净化中，"淤泥"起到了奇妙的作用。必须要有淤泥，古井才会清。为什么？道理很简单，淤泥吸尘，没有淤泥还真不行。"心土既净"并非没有淤泥，而是充分认识到了淤泥的作用。水，空空的反而浑浊。水，因淤泥而净。那么，禅师告诉我们，人生也是这样。各种往事好比人生的淤泥，我们善待他，心地就净了，做人的境界就空明了。

> 禅师开示：外部环境安静下来容易，内心安静很难。内心不清静时，我们自己要明辨，不清静是个运动的过程，如果是因为在自我净化而晃动，那么这种"不清静"是动的，意味着即将清静。如果相反，则否。无论何时，练那内功是关键，要用内在的净化功能处世，无惧于滚滚红尘。

# 复黄司马季主

世人读佛书，奈何不识题目。佛明说了义，人反执义，妙湛总持[1]是空名，万事都是自己，只因执著为实，被他障却真空，忽尔猛省，不求人知，不显己会，方是了事汉。如安老读《楞严》，一见便休，更不拟议。这便是看经了事的样子。

惟居士功夫密切，搀履有年，秉金刚剑，斩断葛藤，直蹈妙湛，总持物我，不动田地，内无奇解，外绝淆讹，俗士庸流，对面难识，到此始信十世[2]古今，始终不离于妙湛。无边刹海[3]，自他不隔于总持迷也，是妙湛总持悟也。是妙湛总持佛之出世，达磨西来，得丧穷通，天翻地覆，总不出妙湛总持耳。恁么省力，谁肯向脚跟下蓦地觑破，截却知解，如见赃杀贼，不生怜悯。

今时学者奈何离不了元字脚[4]，若从册子上领解的，问他已躬下事，便将册子上话来抵对。若是识见领览的，问着便将识见抵对，若又与他拈却，便道黑漫漫地怎生是好。殊不知黑漫漫处正是鬼神觑不着处，三世诸佛[5]安身立命处，从上老宿说满天下无口过处，惟有居士断绝所知，通身妙湛。所以居乡数年，亦无人识，不被得失迁动，方与傅大士把手共行。不能时领清诲，是所恨耳。

• 注释

[1] 妙湛总持：出自《楞严咒》："妙湛总持不动尊，首楞严王世希有。销我亿劫颠倒想，不历僧祇获法身。"是咒语起句，意思是佛法在手中。妙湛本义是奇妙而精湛的佛法。

[2] 十世：即十世轮回，指轮回十次。轮回理论是古印度文化的基本理论之一，其本源

来自婆罗门教。佛教将众生世间的生灭流转变化,按其欲念和色欲存在的程度而分为欲界、色界、无色界三种,统称为三界。又称为苦界,或苦海。居住在欲界的众生,从下往上,又可分为"六道"。六道者:一、天道,二、人间道,三、修罗道,四、畜生道,五、饿鬼道,六、地狱道。此中上三道,为三善道,因其作业(善恶二业,即因果)较优良故;下三道为三恶道,因其作业较惨重故。一切沉沦于分段生死的众生,其轮回的途径,不出六道。佛教继承了古印度文化中婆罗门教的六道轮回和因果的说法,按照《摩奴法论》第一章的说法:所谓最高灵魂,既是伟大的创造神梵天,又称"创造者"、"生主"。当最高灵魂醒着时,世界是活动的;当他躺下时,世界就平静下来;当他要睡时,万物就消失融化于最高灵魂之中。最高灵魂就是通过睡和醒,永无休止的让万物生生灭灭。在中国神话和道教中是没有轮回这个概念的,中国在佛教未传入前的传统信仰认为,普通人死后亡魂会归于泰山之下,泰山神东岳大帝为冥界主宰。后来认为酆都为冥界入口之一。佛教传入后认为地狱是六道轮回中最劣最苦的,民间认识的"重狱"便是"十八层地狱",事实上地狱只有十殿,每一殿有一阎王掌管,故有"十殿阎王"之称,十八层地狱即是十殿的第九殿——阿鼻地狱。中国人相信,通过冥币能够供养地狱中的小鬼,而免于较重的刑罚,而已故亲属的家人在农历十月初一或者清明节扫墓期间也会焚烧"纸钱"给"阴间"的亲属。道教教旨,人死后为鬼,生前的修行道行仍然累计延续,所以死后成鬼后,仍然可以继续修行,成为鬼仙。也可以选择投胎。而佛教讲究轮回之说,人死后,会进入来生即轮回,但是,来生的他和今生的他,存在着记忆断灭这一问题,记忆不存在连续性,继承性。导致投生后,今生他和前生他互不认识,互不相干,实质上是两个不同的人了。记忆断灭就等于灵魂的死亡,在这个世界上,苦也罢,乐也罢,谁愿意记忆断灭,除非他的确想自杀,的确想忘却过去。所以,佛教徒面临记忆断灭灵魂死亡的悲剧。而佛教的因果轮回的说法是种同时互存和异时互存关系,自然产生。佛教以这种说法混合了印度教中的诸神与阿修罗等生物以古印度自有的宗教文化造出了六道轮回、十世轮回。

[3] 无边刹海:即无边苦海。刹是刹那的省语。佛教经典《仁王经》中提到:"一弹指六十刹那,一刹那九百生灭",一些佛教界人士认为《仁王经》的说法是释迦牟尼的"方便说",不是"真实说"。 刹那之间之生灭,称刹那生灭或刹那无常。现在之一刹那称现在,前刹那称过去,后刹那称未来,此为刹那三世。佛经具体记载,一弹指为二十瞬,一瞬为二十念,一念为二十息,一息为六十刹那,一刹那为九百生灭。

[4] 元字脚:一种传统注解法,即原字脚,原文脚注。本处借指抠字眼。

[5] 三世诸佛:乃统称全宇宙中之诸佛。即过去、现在、未来等三世之众多诸佛。又

作一切诸佛、十方佛、三世佛。

过去佛就是指燃灯佛，现在佛是释迦牟尼佛，未来佛为弥勒佛。燃灯佛是梵文Dipamkara的意译，又译作"锭光佛"、"定光如来"。《大智度论》卷九说："如燃灯佛生时，身边一切光明如灯，故名燃灯太子，作佛亦名燃灯。"依据佛教劫世的理论，他为过去庄严劫佛。燃灯佛是释迦牟尼的老师，释迦牟尼成佛就是由他授记的。据《瑞应本起经》记载，释尊为菩萨时，名叫儒童。有一次，他看见有人卖青莲花，就买了五枝献给燃灯佛。又有一次，他跟燃灯佛外出弘法时路遇泥泞，他脱下衣服铺在地上，请师父从上面走过。通过这两件事，燃灯佛慧眼识才，就对儒童授记说："是后九十一劫，名贤劫，汝当作佛，号释迦文如来。"此外，在佛经中所记载的许多佛、菩萨都曾是他座下的弟子。过去佛常与释迦佛、弥勒佛组成一组"竖三世佛"的供奉形式，一般也供奉于大雄宝殿中。他居释迦佛之左。其形象特征是：跏趺端坐，神态庄严，两手以拇指相触，作说法印，有时骑一头狮子，一般不单独供奉。

弥勒佛是中国民间普遍信奉、广为流行的一尊佛。"弥勒"是梵文Maitreya的音译简称，意思是"慈氏"。据说此佛常怀慈悲之心。窥基在《阿弥陀经疏》中解释说："或言弥勒，此言慈氏。由彼多修慈心，多入慈定，故言慈氏，修慈最胜，名无能胜。"他的名字叫阿逸多，即"无能胜"。据佛经记载，弥勒出生于古印度波罗奈国的一个婆罗门家庭，与释迦是同时代人。后来随释迦出家，成为佛弟子，他在释迦入灭之前先行去世。据说释迦曾预言，他离开此世间后，将上生兜率天宫，在那儿与诸天演说佛法，直到释迦佛灭度后五十六亿六千万年时，才从兜率天宫下生，来到人间。据《弥勒下生成佛经》所说，到那时，娑婆世界（即我们所生活的有情世间）阎浮提有翅头末城，其王名儴佉的，弥勒届时将托生于此城中一个名叫修梵摩的大臣家中，降生、出家、成道、说法，其经历一如释迦牟尼佛。弥勒继释迦成佛后，将在华林园龙华树下三次说法，广度众生。

• **解读**

禅师语录云："见赃杀贼，不生怜悯。"黄檗无念禅师开示：拿住赃物就必须杀掉盗贼，以免他再犯，当此之时用不着怜悯。有人听了这话可能会纳闷，佛家不是讲慈悲的吗？怎么狠到这地步？原来这是禅师在说禅话，打比方。禅师话中话是：发现自己人性中的恶，就手不留情地剔除，但凡恶事、罪过，见一桩灭一桩，造成不可再犯。对罪恶怜悯就是更大的犯罪。佛家慈悲，最大的慈悲是痛下杀手，不许再犯。世上没有便宜事，又想成佛又想享尽世间繁华，那如来佛让你当好了。更有甚者，有人处世上，最喜欢拣便宜，拣漏，以分赃、拾赃为乐。虽然贼窝里并不全都是贼，但清剿的人会一并杀之。虽然赃物里并不全都是赃的，但追问的人会一并拿去或销毁。因此，修行人处世间要远离贼窝，不碰赃物。最重要的是自家灭家贼：灭心中之贼，灭心中之贪欲。痛彻悔改，是重生得福之道。

> 禅师开示：磨快利剑，劈倒心魔。不然喂养已久，迟早要强出头，惹大事。斩恶草要除根，斩恶习要除性。

# 复蒋文选兰居

来书云，百尺竿头脚软，不能更进，只得罢了。做佛做驴，只是一样。观公意尽，可罢休。何也？一切教典，悉晓会得，当机妙用，亦不费力。一切淆讹，使我不疑。诸世间法[1]，瞒渠不过，尽自受用。只难免阎老子铁棒。日用伶俐，分晓机变，解会就是吃铁棒的。从无量劫[2]来，把主人引入轮回六道。逞喽啰，弄精魂，都是他。要得出离生死，除非没分晓、绝理路、前无村、后无店、傍无巴鼻，那时无计可测，猛着精彩，耸身一掷，撒手悬崖，如梦倏觉，更不作寐语矣。

• 注释

[1] 世间法：佛陀所说世间法与出世间法，不出吾人之一切心法。古云："佛说一切法，不离一切心，若离一切心，何用一切法。"由此可见，佛教的三藏十二部一切经典，无非讲述众生的一念心，若无众生心，佛也无法可说。《金刚经》云："若人言，如来有所说法，即为谤佛，不能解我所说故。"即是此义。

世间法的俗谛理，即天堂地狱人畜等六道是。此类众生，既有了五阴的正报，必假衣食住行的依报方能生存。正报是由过去之业，召感今生之心身，依报是为其心身所依止的世间一切事物。前生作的善事若多，今生即感好的依正二报；前生造的恶事若多，今生即感坏的依正二报。由是世间诸法，虽有千差万别，归纳而言，不出福慧、善恶、因果及报应。由是，我们欲想安富尊荣，就要多培福修德，广植善根。古云："种树必培其根，种德必培其心。"欲求种福，必从其心。吾人如有损人利己的恶念生起时，务须令其从速消灭，举凡孝悌忠信及利人利物之心生起时，更应时常保持，并应以"不为己身求安乐，但愿众生得离苦"为终生抱负。所谓："未断恶者令断恶,已断恶者令不生,未生善者令生善,已生善者令增长。"

世间法的俗谛理,不能超出善恶等法的范畴,而善恶等法又依身、口、意为根本的。若再归纳而言之,善恶等法又不能离开我们的一念心,因吾人之一念心欲善,则一切作为皆变成善,此一念心欲恶,则一切举动均变为恶,除心之外,更无一法可以构成善恶等法的因素。因此,善恶等法生起,必假吾人之一念心为其所依。

《楞严经》云:"由心生故,种种法生,由法生故,种种心生。"意说其心本来不生,因境故有,其境本来亦无,因心故生。前两句说,心生法生,则言法不自生,乃从心而起。后两句说,法生心生,则言心不自生,乃由法而显,说明心本不生,法也无有,心境二者,本无自性,毕竟空寂。有如眼根因色有见,耳根因声有闻,假如无有色声等法,其见闻心亦不能生起作用,以是心境互相侵夺,自有生灭,时有时无,变化无常。但于此生灭中,有个不生灭性,湛然常住。所谓:"此肉身中,有妙法身,其性灵明洞彻,耀古腾今,古不变,永久常恒。"外境有而不随其有,外境无亦不随其无,有如空中高悬大明镜,人来人现,物来物现,但镜本体是不会被物象所染污。我们的见闻觉知,亦复如是,境现知有,境离知无,但见闻性的本身是不属有无。由此可见,凡有生灭去来的,验知非是常住,凡不随有无变化的,则断定其为常住。

《楞严经》第二卷,波斯匿王问佛生灭:"佛言大王,汝面虽皱,而此见精,性未曾皱,皱者为变,不皱非变,变者受灭,彼不变者,元无生灭,云何于中,受汝生死。"面皱是说,由少至壮,由壮至老,变化不停。彼不变者,是指见闻之性,不仅三岁不变,乃至年老亦未曾变。由此验知父母未生以前,以及此身毁灭之后,本性亦未曾灭,万古常存。世人若能埋头苦修,经过若干年月,忽然见到此性,则名为"明心见性"。明心见性之后,则对宇宙人生一切真理,无所不知,无所不晓,对人说法也不用心意识,有如明镜普照万物,其体不动。到此时,非但离妄绝尘,就是真如佛性之假名也不可得,因为度化众生之故,才说真说妄,妄病若除,真亦不立。

《楞严经》又云:"言妄显诸真,妄真同二妄。"如人夜梦种种见闻,醒时总无一物。法融禅师云:"若身心本无,佛道亦本无,一切法亦本无,本无亦本无。若知本无亦假名,假名佛道。佛道非天生,亦不从地出,直是空心性,照世间如日。"可见,佛说诸法,无非对病下药,病若解除,药也不用了。

出世间法的真谛理,也不离此一念心,如前所说,身依世界而立,身依心而存,心又依何而立？心依妄想而住，若无颠倒妄想，即无能觉之心，亦无所觉之相，能所双亡，唯有本觉。本觉亦对始觉而立，若无始觉，本觉之名，亦不能立，无名无相，强名大圆镜智。本觉真心，原无身心世界，因有身体之正报，始有世界之依报，而此真心，无始无终，受生灭者，即是妄心，不受生灭者，即是真心。如何是妄心，妄心对境而生，离境即如龟毛兔角。真心离境，仍自独存。《金刚经》说："应无所住，而生其心。"即是离境，仍能生心。古德（古时的大德）说："不与万法为侣。"即是离境，别有真心。

《楞严经》说："于其中一为无量，无量为一，小中现大，大中现小，不动道场，遍十方界，身含十方无尽虚空，于一毛端现宝王刹，坐微尘转大法轮。"由此可知，心之妙用，不可思议，凡夫众生，不能想象，此即佛法出世之真相。

世间法的俗谛，是以五戒十善为人天之始基。出世间法的真谛，是以四谛十二因缘与六度万行为修道成佛之阶梯。若以最上一乘佛法而言之，烦恼即菩提，生死即涅槃，无惑可断，无道可证，世法即出世法，出世法即世法，离世间法没佛法，离佛法没世间法。六祖云："佛法在世间，不离世间觉，离世觅菩提，恰如求兔角。""青青翠竹尽是法身，郁郁黄花无非般若"。到此境界，无需再分世间法与出世间法。

[2] 无量劫：佛教谓数不尽的时节。佛经言天地从生成至毁灭为一劫。《隋书·经籍志》："一成一败，谓之一劫，自此天地已前，则有无量劫矣。"宋张商英《护法论》："盖念一切众生无量劫来皆曾为己。"

## • 解读

禅师语录云："做佛做驴，只是一样。"黄檗无念禅师开示：佛与众生并无差别，佛不是从天而降，佛也是人做的，佛也是众生做的。众生皆有佛性，只要自性觉悟，功德圆满，那么"做佛做驴，只是一样"。什么叫佛？就是已经成就的驴。什么叫没成就的佛，众生皆有佛性，众生都能成佛，这就是"一性，一觉一体，一成"的佛学真谛。"一性"，指众生都有一个佛性，同一真善种子；"一体"，指众生都活在生命系统中，是死生内本的。伤一犬，犬主伤，人与动物，与自然万物同呼吸、共命运；"一觉"，指众生只有唯一一条觉悟的道路，那就是忏悔行善。忏悔是认罪，行善是赎罪，人的一生都在与罪作斗争，躲是躲不开的，不如直面；"一成"，指众生同一成就，使唤一只犬成佛的必是使唤一头驴成佛的，也必是使唤一个人成佛的。同一成就，指真心不二，得到了自性圆满。克服了驴性就是佛，这是禅师之意。

> 禅师开示：做牛做马做毛驴，原本都是苦。然而众生平等，想想佛菩萨的苦处、难处，也就超脱苦境了。《佛遗教经》上佛陀谈到传法苦处，接连说"甚难！甚难！"其苦处、难处可知。做佛做驴，都得面对自己。若知做驴是做自己的驴，做佛却不只是做自己的佛，那么又不同了。

## 又

公出世来，有为功业今已了毕，出世大事又得入路。行与不行，在自斟酌。若真得的人，了万法[1]之本空照五蕴[2]之非有。公今日用过现未来三念果尽否？得失了忘否？若有丝毫不尽，说得十分明白，不知全身坐在世情窠里，常被世情播弄。触境逢缘，千思万虑矣。

• 注释

[1]万法：一切佛法。"万法归一，一归何处？"这个话头多见于中国禅宗临济赵州从谂的公案，据《赵州禅师语录壁观》第222则。原文：问："万法归一，一归何处？"师云："我在青州作一领布衫，重七斤"。自此成为禅林中被广泛唱颂的话头。吴立民居士认为："万法"泛指世出世间一世事物和境相；"万法"所归之"一"，当指人的"一心"或"本心"。"就这一话头而言，能生万法之"一心"是当体即空的。它本身就是绝对、一般、永恒，所以在它之上没有更高的存在，因此如果单就这一话头回答，则"一无归处"，如果一定要回答其归处，则一般寓于个别，永恒显于瞬间，绝对不离相对，此"心"也恰恰存在于万法之中。"（《禅宗宗派源流》）。

[2]五蕴：五蕴即是五种聚合。所谓：色、受、想、行、识。《般若波罗密多心经》："观自在菩萨，行深般若波罗密多时，照见五蕴皆空，度一切苦厄。""蕴"译自梵语，旧译阴或众。意义是积聚，五蕴即是五种聚合。

（一）色蕴：即物质的积聚。色蕴包含内色与外色。内色就是：眼、耳、鼻、舌、身——五根：我们所依靠生活的根身（身躯）；外色就是：色、声、香、味、触——五境：所知的外境，这些都包含在色蕴之中。

（二）受蕴即是领取纳受之意。对于顺境与逆境的领纳感受，它可分为身受和心受。身受由五根和五境所引起，它有苦、乐、舍（不苦不乐）三种感受；心受由意根所引起，有忧、喜。故受有苦、乐、忧、喜、舍五种性质。

（三）想蕴：心于所知境执取形象。即是看、听、接触东西时，会认定所对的境有一定的相貌，然后为它安立名称，生起认识的心理。

（四）行蕴："行"是造作之义，行蕴是驱使心造作诸业，所造作的行为有善、恶、无记三种心理，称为心所生法，又称为心所。

（五）识蕴：佛教对识蕴的解说有大、小乘的区别，在此依据大乘的分类来解说：识蕴分为八识，它又可分为三类：一者为心，它集起诸法，并能生起种种的法，此既是指第八识——阿赖耶识。二者为意，它恒思量，即我们有一种心念，它一直执著有一个"我"，这就是末那识，称为意。三者为识，既是了别外境；能够知觉外面境界的心，称为识。有时候，心、意、识总称为心，也称为识蕴；识能够知道外境，所以是能知的心，因为由它带动其他的心念，以它为主，故称为心王，随它而生起的心念称为心所。

五蕴包含了色、受、想、行、识这五类的法，各个合为一集，都是因缘和合的，它们相续不断的生灭，故五蕴的意思是五种不同的聚合。五蕴也被翻译为五众或五阴。"五众"是五种众多的法聚合在一起；"五阴"是五种法遮盖住我们的智慧之意。佛陀为利根的众生说五蕴；对智慧比较差的众生，佛陀则为他们演说十二处、十八界。

## • 解读

禅师语录云："行与不行，在自斟酌。"黄檗无念禅师开示：但凡一件事做与不做，全凭自己，别人不能勉强，法律也无法强制，但内心有个佛（善性）告诉我们，何事当为，何事不当为，清清楚楚，人人自知。佛对人，采取"不干涉"的政策，放任你去选择，不加管束，让你自由自在，无法无天，然后才知道有人管教实为福。世人求佛菩萨，天天求，天天求，为的是什么？原来是在求佛菩萨管一管自己。因为魔性已经发作，自己管不住自己。手要乱动，脚要乱走，口要乱说。这一切都源自心乱想。佛管人是管心，佛炼人是炼性。心性都定了，找到最适合自己的存在方式，就明白了处世真理是和谐，成佛的真道是为人。到那里，"行与不行"的问题已经解决。以前是一旦不行善，就会行恶。善恶循环，比纯粹为恶更可怕。如今打破恶循环，只是埋头修善道。一旦不行善，善就来行。这是自觉的行为了。自性觉悟，原来如此神奇。

> 禅师开示：以前以打开手脚为乐事，如今以自缚手脚为幸事。越是善人，越不敢妄自行善。每行一善，必要落到实处。

# 复李太守文台

性命紧要事,君子所当为,不可等待。官乃形衣,形是心役,学道学心[1],役不妨主[2],何必林下而后为乎?不如趁此色力尚强,精神尚壮,就中看这临机应物的从何处来。参来参去,有朝摸着自己面目,乘般若力,秉智慧权,致君泽民,利莫大焉。如何怕做官就做不得佛?祇因不识主人,随逐识奴[3]引入四生六道[4],头出头没,驴胎马腹,受形万状,岂有驴心、马心、凡心、圣心耶?

佛之一字,乃觉之别名[5]。不觉时我随境转,觉来我能转物,又何得厌官而取佛乎?谬之甚也。要了此事,须把死之一字悬在眼睫下,如堕万丈坑要求出相,似钉一确二,着实取究,莫类世流,仅附谈柄而已。死生事实不是虚传,足下死固未经,病已验讫,谁有智者,坐以待之?急好于公署中指挥衙皂时,展览文案时,断理词讼时,与眷属饮食寝息时,梦中主张不便、醒来忽得神清翛然时,着意提撕,但凡神巧伶俐,卜度思量,可到之地都属识神,出生入死,全被这厮瞒昧。当着眼看除诸外,那个是文台公的娘生面目[6]?逐日如斯提,如斯追,愈急愈追,追到个黑漫漫无巴鼻处,正是好消息。慎勿厌倦就止,越教抖擞精神,单刀直入,才有一星好事来到。

随疾截去,穷到气尽力微时,是事又不明心中,如火热相似,欲退不得,欲进无计,正烦燥间,忽地撞破黑漆桶子[7],瞥然一身冷汗迸出,一道神光耀天耀地,始亲见官也,如是佛也[8]。如是亦不贪生,亦不畏死,六道四生,神通游戏[9]。护国保民,封尊袭裔,成佛作祖。总摄梦事,腐草奉渎。

## • 注释

[1] 学道学心：这个词是道学家术语，本处借用，意思是学佛学的是如何见真心。

[2] 役不妨主：行役不妨碍主人（指身体），意思是再忙再累也要学习。

[3] 逐识奴：这是禅师的禅语，意思是被俗见误导。禅师把俗见比喻成一个误导人的奴仆。

[4] 四生六道：六道，指地狱、饿鬼、畜生、阿修罗、人间、天上等六种世界。又依六道众生出生之形态，可分胎生、卵生、湿生、化生等四类，并称六道四生。其中，人趣与畜生趣各具四生，鬼趣通胎、化二生，一切地狱、诸天及中有，唯为化生。

[5] 佛之一字，乃觉之别名：意思是，觉悟就是佛。

[6] 娘生面目：当时口语，意思是，父母所生的本来面目。

[7] 黑漆桶子：这是禅师的禅语，意思是闷葫芦、黑屋子。

[8] 亲见官也，如是佛也：这是禅师的禅语，意思是，官就是佛，见官如见佛。这是禅师教导居士公门禅。

[9] 神通游戏：在神通中游戏。神通，佛教语，梵文的意译，亦译作"神通力"、"神力"，谓佛、菩萨、阿罗汉等通过修持禅定所得到的神秘法力。《大萨遮尼乾子所说经·如来无过功德品》："何者如来神通智行？答言：大王！沙门瞿昙神通行有六种：一者，天眼通；二者，天耳通；三者，他心通；四者，宿命通；五者，如意通；六者，漏尽通。"唐玄奘《大唐西域记·揭盘陀国》："时揭盘陀国有大罗汉，遥观见之，愍其危厄，欲运神通拯斯沦溺。"宋苏轼《六观堂赞》："我观众生，神通自在。"清龚自珍《最录禅波罗密门》："有《摩诃止观》百轨则在，至此书归墟，在乎神通，观息亦得通，观身亦得通。"

## • 解读

禅师语录云："性命紧要事，君子所当为。"黄檗无念禅师此处的开示语苦口婆心，是要人自求多福。这两句话的意思是：性命是人最要紧的事，命都没了，一切无从谈起，所以每个人都应该对自己负责任，有所为有所不为。何事"有所为？"有益于众生。何事"不可为"？无益于众生。为何把自己的性命与众生扯在一起？性命是众生之一命，众生是性命之全体。损一人而伤大众，损一物而害众生。万事万物命运在一起。修行者为众生求福报，那么连带自己也得福了。性命性命，先有性，后有命。性都没了，命也就没了。很多人丧命，正因为失性在先。何谓"性"？先天的良善就叫性，除外并没有二样性。这个性，就是佛种子。自性不失，就有了成佛的根基。性是佛性，佛在世上就叫人，所以性也可称人性。何谓"命"？后天的作为什么就叫命。命可以改，换了作为就改了命。换作为不是外在的换行为，而是洗心。性命性命，就是要用性来改命。

> 禅师开示：人人都有一条命，却不知命从何来。命从性出。认识到天性之善，天性之真，人人都有好命。

# 复瞿太守洞观

昔见公动转轻便，言行相应，乃是累劫亲受佛记[1]，不忘付嘱者也。课诵三十余年，亲肯方休，海内诸公，虽信禅学，只依见识聪明，利口辩论，以为自得，忽逢祸患，就做主张不得，不知蒋公当此毁誉何如？

这里不被幻境播弄，方得脚跟稳当[2]，才有参学的分[3]。望公莫舍弘誓[4]，愿力抖擞，根尘是非场里挺身直入，救取一个半个，才是英雄出世的人也。

· 注释

[1] 佛记：信佛之人身上的印记，即佛种子。

[2] 脚跟稳当：这是禅师的禅语，意思是坚定信念。

[3] 分：本处特指福分。

[4] 弘誓：发大愿。学佛是一个圆满胜轮回的过程，分起愿、行愿、还愿、祝愿几个阶段。

· 解读

禅师语录云："不被幻境播弄，方得脚跟稳当。"黄檗无念禅师开示：真实不虚，破除幻境，做人才会稳当。"播弄"即捉弄，魔鬼捉弄人，无非是造出若干好事、好人、好境，其实都是镜花水月，梦幻泡影。迷恋的人空欢喜，诅咒的人空断肠，不如忘却，找回真实自我。做人无需轰轰烈烈，平平淡淡就好。做人无需奇奇怪怪，正常就好。不求新，不求异，就不会被诱惑迷失。想念一切自有命定的人最智慧也最乐观，想念自己能翻过天的，天迟早要塌下来。想念命定是基础，在此基础上改命、修命，福也无穷，乐也无尽。

禅师开示：让他去演戏，让我来吹灯。不理魔幻把戏，不动心，就什么事都没有。要想脚跟稳当，就不能踩在冰上。

# 复陈稽勋蠡源

近来日用何为？切莫守静以为功课。若执久不化，贪闲爱寂，懒接人事，日久月深，渐成偏枯之患。忽复遇境，当情忻厌成碍。故云：见色闻声不用聋，信得过、放得下，神机应变，自有天则[1]，岂用人力为哉？

林下日子难得，不可虚闲空过。趁此究明[2]，脚踏实地。一出仕途，定不忙乱，才是自在闲人也。

- 注释

[1] 天则：上天安排。则，法定。
[2] 究明：明白。究，追究明白，本处特指学佛有所悟。

- 解读

禅师语录云："切莫守静以为功。"黄檗无念禅师开示：修行人要动静结合，动不离静，静不伤动，这才是真修。禅师说久静不化，就会得"偏枯之患"，"偏枯"是中医术语，指偏瘫，久坐容易引起半边瘫痪，半身麻木，所以仅从身体层面讲，也不提倡一味坐禅。坐禅要与行禅结合。身体是如此，心里也是如此，也要动静结合，才见真性活泼，生机盎然。何谓"动不离静？"指不妄动，动时要守心。何谓"静不伤动？"指不死静，以致丧失动的本能。禅师开示：九静一动，九思一行，是通用修行法。

> 禅师开示：脚踏实地行走，虽动犹静。树欲静而风不止，虽静犹动。表面静无益，要静出善来，要在动中发现真，这才是静。静是动的和谐，动是静的必然。静则思，善则行。

# 复顾孝廉

闻尊翁临终时说万念俱非[1],功名产业恩爱眷属都不相干,只有痛苦自当。此言虽真切,不知真醒也。未若果醒,如脱垢衣,随念变化,来去自由,更不钻胎入腹,何有性命双修[2]?又闻令堂祝发[3],何必如此?往时学问,今在何处?

尘俗之人,迷己逐物,错认色身,故有留恋。智人先觉,色身如影,何恋之有?若不信,且看夜间睡着无梦无想时,何处损灭得他?忽然响声惊觉,就认影忘真,以觉认觉,转背转远。尔等只在知见上立知,正是生死根本也。

• 注释

[1] 万念俱非:所有的想法都错了,这是在忏悔。

[2] 性命双修:本为道家语,意思是身心灵合一。心是性,身与灵是命。道教的"性"相当于佛教中的"性"。在佛教言,"性"指不生不灭者,即佛陀言的"众生皆有佛性"。"命"指生命。尹喜真人的后世弟子《性命双修万神圭旨》指出:"何谓之性?元始真如,一灵炯炯是也。何谓之命?先天至精,一气氤氲是也。禅家专以神为性,以修性为宗。""释氏谓,人之受生,必从父精母血与前生之识神三相合而后成胎。精气受之父母,神识不受之父母也。盖从无始劫流来,亦谓之生灭性。故曰:生灭与不生灭和合而成八识也。盖造化间有个万古不移之真宰,又有个与时推移之气运。真宰与气运合是谓天命之性。天命之性者,元神也。气质之性者,识神也。故儒家有变化气质之言,禅宗有返识为智之法。今人妄认方才中有个昭昭灵灵之物,浑然与物同体,便以为元神在。是殊不知此即死死生生之本,非不生不灭之元神也。识识易,去识难,若不以天命元神战退无明业识。终在生灭

场中,未见有出头日也。"

[3]祝发:断发,出家。因断发时有祝愿,所以叫祝发。

• **解读**

禅师语录云:"往时学问,今在何处?"黄檗无念禅师开示:世间学问误尽世间人,世间法来医世间心。"往时学问"在当时看来,不可谓无用,然而事过境迁,管得了一时,管不了一世。要想管一世,就要动用三世的力量。生命是一个大系统,要从源头下工夫,才能澄清上游、中游、下游的问题。吸引流水的是海,吸引人生的是智慧。智慧如海,烦恼也如沙。有一智慧就有一烦恼,因为有一智慧就有更高智慧。智慧的源头在哪里?智慧的源头在心中。原来,智慧并不是一个比智商的角力过程,智慧不是博弈。谋略是小智慧,修身养性是中等智慧,因命改运求福报,这是大智慧。

> 禅师开示:找一无智慧之人与他深交,必然不累。不累心处,便有真智慧。智慧与脑力无关,还得问一颗心。

# 复丘参将长孺

公睿姿朗识，绝无俗怀[1]，再来人也[2]。第恐今入富贵中，应接不暇，将从前自己事尽情忘却了，惟急早回头，趁此热闹处，作大休歇场。茶里、饭里、醒时、梦时、接待时、休暇时、欢喜时、烦恼时，刻刻提起，把此一生了却万劫大事，岂不快哉！恐富贵易过，转眄间腊月三十日到来，将何相抵敌也？

公颇记十五年前梦中事否？一切富贵眷属，带一些不去，止此孤身，又被他六贼[3]并害，好不怕人！就今二十年戎马功名，霎时便过，又岂能带得去耶？若待临时求佛，恐叫他不应，那时入在六贼手中，任他毒弄，岂是大丈夫所为？若信得及，提起便行，更莫踌躇，一朝大事了毕，方不枉知僧一场也。

• 注释

[1] 俗怀：世俗之见。本处特指儒家所讲的进取之道。

[2] 再来人：重生人。本处特指经过洗礼的学佛修行人。

[3] 六贼：借用道家语，六贼者，眼、耳、鼻、舌、身、心。六贼分别为：眼看喜、耳听怒、鼻嗅爱、舌尝思、意见欲、身本忧。《清静经图注》：人身因有六根，则有六识；因有六识，则有六尘；因有六尘，则有六贼；因有六贼，则耗六神；因耗六神，则坠六道也。

• 解读

禅师语录云："趁此热闹处，作大休歇场。"黄檗无念禅师开示：要闹中取静，趁早抽身回头。修行人不赶热闹，万一碰上热闹要当即远离。所谓"当即远离"指心要自在，不受诱惑，不被捆绑。越是泡沫，吹起来越大。越是罪恶，越见繁华。那些人正要轰轰烈烈，从乱中颠倒，从困中解救，人为制造拯救，实际上是把人推向更深的火坑。修行人不赶热闹，专在冷清处做文章。越是冷清，越显真相。越是无人，越有人味。热闹处做人好比在急流处洗衣，衣服都拿不稳，怎么洗？稍不留神衣服被冲走。因此，学佛要有青灯，成佛必须面壁。这是禅师所示。

> 禅师开示：在人群中坐下喝一盏俗茶，胜似人堆里看一朵仙花。佛陀坐在雪山下，他悟出了山下的一切。

## 又

一别十有八年，今幸归里，奈不及频领清诲。公乃散圣[1]，再来游戏人间，富贵利名，借道便往，不挂胸次，浑是逍遥快乐，恐未喷地猛醒，不达真乐，不免取境为乐，常被变迁。若知真乐非境，真常不迁，方会死生一致[2]，寤寐一如，政使醒后豁然。

不妨大地是个美人[3]，吾身亦满大地。行住坐卧不见有美人相，亦不讳有美人相，玩之弗为情，弃之弗为逆。不怕大地是口剑，吾身亦周大地。行住坐卧不见有刃可避，方知无我相，亦无心外之法也。终日入辽东战阵[4]，如帝释[5]处欢喜园[6]无异。

若不猛醒，只学口说道理，殊不知正是长我慢山、增荆棘林，功德法身[7]从此没矣。但愿早翻过身来，莫被境物留碍，是所望也。

• 注释

[1] 散圣：借用道家语，意思是清散的圣人，散仙，属于地仙品阶。

[2] 死生一致：借用道家语，意思是齐死生。本处特指涅槃。

[3] 大地是个美人：这是禅师的禅语，意思是人（天人合一后）属乾，地属坤。

[4]辽东战阵：这是当时口语，意思是混乱场所、乱局中。明朝东北战乱频繁，故有此语。

[5]帝释：亦称"帝释天"。佛教护法神之一，天龙八部之一的天众之首领，佛家称其为三十三天（忉利天）之主，居须弥山顶善见城。常与天龙八部之一的阿修罗部众发生战争。梵文音译名为释迦提桓，其根源自雅利安人最崇拜的雷雨之神因陀罗。南朝宋谢灵运《庐山慧远法师诔》："人天感悴，帝释动怀。"南朝梁简文帝《大法颂》："忉利照园之东，帝释天城之北。"

[6]欢喜园：修行欢喜佛法的场所。这是禅师的禅语，意思是打比，快乐之处。

## 欢喜

欢喜即六法欢喜。《三藏法数出根本说一切有部毗奈耶杂事》：

一、身业行慈，谓于诸贤圣及同修梵行人处，起慈善心，以为礼敬烧香散华，种种供养；若见其病苦，随时供给，令他欢喜，是名身业行慈。（梵行，即净行也。）

二、语业行慈，谓于诸贤圣及同修梵行人处，起慈善心，以语赞叹，彰其实德；他不闻者，令他得闻；复读诵经典，昼夜精勤，令他欢喜，是名语业行慈。

三、意业行慈，谓于诸贤圣及同修梵行人处，起慈善心，不生妒害悭嫉之想，于诸众生起悲愍心，起利益心，令他欢喜，是名意业行慈。

四、如法利养，谓凡所有资生之物，乃至得少饮食，于同修梵行之人，情无彼此，悉皆共他受用，令他欢喜，是名如法利养。

五、受持戒法，谓于所受戒法，始终坚持不毁不犯，而于同修梵行之人，不生轻鄙，令他欢喜，是名受持戒法。

六、能生正见，谓于一切道法，发起正见，无有疑惑，而与同修梵行之人，共同此见，令他欢喜，是名能生正见。

## 欢喜佛法

欢喜佛是属于藏传佛教密宗的本尊神，即佛教中的"欲天"、"爱神"。其中男身代表法，女身代表智慧，男体与女体相互紧拥，表示法与智慧双成，相合为一人，喻示法界智慧无穷。利用"空乐双运"产生了悟空性，达到"以欲制欲"之目的。

密教七世纪出于印度唐代传入中国，在西藏与当地民间信仰相结合成为藏传密宗。藏传密宗佛教（俗称喇嘛教）作为佛教的一支，其追求的终极目标与其他教派并没有什么不同，但与被称为"显教"的汉地佛教相比，显教以理论探索为主，而藏传佛教以密教为精髓，以高度组织化的咒术仪礼、俗信为其主要特征，宣传口诵真言咒语（语密）、手结印契（身密）和心作观想（意密）三密相结合的修行方式。

[7] 功德法身：具有本来功德的真如法身。法身即本体实相，是区别于虚幻肉身而言。法身，指佛所说之正法、佛所得之无漏法，及佛之自性真如如来藏。二身之一，三身之一。又作法佛、理佛、法身佛、自性身、法性身、如如佛、实佛、第一身。据《大乘大义》章卷上、《佛地经论》卷七等载，小乘诸部对佛所说之教法及其所诠之菩提分法、佛所得之无漏功德法等，皆称为法身。大乘则除此之外，别以佛之自性真如净法界，称为法身，谓法身即无漏无为、无生无灭。三身分别为法身、报身和化身。法身经常用明镜、明月等来譬喻。如果不受贪、嗔、痴、慢、疑五毒的侵害，自性是清净无瑕的。这就是法身。

## • 解读

禅师语录云："死生一致，寤寐一如。"黄檗无念禅师开示：生死如睡觉做梦，睡觉做梦等于没发生。做一个浑然不觉的混沌人，万物不能伤。外物伤人，形式虽有差别，都是：一，展示美好前景；二，诱惑努力追求；三，注定不能如愿；四，失魂落魄。这是魔鬼的套路，世人的前程。生生死死中前赴后继，无有尽头。佛菩萨见此痛心，老禅师开示要猛醒。再有一样，那就是世人悦生畏死，恨死，压死，诅咒死亡。越是这样起荼毒的心越会被死亡反弹，被业所困扰。禅师开示：平平淡淡对待生死，这是一个自然过程，但并非最终的过程。世界本原是不生不灭的，告别轮回，进入佛的空间，人可以成就永恒。至于做梦，是身体的压抑，也是灵魂的游戏，原本不必管他。谁要是把梦当真，就会永远走不出梦的迷境。学佛是求真，不是要你逃避现实。刚好相反，学佛之人直面现实，本着真性，发出善心，为他人，为社会，踏实做好每件事，认真过好每一天。

> 禅师开示：找个不做梦的人领略非凡境界，一旦迷恋梦境，就落入俗套。佛陀做太子的时候，看见宫中人睡觉做梦，显出种种可笑可悯的众生各相，明白了梦的可怕，断然离去。修行人习禅功，首先就是要学会无思无虑地安然入寂，不能再像俗人一样做梦不休。连睡觉都忙碌，这样的人生还有什么意思。

# 复孙比部善长

接手教,知公肆力此道,不减昔时,真儒绅[1]中麟凤也。老朽退居泉石久矣,日同二三野衲[2]种田博饭,粗了余生。辱蒙心经赘言,见遗展,诵数过,叹喜交集。

既喜其用心之笃,又叹其知解迷失当人。公识心经乎?心无名相,亦无方所,从何处下注脚?纵注得语话分明,道理透彻,终是图画虚空。况将心意识妄自合会,重迷本经,搅起学人识浪永无平息。心经两字原是标题,从观自在以下总是注脚,曰无色受想行识,无眼耳鼻舌身意等明明解出一部心经。若肯退步返照,则言思路绝,声臭俱泯,是何等自在。才一举心动念,便属知解活计,依旧打入五蕴窠窟里。若终日依经解义,说空头话,腊月三十日到来,这个还抵敌他生死得么?莫说腊月三十,即今展角坐堂,临民敷政,违顺二境[3]卒至,喜怒之念乍兴,这个能不被他互换得么?

平昔见解文字,到这里总用不着,除是偷心泯绝[4],知见脱尽,也无事理可分也。无禅道可学,方称无事汉[5]。你才开口道个悟字,祸事不小[6]。况乎觅印可求,向上波波地,只要吃人涕唾,如何得自心般若大自在菩萨真身出现也。

• 注释

[1] 儒绅:绅士,乡绅。

[2] 野衲:粗野和尚,这是禅师的谦语,对外谦称本寺僧人。

[3] 违顺二境:顺境与逆境。这是禅师的隐语,学佛得正解是顺境,反则为逆境。

[4] 偷心泯绝：断绝剽窃他人观点的念头。这是禅师的训导语，希望居士独立思考，自己领悟。

[5] 无禅道可学，方称无事汉：即非禅之禅。不立文字，也不立禅宗，这是禅宗真谛。

[6] 开口道个悟字，祸事不小：即不悟之悟。不说悟，不求悟，这是禅悟玄机。

## • 解读

禅师语录云："无禅道可学，方称无事汉。"黄檗无念禅师开示：到一定时候要抛开经书，才不会被框框套住。不要说自己信什么教，信的只是一个善。不要说自己求什么佛，求的只是一个真。不要说自己习什么经典，习的只是一个戒律。学佛人以戒律为师，到了能自律的时候，就可以抛开形式，回到实质。按本源取水，源源不绝。按真理讲法，滔滔不绝。虽有无尽藏，只露一道光。虽有无尽言，只说一两句。禅师开示：不要太在乎佛法、太执著于禅理，否则也会钻不出去。什么叫"无事汉"，这是针对"多心汉"而言的。心眼太多，学佛都不宁。学问太多，做梦都打架。到一定时候应该都放下。不进庙见真佛，不读经见真心。如果觉得闹心，可以一切都放下。无官一身轻，无事一身宁。做人难得是自在。不伤人，不被伤，自由自在，即可见如来。这是禅师所示。

> 禅师开示：向老农民学习！六祖之所以是六祖，就在于他会打柴。

# 复苏兵宪云浦

僧抱影寒崖,了此残生耳。只将一场梦事,每向人言,其奈大梦何!昨睹与焦太史书,始知公以青眼视老僧也。又云某如寒灰雪照,恐错认定盘星[1]耳。何也?二公才能博达,见超今古,某未读书,德浅行微,出言莽卤,待人唯一铁钉饭,木渣羹,谁肯下口咬嚼耶?每以这腔热血倾人,辄皆退席而谤呵。举世爱滋味,逞神机,北辕南辙,两不相符。即袁石公岂不称相知者,但词章品藻,著述惊人,义海渊深,卓越群表,正眼观来,止在播弄神机,竟非了义[2]。于威音那畔[3],尚未梦见。在腊月三十到来,管取一场热闹。

即世尊[4]为一大事因缘出世,当机辄有证悟者,犹名止啼黄叶,德山斥为拭不净故纸。由是观之,著述非究竟也。阿难将佛四十九年说的记持,如瓶注水,毫无渗漏。又被迦叶摈出十五年后,消化已尽。疑问迦叶,世尊金襕外另传个甚么?忽被迦叶一捻,始觉无事。

公具烁迦罗眼,[5]超越常流,肯作此见解耶?若到脚踏实地,大用现前。不存轨则便能毁誉同情,生死混入于此平等法门。转自己为山河大地,变草木为丈六金身,亦非分外。这话见公相爱之甚,不过以毒攻毒耳。外有古宿,牙剑欠利,咬不尽渣滓,寄览望公和根吞却,免畔后人。言外消息,愿以示我。

• 注释

[1] 定盘星:当时称量术语,指用称盘称物时定下重量的准星。禅师借指内心决定。

[2] 竟非了义:竟然还不清楚(学佛真正目的)。

[3] 威音:佛音。佛音威严,故称威音。这是禅师的隐语,指阿弥陀佛接引语。

[4] 世尊：即释迦牟尼佛。本师佛，佛祖。佛是佛陀的简称，佛陀是自觉觉他觉行圆满或无上正等正觉的意思，修行到所有功德都圆满。本来佛有一万种名号，慢慢简略为十种名号。

（一）如来（梵 tathaˆgata），音译多陀阿伽陀，则无虚妄，名如来，谓乘如实之道而来，而成正觉之意。如来之义有三。谓法身报身应身也，《金刚经》云：无所从来，亦无所去，此法身如来也。《转法轮》论云：第一义谛名如，正觉名来，此报身如来也。《成实论》云：乘如实道，来成正觉，此应身如来也。

（二）应供（梵 arhat），音译阿罗诃，良福田，名应供，意指应受人天之供养。应供谓万行圆成，福慧具足应受天上人间供养，饶益有情。故号应供。

（三）正遍知（梵 samyak-sam!buddha），音译三藐三佛陀，知法界名正遍知，能正遍了知一切之法。正遍知（亦名正等觉）谓具一切智，于一切法无不了知，故号正遍知。以一切法平等，开觉一切众生成无上觉，故号正等觉。

（四）明行足（梵 vidyaˆ-caran!a-sam!panna），具三明。名明行足，即天眼、宿命、漏尽三明及身口之行业悉圆满具足。明行足，明即三明也（三明者，天眼明，宿命明，漏尽明也），行足者，谓身口意业，正真清净，于自愿力一切之行，善修满足。故号明行足。

（五）善逝（梵 sugata），不还来。名善逝。乃以一切智为大车，行八正道而入涅槃。善逝者，即妙往之义也。谓以无量智慧，能断诸惑，妙出世间，能趣佛果。故号善逝。

（六）世间解（梵 loka-vid），知众生国土，名世间解，了知众生、非众生两种世间，故知世间灭及出世间之道。无上士（梵 anuttara），无与等。名无上士。如诸法中，涅槃无上；在一切众生中，佛亦无上。（今此经中合世间解无上士以为一号。虽开合不同，其义则一。故两存之。）世间解者，谓世间出世间因果诸法，无不解了也。无上士者，谓业惑净尽，更无所断。于三界天人凡圣之中，第一最上无等。故号世间解无上士。

（七）调御丈夫（梵 purus!a-damya-saˆrathi），调他心，名调御丈夫。佛大慈大智，时或软美语，时或悲切语、杂语等，以种种方便调御修行者（丈夫），使往涅槃，调御丈夫谓具大丈夫力用，而说种种诸法，调伏制御一切众生，令离垢染，得大涅槃。故号调御丈夫。

（八）天人师，为众生眼，名天人师。示导众生何者应作何者不应作、是善是不善，令彼等解脱烦恼。天人师谓非独与四众为师，所有天上人间魔王外道释梵天龙，悉皆归命，依教奉行，俱作弟子。故号天人师。（四众者，比丘，比丘尼，优婆塞，优婆夷也。）

（九）佛（梵 buddha），知三聚，名佛，（三聚者，正定聚、邪定聚，不定聚也）即自觉、觉他、觉行圆满，知见三世一切诸法。佛梵语具云佛陀。华言觉，谓智慧具足，三觉圆满。故号为佛。（三觉者，自觉，觉他，觉行圆满也。）

（十）世尊（梵 bhagavat），具兹十德，名世间尊，即具备众德而为世人所尊重恭敬。世尊谓以智慧等法，破彼贪嗔痴等不善之法，灭生死苦，得无上觉，天人凡圣，世间出世间，咸皆尊重。故号世尊。

释迦牟尼创立的佛教最初教义。释迦牟尼进入般涅槃后，他的弟子们汇集整理佛陀一生的言传身教，通过几次结集，形成经、律、论"三藏"。随着佛法传播范围的日益扩大，佛教逐渐成为世界性的宗教。关于释迦牟尼基本的教义，后世有许多不同的见解。但是无论是大乘佛教、小乘佛教都同意保存在《阿含经》中的三法印、四圣谛、八正道、缘起法等，是释迦牟尼最初的教义。

[5] 烁迦罗眼：法眼之一。

## • 解读

禅师语录云："脚踏实地，大用现前。"黄檗无念禅师开示：路走得踏实，巨大作用就出现眼前。正所谓"上天入地，不如脚踏实地"。不要说不能飞不能跳的唐僧没什么用，又能飞又能跳的孙猴子还得师父带。没前途，一身本事就没有用。一旦认清前路脚踏实地前行，凡肉之身的巨大作用就在眼前。做神仙也要踏实。做凡人做得踏实，境界比神仙还高。这是禅师所示。

> 禅师开示：找一无用人，安排大用。凡是自诩有本事，有用之人，多半是狂夫，不好收拾。唯有老实和尚方可传衣钵。

上帙　黄檗无念禅师复问

# 复胡侍御催景

接教后，无时不在左右，愧无定力，虚受幻质，无片刻之宁，不得亲领教旨。来云灯不照灯，一不知一，又恐同木石耳。若果真一，万事毕矣。在天同天，在人同人，彼此两无，真体流行，变化莫测，到此总是未发之中，一切名相绝迹无踪矣，才是曹溪印心[1]之客。又譬眼不见眼，门下见得甚明，僧观此意，还只见物，未得真眼。若得真眼，自然无物，何扫之有？所谓仁者被仁碍，智者被智碍，百姓有不知在，总是自己知见立出许多名色，障彼道眼，不得自在耳。又云泯知塞见，若果真省本来无物[2]耳，自聪眼自明用泯塞，怎么卤莽？请教不知何如。

• 注释

[1] 曹溪印心：禅宗本传。六祖惠能曾在曹溪传法，故称禅宗心传为曹溪印心。

[2] 本来无物：即"本来无一物"的省语，是禅宗顿悟法门。顿悟，佛教术语，是禅宗的一个法门，相对于渐悟法门。也就是六祖惠能提倡的"明心见性"法门。通过正确的修行方法，迅速地领悟佛法的要领，从而指导正确的实践而获得成就。关于顿悟概念，来源于六祖惠能的《坛经》。渐悟指修行过程中必须分为许多阶次，只有长期的甚而累世的努力才能达到证悟成佛。六祖在《坛经》里提出"顿悟"概念的内涵大致有几方面：

第一"迷闻经累劫，悟则刹那间"、"一刹那间妄念俱灭"，可见顿悟指人之思维的突变或飞跃。

第二"顿见真如本性"、"顿悟菩提"，可见顿悟是悟自己的佛性，由于人皆有佛性，所以顿悟功能人皆有之。

第三顿悟即是无念，"何名无念，若见一切法心不染着，是为无念"，可见顿悟结果不染着一般的概念或一般的烦恼之法。

第四"前念迷即凡夫，后念悟即佛"，"我于忍和尚处（指在五祖那里），一闻言下便悟，顿见真如本性，是以将此教法流行"，六祖开示自己和其师五祖均为已经顿悟之佛。

### • 解读

禅师语录云："仁者被仁碍，智者被智碍。"黄檗无念禅师开示：仁义有时是圈套，智慧有时是苦牢，人所依凭的往往是障碍。仁者之所以是仁者，就在于有仁义。一旦有了仁义，以仁义自居，占据道德高地，成为道德化身，那么他就会想：我是规则制定者，要让规则为我所用，不能让规则成为束缚，这样他就会变得不那么道德，不那么仁义。更有甚者，以仁义杀人，例子太多了。因此禅师说"仁者被仁碍。"就是此意。同样地，智慧让人自夸自傲，人往往在智慧面前栽倒。没智慧时他还能过下去，一旦有了智慧就危险。智慧越高摔得越重。因此禅师说"智者被智碍"。仁与智都是好东西，但不能自己有，要人家来评说，这才是真仁义，真智慧。这是禅师所示。

> 禅师开示：用仁来行善，好比用水中拐杖打人，根本就打不着。要用本性行善。不称仁义才是真仁义，不称智慧才是有点小智慧。至于大智慧，那是佛菩萨才有的。我们是求智慧的人，越谦虚越好。如果一定要说智慧，谦虚就是智慧。

# 复陈少卿石泓

读来教，浑然一纸，世出世之津梁也。果践其行，不惟无许老僧凑泊，虽释老复出，亦只得钳口结舌而已。如是而行，何世不治，何民不化。但出乎无心，物我一体[1]，取舍都无[2]，洋洋荡荡，浑无拘束，总千游戏场中打场戏毯便了，又有何静可忻？何闹可厌？

丈夫之行当如是慷慨，喜则清风朗月，怒则迅雷疾霆，安同庸鄙之流，兢兢业业，谬将此七尺躯，甘作六寸乌纱之奴耶？富贵两字皆系前定[3]，希之不来，驱之不去，安排计较亦奚以为？

世出世无两法，既能处世，亦能出世，卷舒天则，醒醒然自不涉梦中，事何假再提？然醒之一字，因梦而言，岂有醒更醒者？如足下是石泓，安用再觅石泓者哉！来云才一休息，辄如死人。第恐未得与死人相似，若真得如死人，个中事毕矣！

即此作用，便是先贤捷径功夫，但未纯静耳。久久掺炼得去，正好藉此宦迹为题，作自己一篇出生脱死底紧要文章，逐日思，逐日作，一朝打破空劫，疑瓶泻出，一韵天然绝句，了割生平结局，胡敢不称羡。吾邑中又出一员天资现成的享福人[4]也。

• **注释**

[1] 物我一体：借用道家语，本指外物与自我合一，混元含化，借指学佛之人打破外相回到本体。

[2] 取舍都无：借用道家语，本指处世回归赤子，浑然忘却进取，借指学佛之人放下

差别心。

[3] 富贵两字皆系前定：即孔子"死生有命，富贵在天"的意思。同于佛家命定之说。佛教提出了十二因缘说。认为世界上各种现象的存在都依赖于一定的条件（因缘），并受"命定"的支配，在命定的锁链中人的意志是无能为力的。

[4] 享福人：特指有福报的人。

• 解读

禅师语录云："因梦而言，岂有醒更醒者？"黄檗无念禅师开示：就梦说梦，永远跳不出梦。没有梦，并且不说，才是真正醒来。佛经是醒世录，学佛求醒转，修禅是唤醒心灵。其中有道。连唤两次叫"呼唤"，"呼"是呼名，"唤"是唤性。一呼一唤，连醒再次才是真正醒转，只醒一次还会睡着，还要做春秋美梦，必须醒再次才能彻底告别无常梦境。连醒再次叫"苏醒"，醒一次叫"苏"，指身体复苏（暗示曾被梦魇戕残捆绑，人睡觉有种被捆绑、定住了的感觉，就是被梦想变成蚕，吐丝自缚），再醒一次叫"醒"，指内心醒来。身醒心也醒，用黄檗无念禅师的话来说就是"醒更醒"。这种"醒更醒"不易得，非得有大力提起不可。在梦中的人陷入太深，必须要生出一枝红莲，才能透出淤泥，否则将闷死在这多情的淤泥中。自性觉醒，谓之莲花。

禅师开示：枕头边上要放一把铁戒尺，每当发现自己睡觉做梦就自己打一下，一直打，一直打，直到醒来。

## 又

前因藏经行速，未得尽领教益，昨见公，当此大任于富贵声色，经世出世而两全矣。非大乘根器[1]，最上灵苗，岂若是哉！信得率性，一切放下，率到未发处，自然超于言语想相之外，不在人情事变之中，难以形容，难以测度，不落有无，不堕生灭[2]，本无向上向下[3]、利害祸福，无地可容矣。

不知性命真窍，原无定相，只因执定己见，伎俩参合，不知才要求妥，即属情见，要明生死源头，只在一念未起处看得破，方省未发之中。消息到此，朝闻夕死之说，了了分明。

• **注释**

[1]大乘根器：激励语，指有学习大乘佛法的根基。所谓"乘"，是梵文 yana（音译"衍那"）的意译，有"乘载"或"道路"之意。大约在公元1世纪左右，印度佛教内形成了一些具有新的思想学说和教义教规的派别。这些佛教派别自称他们的目的是"普度众生"，他们信奉的教义好像一只巨大无比的船，能运载无数众生从生死此岸世界到达涅槃解脱的彼岸世界，从而成就佛果。所以这一派自称是"大乘"，而把原来的原始佛教和部派佛教一派称为"小乘"。

菩萨思想是大乘佛教思想的一大特色。所谓菩萨，即指立下宏大誓愿，要救渡一切众生脱离苦海，从而得到彻底解脱的佛教修行者。大乘佛教徒把释迦牟尼成佛以前的修持阶段，即在修习"菩萨行"的阶段作为自己修行的榜样，因此大乘佛教徒主张可以在家修行，并不强调一定要像小乘佛教徒那样需要出家修行，这也是大乘和小乘的重要区别之一。大乘教徒把菩萨的修行发放概括为"六度"、"四摄"。"六度"是指布施、持戒、忍辱、精进、禅定、智慧，他们认为这六种方法是能够脱离生死苦海，达到涅槃彼岸的通道。"四摄"是指大乘佛教徒在日常生活和活动中，在与他人相处时需要遵守的原则，具体是指布施、爱语、利行、同事，大乘佛教认为这是菩萨救度众生时所应遵守的原则和方法。为了与小乘相区别，大乘教徒把自己的思想学说称之为"菩萨思想"，把自己的修行实践称作"菩萨行"，把自己所尊奉的戒律称之为"菩萨戒"。

大乘佛教在我国得到创造性的发展。东晋时期大乘空宗般若学受到当时玄学的影响，在社会上十分流行，对般若"性空说"的解释，有"六家七宗"之多。东晋名僧僧肇，著《物不迁论》、《不真空论》等评述了各家理论的得失，对以龙树为代表的大乘中观学派的思想作了通俗、准确地阐发。这一学派发展到隋代，形成了以吉藏为代表的"三论宗"（以龙树的《中论》、《十二门论》和提婆的《百论》为所依经典），它基本上继承了印度大乘中观学（空宗）的思想。而唐初著名学僧玄奘西行求法，回国后大力弘扬无著、世亲的思想，译出《唯识三十论》以及护法、难陀等十家解释"唯识"义的《成唯识论》一书，其大弟子窥基又著《成唯识论述记》等，从而创立了"唯识宗"，它基本上继承了印度大乘瑜伽行派（有宗）的思想。陈隋之际形成的"天台宗"和唐代中期创立的"华严宗"，则已不能简单地用原来印度大乘某派的说法予以框范了。因为在他们的理论中，吸收了大乘各学派的说法，以至中国道教、儒家等思想因素，已成为具有中国特色的佛教宗派了。当然，如果就"天台宗"以《妙法莲华经》为所依经典说，可以说空宗色彩稍多些。"华严宗"以《华严经》为所依经典，则可说有宗色彩稍多些。至于在唐代中期形成的"禅宗"、"净土宗"等宗派，则更是为印度佛教所未有，而完全是由中国佛教徒所独创的大乘佛教宗派。他们具有通俗、简明的教理，广泛的融合和适应性，因此在中国封建社会中具有深远的影响。大乘密教也在中唐时期传入我国，以后主要在西藏、内蒙古等地区得到发展，流传至今。

[2] 不落有无，不堕生灭：即不生不灭之义。不生不灭，佛家语，认为佛法无生灭变迁，即"常住"之异名。出处为晋王巾《头陀寺碑文》："仰苍苍之色者，不足知其远近；况视听之外，若存若亡，心行之表，不生不灭者哉。"心经："舍利子，是诸佛空相，不落有无，不堕生灭，不垢不净，不增不减。"就佛法的第一义谛而言，一切诸法是无自性的，是性空、平等的。生，无生的实性；灭，无灭的实性，实际上是不生不灭。换言之，证得诸法不生不灭，即是证得佛法的第一义谛。故不生不灭有时被当作真如的法体、解脱的内容，更被视为如来的异名。佛言："我所说法不生不灭者，不同外道不生不灭，亦不同彼不生无常法。何以故？大慧，诸外道说有实有体性不生不变相，我不如是堕于有无朋党聚中。大慧，我说离有无法，离生住灭相，非有非无，……一切世间诸法本来不生不灭。"《大般涅槃经》卷五："又解脱者名曰虚无，虚无即是解脱，解脱即是如来，如来即是虚无，……真解脱者，不生不灭。是故解脱即是如来。如来亦尔，不生不灭，不老不死，不破不坏，非有为法。"故言不生不灭即是解脱。

[3] 本无向上向下：即不分贵贱，普度众生。普度众生，佛教语。众生指一切有生命的动物及人。普度众生指超度所有的生命，脱离苦海，登上彼岸。普度众生不是佛来普度众生，而是众生普度众生。

· 解读

禅师语录云："要明生死源头，只在一念未起处。"黄檗无念禅师开示：要从没有生死的时候了解生死，人不可能从生死中解脱生死。正如：要从没问题的地方解决问题，不要从有问题的地方解决问题。如果从有问题的地方解决问题，解决者本身也成了问题。这个世界是荒唐的，小问题看似解决了，马上演变成大问题。小麻烦不见了，谁知出现大麻烦。有时不解决还好，稳住，不要与魔鬼互动。佛学之所以高明，不在于他能解决现实问题，而在于他告诉你什么是没有问题。当你明白什么是没有问题，那么自己就会找到消除问题的办法。这是禅师所示。

> 禅师开示：把一切问题授给我，其实还是一样糟。没有更糟，只有一样糟。因此不怕问题多，不怕问题大，就怕不知问题根源。人处世上注定是苦，注定是罪，不累不麻烦是不可能的，因此坦然面对一切，用自性的力量苏醒，善中得和谐，真中得超然。

# 复李司徒梦白

接翰教，知迩者工夫急切，吾宗有所赖矣。来谕中，初谓颇知入路，觉前见解皆非，安心做去，以待大休歇地；末希于悬崖处觅转身消息。只此一问，首尾颠倒者三，心外无人[1]，人外无法[2]，能安能做，能休彼此，历然分明，是事与本体何干？既肯悬崖撒手，还容尔转身觅消息耶？近时学道者才发心时，先立个或禅或道要去明，他不知才有分晓，失却本命元辰[3]矣。随打入识群队里，将个识神去究他，不识不知的便谓是悟处，殊不知只这不识不知的便是脱化不去的，偷心吃阎老手中铁棒者，是反引秘为莫见乎？隐莫显乎？微了生脱死的极则事，甘堕他阴魔坑里，自安自契，虽千钧气力也拔渠不出，真为可怜悯者。

足下出头来历，真切为命，迥不同类，奈何又被聪明魔使？向深求苦，索处着倒，若谓此事是求可得者，岂不谬哉！公饮此毒久矣。

此段事无多子大，过量人一觉便了，有甚羁绊，何得拈一放一[4]，展转迟滞多年？掺持犹恋旧时行履，日月迅疾，百年勾当，少分已去，若只如此，用卜三十日事，大可怖惧，不如趁早打开胸脏，将生平学益得力的、狐疑不了的通身放下，倒泻无遗，直教空荡荡地，蓦忽冲开顶巅只眼照破，微细识贼，猛挥空王[5]宝剑，剿绝我根株裔。亲临自己田地，才觉一生所蕴都成剩事矣。

- 注释

[1] 心外无人：真心即本我，除此之外没有我，没有人。

[2] 人外无法：佛法专门为救人而设，佛法为人，人之外没有佛法。

[3] 本命元辰：借用道家语，本指人性命所系的元气，借指佛法讲的本我。

[4]拈一放一：得一样丢一样。

[5]空王：空王，即为佛的别称。后唐主李煜有诗"空王应念我，穷子正迷家"中"空王"即是此意。最有名的"空王"出自吴敬梓《儒林外史》："记得当时，我爱秦淮，偶离故乡。向梅根冶后，几番啸傲；杏花村里，几度徜徉。凤止高梧，虫吟小榭，也共时人较短长。今已矣！把衣冠蝉蜕，濯足沧浪。无聊且酌霞觞，唤几个新知醉一场。共百年易过，底须愁闷？千秋事大，也费商量！江左烟霞，淮南耆旧，写入残编总断肠。从今后，伴药炉经卷，自礼空王。"

• **解读**

禅师语录云："既肯悬崖撒手，还容尔转身觅消息耶？"黄檗无念禅师开示：求真之途不能有反复，否则会更假。要真就真到底，真真幻幻是幻，虚虚实实不是实。夸说自己十分真也是假，承认自己能力有限，有几分真说几分真，这才是真。夫子说："知之为知之，不知为不知，是知也。"就是此意。黄檗无念禅师开示我们：既然已经回转心意踏实做人，就容不得再留恋过去。一定要斩断情魔，才有新的发展。让人悬崖撒手，这是救人。有人却还要再次转身寻觅那虚幻的消息，岂非是眼望悬崖跳下云。撒手还须牵手，起身不能转身。这是禅师所事。

禅师开示：要准备一条长绳，缚住自己，再牵上自己人，谁也不许回头。这样才能阻止那妖声的呼唤把人引入万丈深渊。能自缚者，实是英雄。甘愿被佛菩萨放心牵引者，实是智者。

# 又

知公为学，无不真切，奈何执己不返，转见参差。诸佛在无中说有[1]，却向空里栽花[2]，明知故作，接引凡迷，所以造幻躯说幻法[3]，游戏三昧[4]，指众生归宝所。渠在有中寻无，譬喻醒里求梦，将己求己，岂不多事？幻有幻无，总是梦寐。思尽还源，方达无生之旨。

这里不醒，且将赵州狗子无佛性话行也无，坐也无，语默动静，总是个无。有朝无到回避不及处，失口道着，也未定在。

• **注释**

[1] 诸佛在无中说有：即佛教空观，经典为十八空。何以要学空观？行者修四念处以空法，皆应观无常、苦、空、无我。因众生身中多着净颠倒，受中多着乐颠倒，心中多着常颠倒，法中多着我颠倒。经云世间众生有四颠倒，不净中有净颠倒，苦中有乐颠倒，无常中有常颠倒，无我中有我颠倒，行者为破四颠倒故当修空观。

佛教所说十八空义指什么？《大般若经》云："复次舍利弗，菩萨摩诃萨，欲住内空、外空、内外空、空空、大空、第一义空、有为空、无为空、毕竟空、无始空、散空、性空、自相空、诸法空（一切法空）、不可得空、无法空、有法空、无法有法空，当学般若波罗密。"

(1) 内空者内法，内法空。内法者，所谓内六入眼耳鼻舌身意，眼空无我、无我所、无眼法，耳、鼻、舌、身、意亦如是。行者修四念处十二种观，所谓初观内身三十六种不净充满，九孔常流甚可厌患，净相不可得。净相不可得，故名内空。

(2) 外空者外法，外法空。外法者，所谓外六入色声香味触法，色空者无我、无我所、无色法，声、香、味、触、法亦如是。行者既知内身不净，观外所著亦复如是，俱实不净。愚夫狂惑为淫欲覆心故谓之为净，观所著色亦如我身净相不可得，是为外空。

(3) 内外空者内外法，内外法空。内外法者，所谓内外十二入（六根入六尘者），十二入中无我、无我所，无内外法。

(4) 空空者，以空破内空、外空、内外空，破是三空故，名为空空。行者先以法空破内外法，复以此空破是三空，是名空空。空三昧观五众（蕴）空，得八圣道，断诸烦恼得有余涅槃。先世业因缘身命尽时，欲放舍八道，故生空空三昧，是名空空。问曰："空与空空有何等异？"答曰："空破五受众（蕴），空空破空。"

(5) 大空者，声闻法中法空为大空，如《杂阿含大空经》说生因缘老死，若有人言是老死、是人老死，二俱邪见。是人老死则众生空，是老死是法空。《摩诃衍经》说十方，十方相空，是为大空。

(6) 第一义空者，第一义名诸法实相，不破不坏故，是诸法实相亦空。何以故？无受无著故。若诸法实相有者应受应著，以无实故不受不著，若受著者即是虚诳。复次诸法中第一法名为涅槃，如阿毘昙中说，云何有上法一切有为法及虚空非智缘尽，云何无上法智缘尽，智缘尽是即涅槃。涅槃中亦无涅槃相，涅槃空是第一义空。

(7) 有为法名因缘和合生，所谓五众（蕴）十二入、十八界等。无为法名无因缘，常不生不灭如虚空。今有为法二因缘故空，一者无我、无我所及常相不变异，不可得故空。有为法空者，有为法相空，不生不灭无所有故。

(8) 有为法无为法空者，行者观有为法、无为法实相无有作者，因缘和合故有，皆是虚妄，从忆想分别生，不在内、不在外、不在两中间。

(9) 毕竟空者，以有为空、无为空，破诸法令无有遗余，是名毕竟空，如漏尽阿罗汉名毕竟清净。阿那含乃至离无所有处欲，不名毕竟清净，此亦如是。内空、外空、内外空、十方空、第一义空、有为空、无为空，更无有余不空法，是名毕竟空。

(10) 无始空者，世间若众生、若法，皆无有始。如今生从前世因缘有，前世复从前世有，如是展转无有众生始。法亦如是，何以故？若先生后死则不从死故生，生亦无死。若先死后有生则无因无缘，亦不生而有死。以是故，一切法则无有始如经中说。佛语诸比丘众生无有始，无明覆爱所系，往来生死始不可得，破是无始法故名为无始空。

(11) 散空者，散名别离相，如诸法和合故有，如车以辐辋辕毂众合为车，若离散各在一处则失车名。五众（蕴）和合因缘故名为人，若别离五众（蕴），人不可得。离欲，见诸法皆散坏，弃舍是名散空。复次诸法合集故各有名字，凡夫人随逐名字生颠倒染著。佛为说法当观其实，莫逐名字，有无皆空。如《迦旃延经》说，观集谛则无无见，观灭谛则无有见，如是种种因缘是名散空。

(12) 性空者，诸法性常空，假业相续故似若不空。譬如水性自冷，假火故热。止火停久，水则还冷。诸法性亦如是，未生时空无所有，如水性常冷，诸法众缘和合故有，如水得火成热。众缘若少、若无，则无有法，如火灭汤冷。

(13) 自相空者，一切法有二种相，总相、别相。是二相空故，名为相空。以无相、无作、解脱门故名为空。诸法实相，无量无数，故名为空。断一切语言道，故名为空。灭一切心行，故名为空。诸佛、辟支佛、阿罗汉，入而不出，故名为空。如是等因缘故是名为空。

(14) 一切法空者，一切法名五众（蕴）、十二入、十八界等，是诸法皆入种种门。所谓一切法有相，知相、识相、缘相、增上相、因相、果相、总相、别相、依相。

(15) 不可得空者，有人言，于五众十二入十八界中，我法、常法不可得故，名为不可得空。

有人言，诸因缘中求法不可得，如五指中，拳不可得，故名为不可得空。有人言，一切法及因缘毕竟不可得，故名为不可得空。

(16) 无法空者，有人言，无法名法已灭，是灭无故，名无法空。复次有人言，过去、未来法空，是名无法空。何以故，过去法灭失，变异归无。未来法因缘未和合，未生、未有、未出、未起，以是故名无法。又无为法，无生住灭，是名无法。

(17) 有法空者，诸法因缘和合生，故无有法，有法无故，名有法空。现在及无为法空，是名有法空。又观知现在法及无为法，现有是名有法，有法为空，故为有法空。又有为法生住灭，是名有法，有法属空，是有法空。

(18) 无法有法空者，取无法、有法相不可得，是为无法有法空。复次，观无法、有法空，故名无法有法空。生无所得，灭无所失。除世间贪忧，故是名无法、有法空。有法、无法二俱空，故名为无法有法空。

[2] 空里栽花：比喻不现实、不可能。有时借来说神通。

[3] 造幻躯说幻法：即幻幻为真法门。

[4] 三昧：三昧是佛教用语，也译作"三摩地"、"三摩提"。三昧是佛教的修行方法之一，意为排除一切杂念，使心神平静。如何集中精神，可分为两种：一是与生俱来的能力即"生得定"，另一种是因后天的努力而使集中力增加，即"后得定"。前者靠积德，后者靠修行而得。《十住毗婆沙论·卷十一》载"三昧乃四禅（四静虑）、八解脱以外之一切定；又言三解脱门（无漏之空、无相、无愿三昧）和三三昧（有觉有观定、无觉有观定、无觉无观定）称为三昧。"。

### 念佛三昧

念佛三昧有二种：一、一心观佛之相好，或一心观法身之实相（此二者即观想念佛），或一心称佛名（称名念佛），修行法，谓之念佛三昧。是因行之念佛三昧也。二、为此三种之因行所成，如心入禅定，或佛身现前，或法身实相。谓之念佛三昧。是果成之念佛三昧也。因行之念佛三昧谓之"修"，果成之念佛三昧谓之"发得"。观无量寿经曰："于现身中得念佛三昧。"又曰："见此事者，即见十方一切诸佛。以见诸佛，故名念佛三昧。"念佛三昧经七曰："念佛三昧，则为总摄一切诸法，是故非声闻缘觉二乘境界。"智度论七曰："念佛三昧能除种种烦恼及先世罪。"

### 金刚三昧

金刚三昧者，最后最上三昧也。譬如金刚，净见无碍，生灭出没，如坐四衢观诸众生去来坐卧。譬如金刚，摧破烦恼，终不生念我能坏结。般若家言：金刚三昧，唯是实相。

以一实相，遇法遇行，无不摧破。则修金刚三昧也已。

## 一行三昧

一行三昧者，菩提非智，烦恼非惑，而实相同。四谛非以谛证，非以智证，而平等得。第一义谛分别都空，一相无相是为定相。尘尘沙界，都现太平，一色一香，无非中道，不将迎于一法，亦不远离于一法也。于此有疑。金刚三昧，破坏于一切，一行三昧，收容于一切，岂非相反，何可相成？然无疑也，皆无想也。说此无想法，是诸法除遣，即此无想法，亦诸法不背。但能无想，兀兀腾腾，不着一念，瀑流恒转，揩不相随，则破坏与收容，无相妨碍。

• **解读**

禅师语录云："幻有幻无，总是梦寐。"黄檗无念禅师开示：幻想中生，幻想中灭，这些东西根本就不存在，只是梦在捉弄人，岂可当真，何必失落？世人生活在幻想中，听见爆竹觉得热闹，看到彩虹就想上桥，殊不知那悬在空中空捞捞的东西连自己都保存不了，怎能给人真实的需求？求真者务实，务实者避虚。种种不可证、不可为之事，远远绕开，不可好奇。猴子一好奇，就被人当猴耍，耍猴的人本身就是猴戏。观戏自快者很快自家入幕中。天地是一块大幕，好耍弄者全部收进来。处世实难，难在分不清真假，看不出有无。雾里观花美，雾散是假花。梦里做事不清，醒后更不清。禅师开示：真实不幻，谓之佛法。学佛做什么？无非是打掉妄念。这是禅师所示。

禅师开示：当于座旁设一个大袋子，上书二字：幻觉。从早到晚安坐不动，但凡有事来，掂量一番装进去。但凡有人来，掂量一番装进去。岂不快哉。

# 又

来教云,他死明明,吾生昧昧,不知果,何所考?观公志虽坚确,错向门外去也。只在形迹上用工,要望临行得力,何可得哉?不惟难敌生死,偶逢利害毁誉,心不惊恐颠倒,自难信也。

近时学者,不服本色钳锤[1],所以劳而无功。海内诸公虽多好学,只用见识引证名言注解道理,何曾切为生死。若与相处,连道他三个不是,心火已有八分不快。古云:"谈真则逆俗,顺俗则违真",岂虚语哉!昔沩山问仰山,汝回光返照,那里是你解处?仰云,某到比无圆位,何处有解献和尚?沩云,才言无圆位,就是汝解处,谁肯无也?若恁么见,总是能所。心在触着病,发信位显,人位隐在。

公既错爱,不觉葛藤。如许石公所集摄录纯是理路,义句新鲜,原从见识中流出,所以见之无不契合,如子见母,不觉合为一体[2]也。老僧没意智,不会织造[3],只有个栗棘蓬,当面放着,不但公不肯咬嚼,人人望影而退。古宿剩语数段奉览,倘肯栽种展转流行,恐有没量汉子不顾性命望空一跳[4],未可知也。

- 注释

[1] 本色钳锤:本色锤炼。

[2] 如子见母,不觉合为一体:即返婴还神,元气归一。道家语。本处借指明心见性。

[3] 老僧没意智,不会织造:禅语。指没脑筋,不会编造花样,意思是守拙。

[4] 不顾性命望空一跳:禅语。指跳出俗套。

## 上帙　黄檗无念禅师复问

• **解读**

禅师语录云："谈真则逆俗，顺俗则违真。"黄檗无念禅师布施大众，在此吐露禅家真言，庄严开示佛法：求真理就不能有俗念，真的容不得假；顺从俗世就与真理违背，永世不得翻身。世人学佛为求财，求官，求名求利，这是何等可笑。至于求子者要好些，但也要看各人福报。什么叫"谈真则逆俗"？讲的是：一谈到佛法真理就与凡俗不同，往往刚好相反。比如，世人都以"多"为富，禅家却以"少"为富，以"无"为至有。再比如，世人都以闪光者为宝，禅家却以朴实无华者为宝。总之不与俗同。正因为不同，这才跳出世俗偏见发现真知，打破虚幻镜剥出真身。什么叫"顺俗则违真"？讲的是：一旦顺从世俗的需求就会迷心夺意，违背真理的道路。真理的道路是得救赎，世俗的道路终点是坟墓。古来英雄俱在荒邱之中，唯有大觉悟者方能得到真正的人生。这是禅师所示。

> 禅师开示：铁坟铁心人，不如无心的过客。走过世上云烟，独坐山巅。做一株雪莲，奇香不自失，奇香任人求。这是善道。

## 又

深山寂处，久不闻动静何如，年来狂丑犯顺[1]，举国怀忧，时赖长城威伏，使林泉野衲，高枕忘缘，总仗维持之力耳。

昔阳明先生奉命征讨，每遇行兵之际，辄自提撕，无不得力。故云外寇既除，内贼随剿[2]，观此老一动一静，念兹在兹[3]，虽颠沛流离，亦不忘却己躬下事，诚所谓痛为生死，借世炼心，不离杀场而证菩提榜样者也。

居士乘悲愿力[4]，示现阎浮[5]，为大地众生作眼目者，寄迹宦途，栖心禅理，深造其源，脚踏实地，山僧服膺久矣。忽地经此利害之场，正得以照察玄微，不识于利害，两种关头果得一如否？果无触扰否？拂意之事卒然至时，果得如幻如化否？果然主人公不乱方寸否？透得目前这一着关捩子[6]过，虽百千万亿着亦只如此，又云昔年望侍郎不得，今侍郎望昔年同在荒山又不可得也，观此说话，欣厌未忘，分作两重公案看了。若得会，万法唯心，动静一如。历仕居乡皆无不可，故孔子一契斯旨，便云朝闻道夕死可矣。他因洞彻本源，便开口说大话瞒人，亦未有甚奇特处也，秪在剿绝内贼，毋使外驰而已。

近时学者病坐驰求，出语尖新，落笔轻捷，处处疏通，字字花美，卒尔些微拂意，便即手足无措，方寸早已乱了，一毫皆不得力，何故？盖自己未能彻证源头，脚跟不曾点地，一向只与人作个传话汉耳。

小修公久息音问，不审迩来掺履何如？谅渠与居士个中人。凡有新出商量，望以示我。近得商令潘公拳拳以佛法见教，不至寂寞。其人侠骨刚肠，英才豪气，真不可及。倘得附洪炉冶铸[7]，法门梁栋，定无疑矣。

· **注释**

[1] 年来狂丑犯顺：这是禅师在谈时事，当时明朝边疆被侵。流年不顺叫犯顺。

[2] 外寇既除，内贼随剿：禅语。意思是通过学佛身心安顿，内外和谐。外寇指外部干扰，内贼指内心不安。

[3] 念兹在兹：儒家祭神术语，孔子说"祭神如神在"。本处借指信佛无杂念。

[4] 悲愿力：即慈悲愿力，慈悲有大愿力。

[5] 阎浮：阎浮世界的省语。阎浮亦称"阎浮提"、"南阎浮提"，为须弥山四方的四洲之一。即位于南方的南赡部洲，上面生长许多南赡部树。"阎浮"即"赡部"，树名。后泛指人间世界。

[6] 关捩子：俗语，关口。

[7] 洪炉冶铸：道家语，本指修炼金丹，借指学佛之人磨炼心性。

· **解读**

禅师语录云："万法唯心，动静一如。"黄檗无念禅师开示：佛法千万，都讲的是一个阐发心性。心里面有佛，佛里面没心。进入空明境界，无论做什么都可以，即"动静一如"，动静都一样。什么叫"心里面有佛"？意思是即心即佛，佛即是心，心即是佛。每个人内心都有佛性（善道种子），众生都有佛性，有的禅师说的好："狗子也有佛性"。无论被人瞧不起，还是被人抬举，众生平等，因为都有佛性。什么叫"佛里面没心"？指佛菩萨并没有常人所谓的心，人不能用自己的心去对应佛菩萨，对应一万年也不会有感应。所谓菩萨心肠，是人自以为是的假想。佛菩萨的慈悲不会搞廉价批发，也不会如人所愿，如人所想，一切都得照"报应"二字来。因此，躁动不安也无用，一味死静也无用，只要守住了一颗佛心，自然会发出果愿，就会有感应，无论在哪里都收得到，不论白天黑夜，坐卧行走。禅师说"万法唯心"，是万法归心的意思。说"动静一如"，是动静一体的意思。体不离相（实体不离外相），是内外兼修的法子。这是禅师所示。

> 禅师开示：动则生事，静则生闷。修行人既不生事，也不生闷，而是在动静之间取一个中，凡事出自内心的佛性，那么挥洒有佛光，言语有莲花。

## 第三卷 复问

# 复梅司马长公

来谕中，谓一切看破，已得大自在法[1]。既看得破，火喷喷的[2]，战兢兢的[3]，无非幻妄，又有何静可守？何闹可厌？若有静闹可分，终是大梦未醒。又云醉人不怕虎，正得无知之力。既有无知之力，可得毕竟还属寐语，只有筋骨痛时，甚不好戏处，勉强做去，日久月深，习惯机忘，豁然贯通，随处逍遥[4]，到此地位，便好游戏三界，借幻躯作幻戏。单栖不觉寂，群聚不觉扰。说话忘口，下笔忘手，便是无心，三昧造化属我矣。这段事人人有分，只因执贤愚巧拙，分为限量，造为己有，认着形器，要常住世，所以我是他非，岂不谬哉！此处醒悟，得孔氏耳顺[5]，即我碍膺之物化矣。

• 注释

[1] 大自在法：佛教语。谓进退无碍，心离烦恼。《法华经·五百弟子受记品》："复闻诸佛有大自在神通之力。"后多用指自由自在、无挂无碍的境界超凡脱俗。

[2] 火喷喷的：形容人欲念升腾。

[3] 战兢兢的：形容人处世心生恐惧。

[4] 逍遥：道家术语，原指肉身成仙，经蜕变，进入比现有生命形态更高一级的生命形态。本处借指得自在法门。

[5] 孔氏耳顺：孔子说六十而耳顺。本处借指得圆融法门，与人和谐相处。

• 解读

禅师语录云："若有静闹可分，终是大梦未醒。"黄檗无念禅师再次说动与静，说梦与醒，足见是修行人的一个大问题。黄檗无念禅师开示：不能强分动静，心如明月，月出要自然。如果强行分别动静、是非、善恶，往往适得其反，闹个不休，反而是痴人说梦，看似醒转，其实陷入了更大梦魇。白天与黑夜不是瞬间分开，蹭有个黄昏黎明。生死阴阳界线有时是平行线，不用跨越，已经格到一边。闹中取静是良策，静中有动是聪明。以动为静是高手，以静为动是圣人。有动有静是战士，无动无静是无生无灭的佛真身。

> 禅师开示：大梦未醒时，抽掉他的床板看看如何！丧失了做梦的依托，什么梦都会醒来。

## 又

来云，日在戈戟场中，横冲直撞，见客如牛头马面，请酒如下油锅，不胜热恼。忆昔有言，醉人不怕虎，自得无知之力。此句说话真可为击烦恼山之钳锤。今观此说，则首尾天渊，前后不相照应矣。若是亲达无知之境[1]，了无彼此之相，不属意识[2]，不蓄是非，那讨苦乐二边，但循世缘，随机应物而已，又有谁受苦乐，谁耽忻厌耶？大都只作譬喻，说过去了，总未真达无知之旨耳。

僧数十年前闻说有个佛可成，便谓成佛后独超物外，另有神通变化，如意乐事，所以愤鼓妄想，沸起驰求，磨裈擦裤，遍历艰险，忽被几度掀天扑地的恶煞逆境照破，顿使空劫积习，人我高山，是非棘林，无明恶觉，欻然荡尽，始亲见得众生是佛之功德母，佛是众生之慈悲父，了无弃取，方得四楞蹋地[3]倒向众生队里掺炼己躬，未尽之阴气[4]，年来才得一星之力欲，共一二铜头铁额汉，鼓扬法化，用了私心，奈何不堪共行，终泯残喘于冰崖而已。

门下英俊不群，惟不忘本，誓趁此大明之下，拔得三两灵裔出来，续远佛灯，感荷感荷。

## • 注释

[1] 无知之境：道家术语，原指俗见一空，不被礼法约束。本处借指打掉了知见障，依佛性为人。

[2] 不属意识：五蕴空了之后进入离相的真空状态，没有意识，但是本体感加强。

[3] 四楞蹋地：四方蹋地。禅语，比喻放下我执。

[4] 阴气：即阴魔气。佛性种子被外气包围，沾阴魔为阴气，得佛缘为祥瑞之气。

## • 解读

禅师语录云："众生是佛之功德母，佛是众生之慈悲父。"黄檗无念禅师开示：众生与佛是一个互相供养、互相成就的关系，相互储存，不离不弃。打个比方，众生里面生出佛（佛陀曾为人），对于佛来说，众生是母体，是有生养关系的无上功德。同样地，对于众生来说，成佛是其使命，是其最终前途，不成佛的众生将走向不可知的黑暗境地，成佛是唯一前途，佛法广大，佛力无边，佛光普照，佛心慈悲，专门为普度众生而来，好比严父，因此可以说是众生的慈悲父。如果有人要问到底，到底鸡生蛋，还是蛋生鸡？《金刚经》有答案，一切众生的产生方式众多，"卵生"是其一。万物自化，卵中生育众生，包括鸡。答案是蛋生鸡。鸡仿照生命由来，借以延续生命，鸡又生出蛋，进入生生不息的循环。那么空间是众生生出佛，还是佛生出众生？《无量寿经》有答案，一切佛都是众生中产生的，是众生生出佛。这个答案令我们更加自信，明白了佛也是人做的，我们应当奋力修持，自性不失，善地更积善，功德之上更进一功，也必然效法往圣，有自我成就的一天。

> 禅师开示：佛慈悲，是因为众生本来就有慈悲性。慈悲不是爱，所以能生出爱。慈悲不是怜悯，所有满有怜悯。太阳只是一团能量，逃逸而出的叫做光。他不动不摇，不生不灭，无百万无喜，世上一切都看在他眼中，因他天性回报纯益本，故有慈航普度，牵挂一切众生，给予祝福。

# 又

　　来去人命在呼吸间，此语真切，世人都只把做说话，忽略过去了。不是自家经历，几番利害，世情怎么冰冷得来[1]。所云昨日的今朝不见了，早辰的下昼不见了，不是梦醒，焉得亲切。朽[2]谓随说随了，又有谁说谁记？若有可说可记，是分外的事。回头猛醒，赤条条[3]地又有何事？只因今人要明心见性，要识西来大意[4]，这总是事[5]。若真无事者，饥来吃饭，困来打眠，应用随缘，不留朕迹，这才是本色道流。又云梦白昔在山中望侍郎不得，到今日侍郎望山中又如何得到，尽行说透了，只恐到己分上又轻放过。前长孺居辽阳，寄我书云，这番归来，幸虚我一榻，以了余年。及至抵家，整日应酬人事，那得闲工夫，干办自己事。来如张江陵视天下为一己，不复思有身家，才得洪流远大，名垂不朽。

　　今人之用志在恩子荣名，总之私欲心在防患过甚，故两失其全也。今观此老，世所罕有，不审于己躬下安身立命，以居士慧眼观来，可有下落否？又李长者英敏过人，下笔无渗漏，识浪滔天，凡读其书者无不受益，总是依通侠气，不化此真侠骨，见解者所使的样子也。延伯一生，妓妾满室，从朝至暮，无片刻宁静，及至死苦临头，一毫受用不着。这是积凡财欲，被财欲所使的样子也。当急看破，惟不能看破，所以积凡财欲的被财欲所使，抱识见的被识见播弄，不知无事是究竟法。

　　居士云，先帝甫一月而疏通数十年，废滞又去之太速，他能以一月之间，了数十年弊病。又以一日之间，了人生百岁缠缚大了，当人生灭之场肯久恋耶？这段葛藤，望居士一刀截断，免绊后人。

• 注释

[1] 冰冷得来：醒悟得来。由热闹转清静，因此叫冰冷。

[2] 朽：即老朽，禅师谦称。

[3] 赤条条：禅语。意思是不染色，不着相。

[4] 西来大意：即佛祖本义。佛祖本义是觉悟众生。历代禅宗公案屡见不鲜。

"问何为祖师西来意？"沩山禅师答："与我将床子来。"赵州禅师答："庭前柏树子。"看是言不对题，其实都揭示了禅宗"不可说"的宗旨。

[5] 这总是事：过分追求反而成问题了。

• 解读

禅师语录云："妓妾满室，从朝至暮无片刻宁静，及至死苦临头，一毫享用不着。"黄檗无念禅师打了一个比，开示说：人心不能被欲望牵走，好比好色之人，一屋子都是女人，到临死之际，一个都带不走。好色之人当痛彻地想：她不同我生，她不同我死，只是中间偶尔肉体相接，有何情在？有何缘在？有何恩在？有何义在？别说妓妾，父母命定、明媒正娶的夫妻也是大难来临各自飞，想管也管不了。当初佛陀为太子，如果舍不得他的王妃，就不会有后来的圆满成就。这个比方好，禅师开示：色因缘是苦因缘，吃盐不可能解渴，吞吐铁不可能解饥，满眼是色不可能解馋。人心不足蛇吞象，贪欲之心让人自己把自己毒死。想，又得不到；到手，又嫌多，又不能消化；唯有毁掉一切然后自毁。欲望是毒药。修行人不是服毒人，是解毒人。最好的解毒办法是不去碰。已经碰了再去解，越解越深。修行人自危其行，不敢放纵自己，这是没办法的办法。这是禅师所示。

> 禅师开示：男人忘了自己是男人，女人忘了自己是女人，世上才有真男人，真女人。无欲得足，无色得全。佛性要自坚，不要自毁。

## 又

得失成败，物之性也。众生不能洞达，一向迷己逐物，不免被五行管定[1]。然而顺则生，逆则杀，生杀循环，何有穷极。大丈夫汉须与世别，若依然逢顺则喜，遇逆便忧，又何与于造次颠沛之旨乎？

如秀才不经岁考，莫辨优劣。官吏不经考察，莫别贤愚。学道人若不经几番拂逆事[2]，安能识其的当此正利害卒，尔面前宜着精彩看，果到尽致之地否？还被境物夺得否？且世之稍有识见者，便知得为失本，成是败因，况生平以大事为己任者，岂随得失成败流动乎？

居士昔云，昨日的今朝不见了，早起的晚上不见了，此语透骨彻髓，非亲证一番不能有是妙论，然此火灾非无因突出，既当垒卵之世，居士乃社稷生民所系，上帝[3]以是试刚健。也未须具只眼，莫作等闲忽略过去了，经世出世只在一星间耳。

今日三十，明朝新正，事物循环，无乃首尾相换而已。于一真灵明[4]有何增损？快快抖擞精神，裂开见网，割断情根，放出无碍大光明藏，照破五蕴山头，元来是个淡蒲斋[5]。多买爆竹，广办珍馐[6]，过个奇胜新年，岂不美哉。

- 注释

[1] 五行管定：被现世约束。

[2] 拂逆事：不如意事；身处逆境。

[3] 上帝：上天。汉译佛教讲的上帝是借用汉人本来的词，汉人有上帝概念，佛教没有上帝概念，没有最高神。

[4] 真灵明：真实本性。真灵明即真灵，道医术语。即真灵之气。古人谓此存在于广袤的宇宙之中，是具有原始生命机能，能化生万物的精微物质，为万物之本源。《素问·天元纪大论》："太虚廖廓，肇基化元。布气真灵，揔统神元。"

[5] 淡蒲齑：禅语。淡味的调料，比喻平常人生。蒲与齑都是调料。

[6] 多买爆竹，广办珍馐：禅语。意思是随喜大众。

• 解读

禅师语录云："得为失本，成是败因。"黄檗无念禅师开示：得到是推动的根本原因，成功是失败的直接关系。此即"因得成失、因成生败"之意。为什么会"因得成失"？没有得到就没有推动，今天的得到意味着明天的推动。出现是消失的预兆，生命是死亡的预表。修行人看到这种现象耸然一惧，决心寻找生命之解脱，因他跳出轮回，又可称不死之生命，是真生，不是幻生。佛陀为太子时，日日见生老病死上演，触目惊心，因此走上了另一条道路。佛陀是不幸的，众生灭后我才生。佛陀又是幸运的，我生之后众得一成佛。不再有生老病死，不为得到什么而生，也就不为失去什么而死。不再追求眼前的成功，也就不会有身后的失败。在环环相扣的报应中，忽然源头撒手，那条崩得梆紧的链条就自己松下来了。解脱不是挣扎，而是从源头解套。这是禅师所示。

> 禅师开示：用绳子把绳子捆起来，用锁把锁锁起来。让一切作茧自缚者绕圈圈，解脱者不再看一地鸡毛，当奋勇前行。

# 复王司空墨池

　　昨从梅开府处，闻尊台清净无为，不被五欲八风[1]所吹，乃是灵山付嘱[2]，愿力下生。现宰官身，寡欲自居五浊世[3]中，万无一矣。再有何法可说，又有何可印证？

　　众生迷己逐物，背觉合尘，分外贪求，更设王法。以平等心[4]不许分外。各得安乐，故名正法。只因日久成弊，不知寡欲，是道各逞私心，以公取私，以强欺弱，便生多事。四海九边，原自清净，无辜欺取私财，惹起干戈，伤害天理。风雨不时，黎民困苦。我佛又设缁衣，弃欲割爱，隐处岩穴，作人标榜。不料日久狂澜炽起，一伙瞎秃[5]捏目生花，拈捶竖拂，拟古代颂，名之曰禅曰道，良可太息。

　　古云，因禅至病者多有，病在耳目者，以瞪眉、努目、侧耳、点头、为禅；病在口舌者，以颠言、倒语、胡喝、乱喝为禅；病在手足者，以进前、退后、指东、划西为禅；病在心腹者，以穷玄、究妙、超情、离见为禅；据是而论，无非是病。惟本色宗匠，明察几微，目击而知其会不会，入门而辨其到不到，然后用一锥一挡，脱其廉纤，攻其搭滞，验其真假，定其虚实，而不守一。方便昧乎变通，俾终蹈于安乐，无事之境既到，此境又何印证[6]之有？若谓实有印证，失却本来清净矣。

　　幸者，居十门中间出英豪，乘夙愿力，赤沥无染，借王道而兴佛道，则吾宗量不息矣。

## • 注释

[1] 五欲八风：泛指一切内外干扰与苦恼。五代南唐泉州招庆寺静、筠二禅僧编的《祖堂集》："无所辩，心无所行，心地若空，慧日自现，犹如云开日出相似。俱歇一切攀缘，贪嗔爱取，垢净情尽。对五欲八风，不被见闻觉知所缚，不被诸境惑。"

### 五欲

《华严经随疏演义钞》卷二十七及《大明三藏法数》卷二十四，别称财欲、色欲、饮食欲、名欲、睡眠欲为五欲。此五欲能破种种佛事，如箭害身，故以五箭喻之。又，《大智度论》卷十七云："哀哉！众生常为五欲所恼，而犹求之不已。"

### 八风

《起信论》主张通过施、戒、忍、进、止观五门发起大乘正信，其施门说"亦当忍于利衰毁誉称讥苦乐"。"八风"是使人心动摇的八种障碍物：利、衰、毁、誉、称、讥、苦、乐。合己意或不合己意——利、衰，暗中毁谤或赞誉——毁、誉，当面称赞或讥嘲——称、讥，身心的烦劳或快乐——苦、乐，这八种东西能煽动人心，所以叫"八风"。"八风"大体上可以分为净秽二类。"八风吹不动"，即不为这八种障碍物所左右。

禅宗对"八风"的超越，是建立在般若空观基础上的不二法门式的超越。禅宗认为"八风"最能磨炼性情。《最上乘论》："五欲者色声香味触，八风者，利、衰、毁、誉、称、讥、苦、乐，此是行人磨炼佛性处。"禅宗对"八风不动"的修行境界赞赏有加："定者对境无心，八风不能动。八风者，利、衰、毁、誉、称、讥、苦、乐，是名八风。若得如是定者，虽是凡夫，即入佛位。"《顿悟入道要门论》卷上"安耐毁誉，八风不动。"《永嘉集》"对五欲八风，不被见闻觉知所缚，不被诸境惑，自然具足神通妙用，是解脱人。"《祖堂集》卷十四《怀海》对"八风不动"的悟境，禅宗创造了很多喻象来加以象征。如：

"无漏岩"："寒山无漏岩，其岩甚济要。八风吹不动，万古人传妙。"《全唐诗》卷八〇六寒山诗"八风吹不动，千古镇常安。"《从容录》第十九则禅者常说"八风吹不动天边月"，即是指晶莹如月的本心不为八风所动。黄庭坚《代书寄翠岩新禅师》："八风吹得动，处处是日用"。则是在寒山子诗后下的一转语，谓虽遇八风，置身其中却不为所染，是更高的超越境界。

"珍宝山"："八风吹不动者，真是珍宝山也。"（《最上乘论》）

"不系舟"："知心非心意非意，八风伤逼岂怀愁。随风东西无我所，独脱逍遥不系舟。"

(《善慧录》卷三)

"盲人视物"："二六时中，对五欲八风，如盲人视物。"(《续古》卷二《法昌遇》)

"祖灯"："问：'如何是祖灯？'师曰：'八风吹不灭。'"(《传灯》卷二十三《横龙》)

[2] 灵山付嘱：佛祖叮咛。佛祖住灵山，因此以灵山代指佛祖。佛祖在西牛贺洲天竺灵山鹫峰顶上修得丈六金身。神通广大，法力无边。本是古印度加比罗卫国的王子乔答摩·悉达多。后外出修行，终成正果，创立佛教。

[3] 五浊世：佛教认为人世间是五浊世间。

一，众生浊。谓众生多诸弊恶，不孝敬父母尊长，不畏恶业果报，不作功德，不修斋法，是名众生浊。

二，见浊。谓正法已灭，像法渐起，邪法转生，邪见增盛，不修善道，是名见浊。

三，烦恼浊。谓众生多诸爱欲，悭贪鬪诤，谄曲虚诳，摄受邪法，恼乱心神，是名烦恼浊。

四，命浊。谓往古世时。人寿八万四千岁，今时人寿转减，百岁者稀，以恶业增故，寿数短促，是名命浊。

五，劫浊。劫，梵语具云劫波，华言分别时节，谓减劫中，人寿减至三十岁时，饥馑灾起；减至二十岁时，疾疫灾起；减至一十岁时，刀兵灾起；世界众生，无不被害，是名劫浊。

[4] 平等心：指众生平等，人与佛也平等。平等心是一个舍受的概念。舍受就是指不苦不乐受。在受到二痴根心，舍俱掉举相应一心以及舍俱疑相应一心的作用下，无法产生和悦受以及忧受相应。和这两种心俱行的受就是舍受。平等心是指殊胜的舍心，不会因为偏爱而动摇的心。

论藏注解：舍俱：即使是面对可喜所缘（目标），若生起的是痴根心，该目标的体验则不再是可喜，由此悦受也就不会生起。同样地，当不可喜所缘不被体验为可厌时，忧受也不会生起。再者，当心受到疑或掉举困扰时，它无法对目标下个正面或负面的判断，由此它不能与悦受或忧受相应。基于这些原因，与这两种心俱行的受是舍受（upekkha）。

在巴利圣典里，upekkha 一词常用以代表殊胜的舍心或平等心，即不会受到不平等或偏爱动摇的心。然而，在此这一词纯粹用以代表"舍受"，即心不倾向于愉悦或不乐的感受。舍受与感受目标两端的乐受和苦受相反，它以中庸的方式感受目标。由此舍受也称为"不苦不乐受"。

[5] 瞎秃：瞎眼和尚。和尚骂和尚，这是禅师的自省语。

[6] 印证：又称证悟，常用参学手段。分自证与他证。

## • 解读

禅师语录云："各得安乐，故名正法。"黄檗无念禅师开示：佛法让众生各自归正，所以叫正法。佛法即归正之法，还原之法，守形守意之法。是魂魄归纳法，与让人魂飞魄散之魔法不同，专克之。众生本来安乐，因自性迷失，变得不安乐。明明不苦，自己找苦，平地生苦，所以极苦。苦境还需苦人救，当日迷失走几步，今日回来还是走几步。当日欠人家多少，今日还人家多少。因果报应，毫发不爽。要得众生安乐，先要晓得极苦。极苦转极乐，全在一念之间。善人有善地，心地好，那么境地就好。这是禅师照佛法所示，有益于众生。

> 禅师开示：东南西北四块田，轮番耕耘，一起收获，就都是向阳宝地，无有纷乱事。

# 又

来云，病瘥药除，还他赤子，无事可道。又何有望州亭乌石岭之名也？若论己躬，有甚么事？如人梦醒，返思梦景，原无实事，这里了知还元[1]，眼不见眼也。

古宿道，座上无老僧，目前无阇黎[2]，有甚么相见？这话似拖泥带水不少，在居士分上首尾一贯，动静如常，岂不闻未出母胎，度人[3]已毕。未开口时说法已周近代。时人不识自心，将粥饭气作禅道传人，如穷子出门，背父逃走，转求转远。

唯有居士脚踏实地，不被物染，从幼至今，无欲无依，了事凡夫，自无寸丝可挂。便与万像[4]为主，借三界为戏场，转识海[5]为性海[6]。这葛藤望居士猛着精彩，把慧剑绝却老朽命根，真报佛恩也。

## • 注释

[1] 还元：道家术语，返先天，一气复原。本处借指见性。

[2] 阇黎：阇黎，一译作"阇梨"，梵语 acarya "阿阇黎（梨）"之省也，意为高僧，也泛指僧人、和尚。

[3] 度人：度化人，使之觉悟成佛。

[4] 万像：即万象。佛法说一切有情万物的本质是自性，认识自性的基础是真如，也就是意识的最基础点。这里强调的是意识对自我判断，而不是如何看外物。佛法说众生万象都是一体、来源于一的，众生皆具如来智慧德相，而因无明妄想蒙蔽而不能证得。

[5] 识海：即欲海。

[6] 性海：即真实佛性。因佛性广大，故称性海。《华严经》说："四生九有，同登华藏玄门，八难三途，共入毗卢性海。"释迦牟尼得道成佛，最主要的是普度众生，同登华藏玄门，共入毗卢性海。华藏玄门，是一真法界的大总持门，毗卢性海，是如来藏心的妙庄严海。就是要祝愿人人成佛，个个得道，成就无上正等正觉。何谓性海？佛祖曰："山河大地，皆依建立。三昧六通，由兹发现。"

## • 解读

禅师语录云："未出母胎，度人已毕。"黄檗无念禅师以佛法开示：佛爱众生，众生还没出母胎，就已经得到了超度救赎。佛法奇妙，从因救果，从源清流。救其子必先救其母，养其生必先养其未生。这与世上救赎根本不同。世上救赎是救了又扔，成了又毁，赎了再典当，最后彻底卖光，任人拿去。佛法度人是救彻底。总是从源头下手，故能以其细成其巨，解其难还其易。不在后天打滚，功在先天。如若你知道必得救赎，便知佛言不虚，自此以后当精进，不负所托。这是禅师照佛法真诚开示。

> 禅师开示：佛母生佛，自己也成佛了，她等于把自己也生出来了，好大因缘！

# 复潘兵部昭度

蒙赐谕，愧薄世缘，不敢走侍。此件事非凤植德本，莫能担荷。愚见须喷地猛醒，何有待时？今德民化物[1]之际，不落思议，此真无作妙用，无可比。况古谓千圣不传[2]，参寻不到[3]，聪慧不及，亦是朽衲数十年分疏不下处，此中绝无形名，那有朝闻夕死之说乎？

谕中谓从疑得悟，读至此不胜感涕，是中果有一字商量，真成套语。佛法原无甚么说个撒手悬崖，亦是剩语。大丈夫岂肯从门入乎？惟内不立知，外不循境，反观朝闻夕死皆戏论也。

• 注释

[1] 德民化物：原为儒家语，指施德政造福于民，借指普度众生。

[2] 千圣不传：隐语。意思是千圣不传，只传一人。

[3] 参寻不到，聪慧不及：隐语。意思是参不到、悟不出，需要缘分。缘分分两种：一种是自为缘，一种借缘，都靠愿力成就。

• 解读

禅师语录云："内不立知，外不循境。"黄檗无念禅师开示：修行修行，是内修外行。如何内修？内不立知。如何外行？外不循境。什么叫"内不立知"？讲不要在内心立下什么信条、知识，一片空明最好。什么叫"外不循境"？讲不要跟着外部环境走，因循归路，只是一个走失。内不立知（智），好处在于不执著。外不循境，好处在于有主见。一个不执著，一个有主见，看似矛盾，其实统一。内不立知是大知识，外不循境有大环境。这是禅师所示。

> 禅师开示：内心一片空明，无有什么信条。这种内心映照出来的行为是合于先天本性的，待人接物只是一个本来样子，并没有附加什么东西。人生不追求附加值，价值就大。

## 又

居士与梅长公，乘般若力[1]，游戏人间，机调相投，非老朽所能测也。谕云，学道人非具侠骨不能，然谓具侠骨人能学道则可，若谓必侠骨人方可学道，恐执侠不化，终被意气驱逐，难得本体呈露。故世之贵侠骨者，以愈于龌龊、庸腐辈耳，非真侠骨可贵也。况英明特达之士，未必侠骨，又复追踪侠骨，是本体逾失也。

焦太史末路，果是本色，则繁苛尽除，岂不足佳？然与老朽交最久，独泛滥词章，担阁[2]一生，未免内有能是的心，外有所是的法[3]，将本色尽情埋没，而反以障本色者为太本色[4]，岂谓其器度寻常、少一段侠骨乎恐错认本色矣！

若果到本色田地，透悟[5]两字何处安顿？居士谓三乘教外，更有所发明乎？吾教云，上根利器，一闻便了，尚无有二，何况有三祇缘[6]、利钝不等[7]，假设教网[8]，涝漉众生，若人猛醒，总皆权喻。长公疏如镌石，倘得居士数语，则又何啻一玉带镇山门也。

令弟聪明根利，笔底尽有仙气，指日当大魁天下，为一代名儒无疑也。

- 注释

[1] 般若力：有觉悟智慧的佛力。

[2] 担阁：耽误。

[3] 内有能是的心，外有所是的法：借用理学术语，本指以外证内，借指学佛应该内

外都放下。

［4］太本色：大本色。

［5］透悟：彻底领悟。

［6］三秖缘：三根本。简称三根。指众生的三种根性，即上根、中根、下根三者，又称利根、中根、钝根。上根指根性优良，速发智解，堪忍难行，能忍妙果者；中根次于上根；下根为最劣者。《法华玄论》卷九云："能化之佛有三世益物，所化众生有于三根。……就三世分者，若过去久习无所得观，观强而烦恼弱者，于过去值释迦得悟名为上根。二者于过去习无所得观，观弱而烦恼小强，故值恶知识流浪五趣，乃至渐习善根，今日释迦出世从初出至闻说法华，皆得领悟，名为中根也。若过去习善弱而烦恼强，亦流浪五趣，然后稍习善根感释迦出世，从初生乃至法华，历闻诸教不悟，至涅槃唱灭方得悟解，如此之人名为下根也。"就声闻、缘觉、菩萨三者之优劣而言，声闻是下根，缘觉为中根，菩萨是上根。

也指三无漏根：即未知当知根、已知根、具知根，属于二十二根。《瑜伽师地论》卷二十八云："复有三根：未知欲知根，已知根，具知根。"

［7］利钝不等：根基与悟性好坏不一样。"法无顿渐，人有利钝"。

［8］教网：宗教枷锁。

## • 解读

禅师语录云："若谓必侠骨人方可学道，恐执挟不化，终被意气驱逐，难得本体呈露。"黄檗无念禅师开示：学佛者满天下都是，得真道者有几人。学佛最忌三种气：帝王气、才子气、英雄气。帝王因势力强大，自以为在佛之上，学佛往往是做样子，哄天下开心。当然也有真帝王真学佛，雍正就是。这是帝王佛。才子佳人为才情所困，学佛只为逃情，一旦又陷情爱，则视青灯为红灯。当然也有真才子真学佛，东坡就是。这是才子佛。英雄豪杰侠骨柔肠，敢为天下担当，只可惜往往分不清是非，血气所激，往往铸成大错。当然也有真侠士真学佛，谭嗣同就是。学佛君子，从容就义，是罕见的真修。一般人学佛不可沾以上三种气，侠气尤其不可沾。禅师开示：沾了侠气，就会"执侠不化"，指执著于侠义道，不知侠义道上还有更高的道；就会"意气驱逐"，指血气为人，往往激于义愤，不能深谋，不能保全众生，只是逞一时之快，反倒害了众生；就会"难得本体逞露",指见不到本性。从侠士到暴君,一步而已。荆轲刺秦,以暴刺暴,双方的性质是一样的。佛法是和平法,佛的道是仁道,是善道,佛的心是慈悲心。不逞匹夫之勇,救世才有神勇。这是禅师所示。

> 禅师开示：和尚门下有教无类,唯独不收侠士。若有侠士拜门,终成鲁智深,不可招惹。若不收拾狂性,满身本事无非取祸的根本。学佛人往往偏了,多半偏于狠毒,宜戒之。

上帙　黄檗无念禅师复问

# 复喻文学淑余

正悬慕间，得中海书，道足下于学问地中悉具超宗[1]，令朽人不胜加额，但不知于世出世法、凡圣位中已入平等三昧否？若证此三昧，我根先灰，不见人相。既绝人我，比量都无。中间自无迷悟、圣凡、同异、颠倒、分别等事，正好与世浮沉，无非自在。亦不妄执此见。若有毫尘不化，即是圣证无明生死株裔，恐他日翻为增上，慢魔[2]挦入，不无干湛。寂海中鼓起波涛，妄构是非，使吾人于内外凡圣等法中，总不自在，先圣诃为蕉芽败种[3]是也。

• 注释

[1] 悉具超宗：在学问上各方面都具有超凡智慧。

[2] 慢魔：侮慢魔简称，指息慢佛法。《大智度论》卷五载，除诸法实相外，其他一切均为魔。《瑜伽师地论》卷二十九列举四魔之说，即：（一）五蕴能生起种种苦恼，为夺命之因缘，称为五蕴魔，又作阴魔、蕴魔、五众魔、阴界入魔。（二）能招感从生至死之烦恼，称为烦恼魔。（三）"死"本身称为死魔。（四）障碍解脱生死者，称为天子魔，又作天魔。又四魔加上"罪魔"，则为五魔；四魔加上无常、无我等四颠倒心，则为八魔。

[3] 蕉芽败种：禅语。种子已经坏了的芭蕉芽，比喻根基受损，亟待修复。佛经中，释迦牟尼佛经常呵骂阿罗汉，说他们是"焦芽败种"，自私自利，应该向菩萨好好学习。

• 解读

禅师语录云："若有毫尘不化，即是圣证。""圣证"即铁证的意思。黄檗无念禅师与友人探讨佛理，说的是：要化全化，如果有丝毫不化，就是还没有悟道的证明。意在开示：一体全化，不遗分毫。化是度的前番工作，没有化就没有度。所谓"化"就是化解冤孽，将一切化开，该消的消，该留的留，命也归位，运也流通。如水长流，谓之化境。"一体全化"有两层意思：众生一体；作为众生中的一员，身心灵一体，随众生而化。这种变化是根本性的觉醒，佛经谓之"大化"。大迷大觉，大难大化。相信冥力，始定此生。这是禅师所示。

> 禅师开示：坐在尘土中，尘土又变成小尘土，有道者终不化，这才是真修。不变应万变，大化灭小化，佛法从高处猛，岂有不成就。

# 复中海禅师

接来教，知造诣非昔。读佳韵[1]，字字入圣超凡。较诸古今诗偈，更无等者。要谙本分事[2]，犹有圣证量在[3]，未得拼命一下，不免被圣证魔缚，使自不觉。祖师门中不容是事，若有一毫圣情不尽，即是我见未忘，就中妄立圣凡同异等障。

故释迦老子于雪岭六年，支离[4]总无交涉，忽睹明星[5]，顿尽空劫[6]。无明亦只点胸，低声云个"尽大地含灵，一时齐成佛道"[7]而已。看他有甚玄妙能超人处，后辈谬解，便谓佛有成道后，于祇园诸处，四十九年说法、度生等事。既雪岭睹星，大地一时齐成佛了，复立谁为佛说法？谁为众生得度？

于此处打得彻，便不坠圣凡、是非等坑，方许名无著道人[8]。不见有我人，是非亦不见，山林是静，城阙是闹，众处不繁，独居不寂，不取现证，不务当来，随缘度日[9]，缘尽归根，出入自由，不涉滞碍，便得与先圣把臂同行。若有纤尘差殊，即隔千里万里去也。

• 注释

[1] 佳韵：恭称他人诗作，本处特指禅诗。

[2] 本分事：本处特指学佛大事。

[3] 圣证量在：烦恼还在。量在，真实存在。圣证本指极其高明的见解，转指因求证带来的烦恼。佛说：暂得如是，非为圣证。不作圣心，名善境界。

[4] 支离：丁点。

[5] 明星：佛陀睹明星而成道，所睹明星被称作见性明星。又叫空劫星。

[6] 空劫：真空与幻劫，泛指一切存在，一切本体感知。

[7] 尽大地含灵，一时齐成佛道：禅语。指真性包含大地，天人合一而成佛。

[8] 无著道人：没牵挂的得道人。

[9] 随缘度日：禅语，指放下世俗追求，平常过日子，静候缘法。

## • 解读

禅师语录云："不见有我人，是非亦不见。"此时，黄檗无念禅师据《金刚经》向大众开示：一定要消除人我相，打掉是非心，方可见如来。什么叫"不见有我人"？意思就是说再也看不见自我与他人的差别。人与我没差别，那么就没贪求，没纷争，就可以放下一切走到一起。人一生下来为待乳童子，原本是没有人我差别的。在待乳童子眼中，人是母，我是子，众生有恩情，就乱了性，惑了心，生出人我相。学佛回归后，才知道几十年来未曾脱离母体半步，再有本事的人依然是个待乳童子。感恩之心使唤人回归自我真善。母子既然重新回一，人我差别就不存在。什么叫"是非亦不见"？人处世的迷惑、困扰都是因为是非作怪。凡符合小我价值观的就说"是"，反之则"非"。这种小我害人害己，是社会不和谐、家庭不和谐、人生不和谐的根源。黄檗无念禅师据经开示：打掉是非心，告别似是而非的生活，彻底放下，在本真里做人。没有非，只有是。没有坏，只有好。学佛是拨乱反正，轻轻拨动一下，化非为是，是却永远不会化为非。是就是是。之所以叫"是"，正说明了他是指南针。相信有恒定的伟力在维持天地运转，人的内心就不动摇。不动摇，就没有人我相、是非观。这是禅师所示。

> 禅师开示："是"是恒定的，客观存在的，不变的。"非"是主观意念和人的认识差别形成的，常变的。是非可在一念之差，皆为众生相。人生在世，通达客观，不为非所惑，莫道前路无知己，是非皆为过去时。

上帙　黄檗无念禅师复问

# 复毛文学玄淑

来教虽真切，奈何未步正径[1]，多被知解卜度瞒过。且蕴习太熟，开谈挥毫，不无拖泥带水。来云十年为学，病苦临头，全不得力，如此说话，好如欠债怨财主，何也？若有真学道不得力者，诸佛都成诳语，历代祖师悉是骗人。自谤犹可，谤法则殃，慎之慎之！

言平常得力而临难不得力者，乃正前尘分别影事，都是意识可到之地，便由你主持把捉。死符卒至，能主者先愦，还许尔讨得力么？倘有毫毛孔隙，蚤被[2]阎老穿去才有分晓，他家苦具先遍偿一遭了。晓悟透彻得力，奚为乎？此际足下未曾梦着，故一毛不契，便即忙乱手脚。禅乃冲我关之铁炮，足下执禅自缚，曷能解也？

僧奈酷患求友病症，故使叨咀，如许若谓禅言可形，意可测，理可度，智可知的，尽大地都是三藏十二部。剩语打发去了，又何待足下讲禅道耶？老朽秖得曲奉尊命，又胡喷[3]一上。足下云，临机不得力，欲希得力，为究竟谬矣。何也？

满世界人学道，不得脱离生死，皆由太分晓得力了。岂知这个分晓得力的，便是生死冤魂[4]，若能从此要觅得力的，挨身拶入，步步掀翻，单刀径趋直取，那能觅得力的才觉一毫得力，一刀劈开，直教粉碎净尽，始证空王正位，快好将一切参想、精进、见解、得力功臣尽形灭戮无遗，复将能证空王者，总教一刀，乾坤属我矣。

- 注释

　　[1] 正径：正路。本处特指学佛的正见。

　　[2] 蚤被：早被。

　　[3] 胡喷：乱讲。

　　[4] 这个分晓得力的，便是生死冤魂；即知见魔，平时让人分晓，生死关头让人不分晓。不分晓还好，一有分晓就是魔。

- 解读

　　禅师语录云："总教一刀，乾坤属我。"黄檗无念禅师据《心经》开示：人应该放下一切挂碍，放心做人。眼前环境是幻相，是梦境，所有眼前事都会很快消失，不留痕迹。所有眼前人都是过眼云烟，唯有真心不改者可以同抵彼岸。什么叫"总教一刀"？就是说林林总总一切人、事、物都应该了断，不再拖泥带水，应扔下包袱，奋起直追真理。真理匆匆，但他留下脚步。岁月迟迟，何不现在就走？在这"匆匆"与"迟迟"中间，废掉了多少追梦人。无有梦境，始得自心。什么叫"乾坤属我"？就是说整个世界都是我的。这个世界并不是眼前可以看见的这个世界，这个世界真中有幻，真中有幻就是幻，哪怕九真一幻也是幻。我们要的是一个全真不幻的世界，不动摇、不变卦的世界。其实世界是不会变卦的，人心变卦了，世界就反复无常。人心定了，世界与自我就合而为一，走向恒定的生命喜乐。这是禅师所示。

　　禅师开示：一切障碍无非是过眼云烟，真幻世界如同梦境一般。天地悠悠过客匆匆潮起潮又落，恩恩怨怨生死白头几人能看透，把个本心变佛心，人间潇洒走一回。

# 复李文学

闻心事不乐，逆境动心，此是世法，非世外人也。岂知大丈夫以他山之石，可以攻玉。借境炼心，莫向外求[1]。纵求得来必有失去，何不用自智钥，开己宝藏？随处安闲快乐矣。

古云：父母非吾亲，谁是最亲者？寻绎斯言，则父母非靠，况其他乎？岂不闻凡所有相，皆是虚妄，不知自己一段风光，照天照地，耀古腾今，何用外觅也？举世只是依他作主，妄想不休，便成依报[2]。幻命幻身幻财[3]，焉得长久？一旦失之，悲愁无限。公非常人，故出斯语。

- 注释

[1] 借境炼心，莫向外求：禅语。指借助外来干扰推动内心想法，反而得悟。

[2] 依报：依此报应。报应的依据。

[3] 幻命幻身幻财：内外两虚幻。

- 解读

禅师语录云："自智钥，开己宝藏。"黄檗无念禅师据《佛说阿弥陀经》开示：极乐世界在心中，要用自性发出的智慧钥匙，打开自己的宝藏。也就是"心锁自己开"的意思，除了自己，别人是开不了的，佛菩萨也代办不了，修行是亲为，修行没有代理人，做人没有经纪人。有人信佛是想把人生的幸福让佛菩萨包办，世上哪有这种事。佛菩萨是告诉我们每个人的内心都有真善种子，都可以成佛，都可以得欢喜极乐，佛菩萨要我们用自性来觉悟中，除此外佛菩萨不会再做半点工作，修行全靠自己。烧香拜佛不是说不可以，更可以的是佛不外求。吃斋念佛不是说不可以，更可以的是找回内心的佛。修庙铺路做善事不是说不可以，更可以的是善待自身，不毁坏人种，不毁坏佛种。

> 禅师开示：什么叫"自智钥"？就是自性发出的智慧好比一把钥匙。什么叫"开己宝藏"？就是用自性发出的智慧钥匙打开自己的宝藏。这叫一把钥匙开一把锁，一个人得一个果。无因哪有果？有定才有得。

# 复邓文学信之

尔学道数年，正眼全无，岂非错中之错？不闻孔子三千徒众，终其身，秖取一颜氏子。虽有七十二贤，秖可传言宣教，几人实识得心来？近时海内学道者如牛毛，识心者如麟角。

老朽奔驰五六十年，求夫真为生死，秖有令叔文洁公，梅司马衡湘公二人耳。其余都是说禅说道，打口鼓子[1]，堪作何用？不但敌生死，阎罗王征草鞋钱[2]有日在，岂不痛哉！

道是何物，容尔可学[3]？纵然学得转，增我慢若。以口说奇言妙语为禅者反，不如三家村里种田博饭吃的汉子说真实话，死后无罪。秖因众生妄诞，不守本分，失却本心，达磨当日航海而来，直指各人本心，无分外事。

《法华》云：是法非思量分别[4]之所能解，《楞严》云：但有言说都无实义[5]。今时人造妖捏怪、说黄道黑、指东划西、竖拂摇拳、诳惑众生、造地狱[6]业苦亦甚矣！

如我数十年妄想学禅学道，今日猛省。担阁一生，秖为自害。若信得及，把从前葛藤一笔勾断，切莫造作，叫即应问即答，才是平常无事人也。且看令岳身外之物，如金银田产，徒以增累，有半点相干否。

• 注释

[1] 打口鼓子：耍嘴皮子。

[2] 征草鞋钱：禅语，上路钱。

[3] 道是何物，容尔可学：意思是道不可外学，只能凭各人领悟。

[4] 思量分别：思考、研究、辨别。

[5] 但有言说都无实义：一说就错。禅宗不立文字，也不依赖口传。

[6] 地狱：心狱。心陷尘中即为狱。佛教所说的地狱，大大小小的有无量数目，那是由于狱中所受苦报的不同而分，主要则分为根本地狱、近边地狱、孤独地狱的三大类，佛经中通常所称的地狱是指根本地狱。根本地狱的主要区分，则有上下纵贯的八大炎热地狱，以及四方连横的八大寒冰地狱。依照各人所犯罪业的差别等次，便到应到的地狱中去受报。通俗的说，下地狱是由鬼差狱卒的捉拿，就实而论，生天堂下地狱，都是由于各自的业力所感，业力倾向天堂就生天界享福，业力倾向地狱便生地狱受苦。《地藏经》："地藏答言：仁者，我今承佛威神及大士之力，略说地狱名号及罪报恶报之事。仁者，阎浮提东方有山，号曰铁围。其山黑邃，无日月光。有大地狱，号极无间；又有地狱，名大阿鼻。"等等。

## • 解读

禅师语录云："担阁一生，秖为自害。""秖"是通假字，通"只"字，"秖为"即"只为"。黄檗无念禅师在此开示：世人耽误一生，只因为自己害了自己。这是禅师砥砺世人的教化语，话虽刺耳，道出了实情。人没有不自己害自己的，比着害，豁着害，非害死不肯罢手。这是魔在作祟。妖魔万千，心魔为大。心魔之所以能为大，就在心他以佛自称。心魔自居心佛，心佛不能自视。这样就乱了乾坤，没了纲常。即使在这种混乱的情况下，依然有路迹可寻。《金刚经》上讲："尔时世尊而说偈曰：'若以色见我，以音声求我，是人行邪道，不能见如来。'"从这个偈子反推可知：不以色见我（佛性），不以音声求我（福报），是正道，可以见如来。世人自害之途，无非色、音。色乱目，音乱耳。耳目俱乱，心神必伤。耳目清净，自然有光有闻。

禅师开示：《阿弥陀经》上说的极乐国土，"其中多有一生补处"。一生自害处，将会得到善报弥补。佛法殷勤，总告诉我们回头不锡。自爱勿自害，自修勿自待。这是禅师据经所示。

# 复王文学在明

来教云，少年奔驰，未能学道，吾不知道是何物[1]。纵学得奇言妙语，反添眼翳，岂不闻从门入者不是家珍？所以三教圣人，各立权巧，指人返观。忽然猛省，识自主人。变化万端，自不能测，故名不睹不闻。果有此志，总在日用中回光返照[2]，叩己而参[3]。

古云：无声无臭自知时，此是乾坤第一机。抛却自家无尽藏，沿门持钵学贫儿。来云只此好色一节，殊不可解，且看赤子那有好色念头？來这里猛省，赤洒洒了然无一物，才是闲道人[4]也。

• 注释

[1] 吾不知道是何物：禅语。学道不依道，学禅不言禅。
[2] 回光返照：禅语。借指猛醒回头。
[3] 叩己而参：拜自己，向自己参禅。学禅是自悟。
[4] 闲道人：因得道而清闲自在的修行人。

• 解读

禅师语录云："赤子那有好色念头。""那有"通"哪有"。黄檗无念禅师开示：小婴儿怎么会有好色的念头？意思是婴儿只知道有母亲，不知道有男女这回事。禅师此处开示，揭明了佛法的真理：一、色不是本性，是外相，是后来的事，不是先天的事。因此色无所色（指没有附丽），色无好色（指没有长久）。二、人作为灵性生命体，并不是依赖男女关系而活着，而是依赖母子关系而活着。

> 禅师开示：人可以有性，也可以没有性，无性生存是佛菩萨标志。虽说无性，诸性皆通。虽说无色，春色满园。不是不关心，而是不动心。这是禅师据经所示。

# 复樊居士山图

我宗门中本无实法与人[1],雪山大师睹明星朗然猛省,才知个个众生皆有如来智慧德相,只因众生不省,反执妄求,每日饭后,说出许多葛藤。末世凡愚,执著为实。临灭度时文殊请转法轮,世尊曰:我四十九年何曾说一字来?若有所说,非我弟子。

居士气概不凡,夙植德本,切莫存一法在心[2],作异端人也。来教无半字虚谈,依此行持,年深月久,自有逢缘时节。又云偷心未死,吾不知偷是何人?心是何物?若果有偷心,速呈出来吾看。若呈不出,切莫草草。岂不闻神光觅心,了不可得磨[3]?

云我与汝安心,竟既无所得,又安个什么?莫作道理会好,若有所会,便是金屑落眼矣。老朽不会禅道,如尔葛藤,望居士慧剑利牙,莫留渣滓。

- 注释

[1]本无实法与人:本来没有所谓实法给人。实法在此处指佛经传授。禅宗不依经典。

[2]切莫存一法在心:不要把一丝佛法放心上。禅宗不依所谓佛法,也不依自谓佛法,依自性佛法,以自性为佛法。

[3]神光觅心,了不可得磨:即使用佛法来寻找内心,也找不到。禅宗不依外法。神光,指佛法。磨,着落处。

- 解读

禅师语录云:"慧剑利牙,莫留渣滓。"黄檗无念禅师开示:慧剑要断根,不能留一手。留一手自以为聪明，其实留的是祸害，留的是把柄。并非剑不锋利，而是心在犹豫。舍不得红尘，望不见青山。世上了断法：恩断义绝。禅家了断法：恩不断、义不绝，但已斩断一切尘缘。并不伤害，只是祝福。人到了默默祝福的时候，就知道是划句号的时候了。若问何事当断、何事不当断？何人当断、何人不当断？

> 禅师开示：一切人事都当断。但能在了断过程中不惊动、不伤害，这是慈悲。自然而然，这是智慧。转身就走，这是本事。行路得了好处不忘路人，这是担当。

# 又

手教言言真实，不带枝叶，数十年祈祷，甘心瞑目矣。来云遍识偷心难伏，此是无始劫来。生死根本，岂能一念顿荡哉[1]！

古人道，家贼难防，正谓此也。所以时人说时有放下无？欢喜有烦恼无？闲静有忙乱无？皆被他担阁一生，即百千生又宁逃？此偷心贼哉！今门下具择法眼，身体力行，不做唱道之士[2]，真是大心凡夫[3]，撩起便行。古有庞公诸老接踵而行，今独门下岂容易哉！

但愿发大心，无休歇心，无退转心，此心即名一行三昧，师子[4]奋迅，三昧种种，三昧皆不出此心耳。

- 注释

[1] 生死根本，岂能一念顿荡：信念不能动摇。

[2] 唱道之士：颂经师。

[3] 大心凡夫：发大愿的凡人。发大愿的凡人胜过不发愿的神人，愿力不可思议，愿力是佛力。

[4] 师子：即狮子，比喻精进。

• **解读**

禅师语录云："生死根本，岂能一念顿荡哉。""顿荡"即摇摆放伤的意思。黄檗无念禅师开示：生死事大，虽然不惧怕，也没有理由放纵自己。做人最怕放纵，打猎最怕放虎归山。什么是"生死"？因谁生？因谁死？人生莫像花草，发时旺，败时萎，做人当坚如金刚。无有毁坏，始可言生死。生的是我，死的是我。我在我中生，我在我中死。我在我中生，这就是生。我在我中死，这并不是死。禅师说"生死根本"，讲的是生死同体，灵之所在，命之所在。一颗真善种子，一世为人，三世为人，世世为人。超脱后见性成佛，悟道还原，进入不生不灭的人生本像。"一念顿荡"，三生都不安。因此人起念要善，一念牵动三生，三生归于一念。

> 禅师开示：一念之善，使死不能死，生必然生，功德最大。一念得生，一善念得生。

## 又

来毒一剂药[1]，得老朽钳口结舌，无理可伸。虽然，犹恐有超凡入圣出格道理，在不能脱化。惟门下将多劫气力并在一处，极力直造[2]，还他威音那畔，父母未生前故乡田地[3]。把老朽一捆[4]，绝却气息，抛向洋子江中，搅为蛊毒之水，使见者闻者尽丧身失命。扫除狼籍，一满地藏之本愿[5]，二称提婆达多之恨怀[6]，方不负大丈夫走此阎浮一遭也。

• **注释**

[1] 来毒一剂药：猛药。禅语，借指大彻大悟。

[2] 极力直造：下力气到底。

[3] 父母未生前故乡田地：本来面目。

[4] 一掴：一巴掌打脸。禅语，指猛然醒悟。

[5] 满地藏之本愿：响应发愿者。本愿是佛教术语，指诸佛菩萨在修行时所立的誓愿。谓根本的誓愿。常见的有：释迦牟尼佛的五百大愿，地藏菩萨的"地狱不空，誓不成佛"，观音菩萨的十二大愿，阿弥陀佛的四十八愿。

[6] 称提婆达多之恨怀：成全敌对者。提婆达多为佛世时犯五逆罪，破坏僧团，与佛陀敌对之恶比丘。为释尊叔父斛饭王之子，阿难之兄长。

## • 解读

禅师语录云："将多劫气力并在一处，极力直造。"黄檗无念禅师在这封信中说狠话，话狠理更狠，"不狠不成道"，可以克制"无毒不丈夫。"世人荼毒已久，一定要有狠心硬性人，才可挽回。漏网如何打鱼？沙地怎能磨刀？只有硬而全，坚而信之人，才能建奇功。末法时代，要勇猛精进，比不得原来。原来还可以吃慈悲老本，如今老本已耗尽，本来只花一分力气就可以做到的，如今非花十分力气不可。成不成且难说，各人尽心。禅师在此开示：要把应对种种劫难的力气并在一处，集中精力解决最要紧的问题。"直造"即直达，毫不躲闪地面对问题。世人眼下的最大问题是在劫难中丧失信心，人人自危，深感在劫难逃。修行人修的是什么？修的是自信。要相信自性觉醒会带来不可思议的转变，最大的转变是不能还原的也能还原。也要相信佛菩萨的伟力，并有大计划救度世人。拯救是施救者与得救者两相配合、两相感应的事，缺一不可。要修佛陀所言，阿弥陀佛已经来到。

禅师开示：《佛说阿弥陀经》讲"阿弥陀佛成佛以来，于今十劫"。劫中佛来到，其实还算不得劫，还有救，就怕不信，那么眼前浩劫更大。敬佛礼佛，自性成佛，里外配合，气力就大。专修善道感应，思议之善报。这是禅师照经所示。

## 又

乍闻讣音，不胜惊骇。朽仲秋一病，四大[1]几散，只为报缘未尽，复延残喘耳。今别无他虑，惟不能忘情于左右者，以未称老朽本怀故也。门下以出世人豪，脊梁最硬，胆气最雄，但未能㘞地一声，病在知见太广，领略太易，所谓活了死不得也。昔大慧后于诸佛出身处，闻个薰风自南来，殿角生微凉，蓦然触发，又得圆悟老人深锥痛拶，始至七纵八横[2]，可见工夫到此，大难商量。径须猛力跳出，与大慧把手共行，方称老朽本怀。前闻病苦已极，誓断淫杀，此等切要处，那个肯行？

近来宗门高士，稍有知见，便谓一切无碍。殊不知未曾实证，四大无我故耳。这一着子要得横来直过，去留自在，须是个没量大人始得。古来惟汾阳无业，赵州临济诸大尊宿才是个跳出的样子，门下自谓行得一种粗工，胜说千番妙理，可谓步步踏实。又谓世间多少英灵汉子，俱陷在未悟说悟处。余谓不然，若真英灵汉子，安肯自欺自昧，不见大慧，诸方皆已。印可惟自不肯，乃曰当以九夏[3]为期。其禅若不异诸方，妄以我为是者，则造无禅论去也。这方是个英灵汉子。若以一知半见为足，皆所为辜负己灵，埋没先圣者也。

人不经逆折，则不知工夫疏密。今痛莫大于亲丧，苦莫过于身病。这两场恶境不是门下以善权方便造作得的，灰心泯志躲避得的，禅道佛法领解得的，福智二严替代得的，神通三昧超越得的，正恁么时须有个出脱，始得这里翻过身来，方知尊翁何曾生死历劫，亲缘何曾刹那相离，自己父母何曾有两个？如是则佛恩亲恩一时顿报[4]，无能报者亦无所报者[5]，门下还信得及否？时惟珍重。

## · 注释

[1] 四大：佛教术语，指地、水、火、风为四种构成物质的基本元素。本处借指身体。

[2] 七纵八横：禅语，指左右逢源，上下都贯通。

[3] 九夏：九年。

[4] 佛恩亲恩一时顿报：报亲恩就是报佛恩。

[5] 无能报者亦无所报者：量力而行，反而有无限力。止力最大。止于至善。

## · 解读

禅师语录云："病在知见太广，领略太易。"黄檗无念禅师开示：世人本无病，借病、培养病，病在求病，病在怜病，病在炫耀病，借以拍卖病、转让病、出售病、繁殖病，显然这样病更多。见识多必然心眼多，见识广必然神通广大，可惜这些都是取死之道。至于世上繁华，无处不在，迷人风光、动人场景随时可以领略，让人陶醉、喜悦，但你看那爆竹响过之后还有什么就全然明白了。禅师说的好，世人之病，病在知见太广，没有不知道的；领略太容易，不需要真实寻求就到手，并且其味甚甘，其色甚浓。

> 禅师开示：知见广必有歧路，领略太易必不珍惜。不如惜福，少一点领略，领略就真。少一点见识，见识就牢。

# 复高丽禅师

　　净戒回，始知法席条理，不我念也。古人入山，老屋败椽，取避风雨。草衣木食，粗免饥寒。圆悟嘱佛日云：古德住山，率刀耕火种，不蓄长物，萧然布衲，粗衣粝食，将大有为也。岂不闻药山之牛栏[1]，风穴之单丁[2]，沩山十年而煮橡栗[3]，大梅深谷而不世接[4]，其后各为大法器。龙象骈集，皆随缘而应。谁似而今诸方铺门庭以诱信施，假鬼神而润己费，可不伤哉！且达磨少室九年，不吐一辞，末后乃曰："心如墙壁，方可入道。"岂不是第一祖师直捷为人处。百丈云："南方浩浩说禅，我这里一味种田博饭吃。"临济又曰："近代一伙秃兵，集徒二五百众，终日口嗓嗓、心愤愤，以为当禅当道，赚人家男女入淫魔坑，堕拔舌地狱，大有日在。古人如此非他，只为众生恶欲不除，苦口叮诫，殊不知贪求佛法亦是恶欲，况集外缘耶？若只在形上做去，内有能取心，外有所是法，何时得家破人亡、永失锥子之地也？

　　来云恒沙如来，历代祖师俱莫能及之处，毕竟阿谁始得，今观此问，终是梦话，不知《楞严》七征八辨处[5]之何在？若有得处，何名空如来藏[6]也。此一葛藤，不是诘问以逞人，我正所谓为他闲事长无明也。

- **注释**

[1] 药山之牛栏：禅语，种药材要把牛拦起来，比喻要防禅法被人剽窃。

[2] 风穴之单丁：禅语，冷风洞穴里穿单衣的汉子，比喻禅法孤寂，自守不离。

[3] 沩山十年而煮橡栗：禅宗典故。百丈怀海门下沩山灵祐及其弟子仰山慧寂，创立沩仰宗于湖南宁乡沩山密印寺，"十年而煮橡栗"指创立艰苦。

[4] 大梅深谷而不世接：禅宗典故。明州大梅山法常禅师，初参马祖，问：如何是佛？祖曰：即心是佛？师即大悟。唐贞元中，居于大梅山勤县南七十里梅子真旧隐。"深谷而不世接"指闭关修炼。

[5] 七征八辨：《楞严经》开示的佛法。即七处征心，八还辨见。

### 七处征心

七处征心，从心在身内、身外、潜于眼根、有暗则藏有窍则明、随有、在中间、乃至无著，每征一次，被世尊破为无有是处，阿难穷其所闻终于七征不得其心，这才放下自己思想，五体投地拜伏世尊面前，请求开示。世尊指出无始生死根本，阿难现在把攀缘心当做自性，以至于颠倒轮转，一切众生一俱如是，故执攀心为真这是众生轮回的第一个根本原因。进而世尊又开示无始菩提涅槃元清净体，第八识体如来藏摄一切法生一切法全体是真，众生虽然皆有无缺，终日承其功能利用，但不认识这个真本，所以颠倒轮转，故不识真本是众生颠倒轮回的第二个根本原因。

### 八还辨见

还者，复之义。世间诸变化相，各还其本所因处，凡有八种，称为八还。辩，为分别之义；见，即能见之性。八还辩见，即以所见八种可还之境，而辩能见之性不可还。据《楞严经》卷二载，阿难不知"尘有生灭，见无动摇"之理，而妄认缘尘，随尘分别，如来遂以"心"、"境"二法辨其真妄，若言"心"，则谓"今当示汝无所还地"；若言"境"，则谓"吾今各还本所因处"，用以显示"所见之境可还，能见之性不可还"之理，故以八种变化之相辩之。即：（一）明还日轮，以日出则明，无日则暗，是则明因于日，故复还于日。然明为所见之尘境，非能见之性。以尘境则有生灭，见性原无生灭，故所见之明可还，而能见之性不可还。（二）暗还黑月，以白月则明，黑月便暗，是则暗因黑月，故复还于黑月。故知所见之暗可还，而能见之性不可还。若能见之性亦可还，则不暗时，无复见其明。（三）通还户牖，以有户牖，则见通，若无户牖，则不见通，是则通属户牖，故复还于户牖。故知所见之通则可还，而能见之性不可还。若能见之性亦可还，则不通处，无复见其壅。（四）壅还墙宇，以有墙宇，则见壅，若无墙宇，则不见壅，是则壅属墙宇，故复还于墙宇。故知所见之壅则可还，而能见之性不可还。若能见之性亦可还，则无壅处，不复见其通。（五）缘还分别，缘者，系之义。谓有分别所对之处，则有所缘之相，若无所对五尘之境，则无缘相而可分别，是则缘属分别，故复还于分别。故知所缘分别之相可还，而能分别之性不可还。若能分别之性亦可还，则不缘境时，无复知其无分别。（六）顽虚还空，顽者，无知之义。顽虚，谓无形相，顽然无有知觉。谓无形相之碍，则遍是虚空，若有形相，则不见其虚，是则顽虚即空，故复还于空。故知所见之虚则可还，而能见之性不可还。若能见之性亦可还，则不虚时，无复见其形相。（七）郁孛还尘，郁者，滞之义。孛者，气盛貌。以有尘象，则见郁孛，无尘则不见其昏滞，是则郁孛属于尘象，故复还于尘象。故知所见郁孛之象则可还，而能见之性不可还。若能见之性亦可还，则无尘时，不复见其清明。（八）清明还霁，以澄霁则见清净，昏暗则不能见其明净，是则清明属霁，故复还于霁。故知所见清明之象可还，而能见之性不可还，若能见之性亦可还，则不明时，无复见其昏暗。

　　[6] 如来藏：如来藏即一般所称之"佛性"，它具有常住、妙明、不动、周圆与神妙真如之性质。常住是不去不来；不动是不生不灭；妙明是寂而常照；周圆是周遍圆满无所不包；妙真如性是真如能生万法，能生一切妙有之性质。

　　感觉的生灭去来原本就是如来藏妙用之性。如来藏的意义佛教讲缘起性空，一切诸法都是"虚妄有"，诸法的体性是"空"，即真如，它是不生不灭、不垢不净。但"无明"会伴真如而生，无明是一种"劳相"，它是昏而不明、"没有道理"的昏昧。真如一昏昧就有了分别，于是产生诸法万有之相。以真如、无明与阿赖耶识就足以解释本体与现象的关系，为何要用"如来藏"？《楞伽经》云"开引计我外道故说如来藏"。"计我外道"是妄计有"真我"、"神我"之外道。他们认为有"真我"在轮回、在做主，他们不易接受诸法体性"空"而没有"真我"的观念，释尊可能为了接引这些人而起用"如来藏"一词。如来藏类似佛之胎脏，众生皆有佛性（即如来藏），因此皆能成佛。如来藏出现的时间约在公元3世纪（但释尊生前应已有提及），在《楞严经》、《楞伽经》、《大般涅槃经》、《大乘起信论》等诸著作中皆有提及此名词。阿赖耶识与如来藏之区别在于前者含无明，故属"识"，而后者不含无明，故属"智"。如来藏含藏宇宙一切善、恶、不善不恶诸"种子"，包括由真如所生或由外"返薰"而来者，它亦具阿赖耶识"能藏"等诸功能。当众生除尽一切无明，而转识成智之时，如来藏即称"法身"（或大圆镜智）。如来藏与无明成为众生之源，类似外道"真我"与业障形成众生，只是外道以为"真我"是不变永存之实体，而如来藏具妙真如的"空"性及"虚妄有"之性质。"空"（不可言说）与虚妄缘生的真理与外道的神我永久是完全不同的。外道之大梵、神我皆"自然"生，与妙真如性不同，如来藏体不生灭，众生轮回只是无明而生之虚妄有，这与外道"神我"参与轮回也不相同。"见"，我们见到一切尘相都不是真有"因缘"或"自然"生灭，而是如来藏的功用，由如来藏"如幻"而生。其他的五阴、六入、十二处、十八界一切相皆是如此。如来藏体性无生灭，所谓的因缘生灭即是虚妄有无之义。

### 五阴

是色阴及受、想、行、识四阴。这是自性的功用，包括见闻觉知、动静（行阴）及储存等功用。众生之八种识、五蕴身、物质等，也就是身心、世界皆与此用相关。但这些皆是虚妄之相用。

### 六入

是强调人之六种"器官"之功能，如"眼入"强调眼根对色尘时能"吸入"色尘（此乃识之作用，如科学上的"对焦"作用）而起分别觉知之作用。眼根本是无知，但因识而有知，此六入亦虚妄之相用。

### 十二处

是"五蕴身"的功用。强调根尘二者之关系，根在内，尘在外，各有处所，故称"十二处"，当取境界时，由根入尘，当领受境界时，由尘入根，故又称"十二入"。如眼根见色尘而成见觉，乃五蕴身色蕴为主之用。

### 十八界

是"识身"之用。强调尘、根、识三者之关系。如眼根、色尘与眼识三者而成见觉，此乃识身中眼识为主之用。这些亦是自性所生之虚妄相用。十二处是眼、耳、鼻、舌、身、意六根与色、声、香、味、触、法六尘。十八界是六根、六尘与六识所成。

### 如来法身

如来藏虽覆藏于烦恼中，却不为烦恼所污，具足本来绝对清净而永远不变之本性。又一切染污与清净现象，皆缘如来藏而起之教法，称作如来藏缘起。经论中常以该思想阐明人之迷、悟对立意义。《胜鬘经·法身章》："如来法身不离烦恼藏，名如来藏。"《大方等如来藏经》亦列举莲花内有化佛、淳蜜在岩树中、真金堕于不净处、弊物裹金像、贱女怀贵子等九喻。

如来藏思想，在印度早于唯识说成立，与中观、唯识等思想不同，然后世并未在唯识说之外别立如来藏，而是于唯识说中论述如来藏。我国地论宗则以如来藏为究竟，而立净识缘起说。天台宗认为如来藏即实相，而视其为不可思议之妙法。于华严宗，在三祖法藏之《起信论义记》卷上立有四宗教判，第四宗即名如来藏缘起宗；内容含摄《楞伽》、《密严》、《起信》、《宝性》等经论之说，就该宗五教判而言，相当于第三之终教。又密教胎藏界曼荼罗之说，即根据如来藏思想而来。

## • 解读

禅师语录云:"龙象骈集,皆随缘而应。"这是黄檗无念禅师指点高丽禅师的话。黄檗无念禅师开示:修行要循序渐进,渐悟是顿悟基础,渐是积累,顿是必然,渐不离顿,顿不离渐,原无差别。功利自然成,到时打开新天地,看见龙象骈集的佛国奇景,虽然奇异,只是寻常。

> 禅师开示:学佛不可追求神通,平淡最好。学佛不可急进,慢行见路迹。这是禅师殷勤所示。

# 复天倪禅师

　　来教一纸,多是诘问,这几端问得我无气可吐,老僧自后不敢乱言。又重问末后句,是有是无。若学道人不明末后句[1],旷劫偷心[2],如何得尽?

　　昭禅师历参老宿七十一员,皆妙得其家风,自曰:"五位[3]参寻且要知,纤毫才动即差违。金刚透匣[4]谁能晓?唯有那吒第一机[5]。"到此地位还是见解门头,最后见首山,问百丈卷席意旨如何?首曰:"龙袖拂开全体现,象王[6]行处绝狐踪。"始得偷心剿绝,便道:"万古碧潭空界月,再三捞捷始应知。"自后诸方八请不答,迨首山殁后,西河道俗千余人,协心亦不答,后有契聪,请住汾洲太子院,昭闭门高枕,聪排闼入曰:"佛法大事,静退小节,风穴惧应谶,幸有先师。先师已弃世,尔有力荷担大法者,今何时而欲安眠哉?"昭蹶起握聪手曰:"非公不闻此语,既至宴坐,一榻足不越阃者三十年。会下虽有五七百众,终日不语。后有慈明、琅邪等五六人三年随从,不吐一辞。每日呵责痛骂。"慈曰:"自来不蒙一言,骂岂慈悲法乎?"昭曰:"你作骂会耶?"当下六人始识父母未生前真面目也。岂似而今口传心受,鼓腹摇唇,比量合意者!许可得道也?岂不闻忍大师七百高僧,人人有一肚子佛法,直得年至七十,卢行者至,祖问何处人?答曰,岭南人,特来礼拜。和尚不求余事,惟求作佛。祖曰,这獦獠根性大利,勿多言。祖知之,恐大众忌克,半夜付嘱衣钵,以衣为信。众人四散,寻逐,潜入猎中,守网,命似悬丝。众人不知衣付何方,零落已尽。自言不可久,遁出,遇印宗法师,知他不凡,问黄梅衣法付嘱何人?答言,惟付佛法。

　　佛法是不二之法[7],说个付字,拖泥带水不少。所以云,佛法无你会处[8],

如人饮水，冷暖自知，葛藤无了。

• 注释

[1] 末后句：最后句，本处指最终修行。

[2] 旷劫偷心：末世心术，专门剽窃。

[3] 五位：通称五位大菩萨，弥勒菩萨、文殊菩萨、普贤菩萨、观世音菩萨、地藏王菩萨。

[4] 金刚透匣：意思是《金刚经》在匣中放光。

[5] 那吒第一机：毗沙门天王的太子，亦即三面八臂的大力鬼王。八臂那吒是千手观音的相，千手观音是万法如来的相。那吒第一机意思是神通第一。

[6] 象王：即法王。法王多骑象，故称象王。

[7] 佛法是不二之法：即不二法门。《维摩诘经》载文殊师利问维摩诘：何等是不二法门？维摩默然不应。殊曰：善哉善哉！无有文字言语，是真不二法门也。肇曰：言为世则谓之法，众圣所由谓之门。《十二门论疏上》曰："净名以理为门，一道清净，故称不二。真极可轨，所以云法。至妙虚通，故云门。"

[8] 佛法无你会处：意思是一领会就错。禅语。其实并非一领会就错，而是领会了就不要对人说。

• 解读

禅师语录云："佛法是不二之法。"黄檗无念禅师在此信中，根据《坛经》开示：佛法虽有万千妙谛，宗旨只有一个，那就是觉善为人，行善为佛。佛度有缘人，有缘就叫福。佛法是觉悟之道，引导人觉悟。"觉善为人"，意思就是内在的善性（佛种子）觉醒过来，才明白己身由来，才明白什么叫做人，才明白怎么去做人。做人是一个报恩的历程。"行善为佛"，意思是觉悟后有责任引导人觉悟，先知觉后知，先觉觉后。普度众生不仅仅是一个"佛与人"的对应关系，还包含"人与人"的互相觉悟，形成一个佛与众生交织、互相成就的大动脉。因为是一善成佛，一悟成佛，一念成佛，所以被称为不二之法、不二法门。"不二"是唯一，是绝对，是顿悟，是立地成佛，这是从原因上讲，古来成佛都是相同原因，那就是彻底的觉悟。"不二"并不是说只有一人成佛，名额有限，不是的，佛度众生，众生都是佛。说"不二"，是说学佛之人心地宽广，最终都归入一个"善"字。

> 禅师开示：古来成佛都是因彻底的觉悟，佛法是不二之法。

# 复岳司马石帆

《楞严》一别,音问寥寥,近闻公在白下[1]大开炉鞴[2],老朽枯寂多年,不觉起色,信知法付国王大臣,非偶然也。

达磨当日西来,号曰单传直指,不曾有半个元字脚,熏你鼻孔,瞎你眼睛,二祖三祖,祖祖相传,干曝曝地一点知归。曹溪分派以来,大有榜样。后来人心不古,识解多端,然后德山临济[3],棒喝交驰。机锋掣电,令你扪摸不入,插足不得,不过剿绝情见,坐断意根,初非实法。如国家兵器不得已而用之。不见兴化,道你东廊也喝,西廊也喝,后架里也喝,你若一喝,喝得老僧上三十三天跌将下来,一点气息也无,向你道未梦见在,可见古人随机显示,如倚天长剑稍存拟议,早见髑髅满地[4]。

今人尽是平白地害药病,何曾有半星正病?故古德谓打破大唐国,觅个不会佛法的不得。老朽亦谓尽十方界有毛头许妙解与公作对,便是妙魔入心不见。僧问归宗如何是佛宗?云即你便是僧[5]。云如何保任宗?云一翳在眼,空花乱坠。这里须是大阐提[6]、人具灭[7]宗,手眼向自己脚跟下拨转关捩子,如狮子返掷,不蹑前踪[8]。生机活脱[9],不受千圣罗笼。始得若只扬帆义海,揽辔玄途。总是灵龟负图,自取丧身之兆,非老朽之所以望公者。

• **注释**

[1] 白下:南京。因沿江旧有白石陂,晋陶侃于此筑白石垒,后人又筑白下城,故名。白下是明朝皇宫所在地。

[2] 炉鞴:火炉鼓风的皮囊。亦借指熔炉。

[3] 德山临济：刚猛顿悟禅法。由临济义玄大师与德山宣鉴禅师弘扬。所谓临济喝、德山棒即是。临济义玄大师，唐朝人，临济宗初祖。幼负出尘之志，披剃受具足戒后，博通经论，精究律学。首参黄檗希运，又礼高安大愚，于言下大悟，复还黄檗，受其印可。继以行脚参禅，与大老交锋，故丛林有"临济游方，气吞诸方"之说。师接化学人之法有"三玄三要"、"四料简"、"四宾主"、"四照用"等，机锋峻烈，生机勃勃；开创了禅宗史上最为卓绝、门风兴隆的临济宗。咸通八年（公元867年）示寂，敕谥"慧照大师"。

德山棒与"临济喝"齐名。唐代德山宣鉴禅师常以棒打为接引学人之法，形成特殊之家风，世称德山棒。《五灯会元》卷七："道得也三十棒，道不得也三十棒。"《景德传灯录》卷十五："师寻常遇僧到参"多以拄杖打。临济闻之，遣侍者来参，教令："德山若打汝，但接取拄杖，当胸一拄。"侍者到，方礼拜，师乃打，侍者接得拄杖与一拄，师归方丈。……师上堂曰："问即有过，不问又乖。"有僧出礼拜，师便打。僧曰："某甲始礼拜，为什么便打？"师曰："待汝开口，堪作什么？"德山对棒打之举未作任何解释，若由诸相关之公案推断，在"以心传心，不立文字"宗旨下，不得开口言说，只能以棒打点醒学人。其目的有二：（一）截断学人之心识活动，令彼在急遽间不假思索，得于当下见性。（二）不许学人直接说出悟境，以免触犯自性不可说之忌讳。另有谓棒打或为测试学人临机之反应而设。

[4] 髑髅满地：死一大片。禅语，指佛法无往不胜。

[5] 你便是僧：你就是和尚。禅语，指自己就是自己，见了性，归了真。

[6] 大阐提：一阐提迦的简称，是极难成佛的意思。有两种：一、不信因果，造五逆十恶，断诸善根，坠入阿鼻地狱的人，此种人极难成佛，名"断善阐提"；二、大悲菩萨，发一切众生成佛，然后成佛之愿，因众生至多，时间至久，故此种菩萨，亦极难成佛，名"大悲阐提"。通常所指的一阐提人，多数是指断善阐提。

[7] 人具灭：意思是人俱灭，心不灭。

[8] 狮子返掷，不蹑前踪：狮子回头，不走旧路。

[9] 生机活脱：生机活泼。

• 解读

禅师语录云："灵龟负图，自取丧身之兆。"黄檗无念禅师开示：人不可以自炫其宝，或自夸其术，这是丧身取祸的预兆。好比河中灵龟，驮来河图洛书，何等宝贝，等人把河图洛书取了去，心还不足，更把驮图书的龟也捉了去，灼死取壳，用作卜筮，这是意外结局。献宝之人本身不是宝，争功之人本身岂有功，能做到急流勇退的人没几个，最好是不要献，不要争。宝还是宝，藏一万年兴地变。真正的宝之所以珍藏，就在于他永远处于珍藏状态，吸引人前来瞻拜。不能掘，不能献，否则就是毁。禅师开示：学佛之人应该主动亲近佛法，亲近佛法就是亲近佛身，就是自身觉悟之始，不可以手拿佛法自我炫耀，那样很危险，虽然对佛法本身不会有损坏，但对人来说无异于自己献祭。没到献祭时何必着急？佛都没找到盖什么庙？心地不净读什么经？

> 禅师开示：真正的修行人当面壁，这是唯一正确的读经法。那块无字的大墙壁就是最好的一部真经。

下帙 黄檗无念禅师醒昏录

# 黄檗无念禅师醒昏录原序

从上祖师种种垂慈[1]，如三玄要[2]，四料拣[3]，五位[4]，九十七圆相[5]，拈椎竖拂[6]，行棒行喝[7]，辊毬打鼓[8]，烧畲斩蛇[9]，野狐猫儿[10]，须弥山[11]，麻三斤[12]，等话，直下似崩崖怒涛，猛风迅雷，闻者头破，目之眦裂，真是奇特。

西影却笑它这一派不唧溜汉[13]说平实禅、老婆禅，赚他儿孙卧冷地[14]。忍俊不禁，向渠徒众鼓粥饭、气牙齿、敲磕其徒，不隐家丑。脱入纸墨，举似居士。居士谩读一过，灼然奇特，遂使从上诸祖伎俩尽失，结舌有分。

时有傍不肯的向予道："居士居士，莫谤他古人好。古人垂语如荆棘刺，难下足，故如铁钉饭，难下口，故西影拖泥带水，有甚奇特，堪超佛祖？"余曰："子且莫草草，子第知诸祖语，如刺如铁，而不知西影语，泥里有刺，米中有铁，使你冬瓜瓠子[15]不知不觉伤足伤齿，不尤胜古人耶？虽然古人今人都是一期方便，随痾设剂[16]，宁有胜劣？你若作古人解、今人解，谁胜解？谁劣解？岂惟辜负西影，抑且埋没诸祖。"其人茫然而退。

**公安无修居士袁宗道书**

- 注释

[1] 垂慈：垂训。因垂训中有慈恩，故称垂慈。

[2] 三玄要：即三玄三要，是未语先悟的意思。是临济所独创的禅法之一。临济创立三玄三要的要旨，是教人在言语之前证悟。一句话中有玄有要，就是活语。三玄就是一问

三玄机：问者的玄机，己身的玄机，二者交接的玄机。三要就是领悟三要素：言要，心要，法要。

[3]四料拣：禅净同修法门。四料拣是四种选择归一的意思。净土宗六祖永明大师所说："有禅有净土，犹如戴角虎，现世为人师，来生作佛祖。无禅有净土，万修万人去，但得见弥陀，何愁不开悟。有禅无净土，十人九蹉路，阴境若现前，瞥尔随他去。无禅无净土，铁床并铜柱，万劫与千生，没个人依怙。"

第一偈料拣者，谓有禅有净土者。既有大彻大悟，明心见性的功夫，更能真信切愿，求生西方。大彻大悟，力猛如虎。再有念佛了生死的把握，岂非如虎生角么？曰："犹如戴角虎。"以自己所悟的，自己所行的，拿出来教化众生。开众生眼目，做人天师范。故曰："现世为人师。"以明心见性人，念佛求生，临命终时，上品上生。一弹指顷，花开见佛，便证圆教初住位。百佛世界，分身作佛，随类应现，化度众生。故曰："来生作佛祖。"

第二偈料拣者，谓未曾大彻大悟，仗自己的力量，难望了生死。所以发愿求佛接引，修行净土法门。故曰："无禅有净土。"只要能深信，只要能发愿，只要能念佛，无论何人，都可以往生去的。故曰："万修万人去。"若有不懂道理的人，念佛只想求富贵，求生天。此等之人，不能算有净土。其不得生西方，只怪自己不发愿，不能怪弥陀慈父不接引。若能发愿求生。总是能去的。既得往生，亲见弥陀，听受妙法，一生便证阿鞞跋致，不退转位。故曰："但得见弥陀，何愁不开悟。"从此看起来，净土法门，真是再好没有的了。

第三偈料拣谓虽能大彻大悟，若不发愿求生净土，因未证道，不得安身立命的受用。故云："有禅无净土，十人九蹉路。"夫所谓十人九蹉路者，谓虽能开悟，而未能实证。故云蹉路。或云："十人九错路"者，蹉跎之路，虚度光阴而未入正道。岂有大彻大悟之禅家，而蹉路者乎？大彻大悟的人，未有安身立命的真地位。恐怕生死关头，未必确能作主。临命终时，循业流转，随多生之善恶业而受生去。可惧可畏！诚不如求佛接引，为最稳当，最靠得住也。故曰："阴境若现前，瞥尔随他去。"此阴境指无始以来善恶业境，非指五阴魔境。

第四偈无禅无净土者，谓一般不知修持的人，既无明心见性的功夫，又无发愿念佛的行持，乃是真正可危。罪报难逃，地狱难免。万劫轮回，谁为依靠。

[4]五位：即通过修行得到五种菩萨的果位。五位大菩萨：弥勒菩萨、文殊菩萨、普贤菩萨、观世音菩萨、地藏王菩萨。修弥勒菩萨法门得救度，修文殊菩萨法门得智慧，修普贤菩萨法门得贤能，修观世音菩萨法门得慈悲，修地藏王菩萨法门得善解、免沉沦。

[5]九十七圆相：禅语，九十七种圆满法门。

［6］拈椎竖拂：禅语，横拿竖拿，指不时变换修行手法。

［7］行棒行喝：即棒喝，习禅之方法，各有不同。

［8］辊毬打鼓：禅语，踢球打鼓，比喻淘气，指修行活泼过了头。

［9］烧畬斩蛇：禅语，烧荒打蛇，指开山立派。

［10］野狐猫儿：禅语，即野狐禅。

［11］须弥山：禅语，比喻极大负担。

［12］麻三斤：禅语，比喻极大麻烦。

［13］不唧溜汉：口语，指不老实的人。

［14］儿孙卧冷地：禅语，比喻修行没管好自身。

［15］冬瓜瓢子：口语，蠢人。

［16］随痾设剂：口语，见病下药。

## • 解读

禅师语录运："古人今人都是一期方便，随痾设剂，宁有胜劣？"黄檗无念禅师心事：见解不分古今，认为这是古人解，那是今人解，并强做优劣之分，这不但辜负了学佛之心，也会陷入魔障，无法自拔。我们常说"不管黑猫白猫，能捉老鼠就是好猫"，意思是说不要太执著于方法，孰不知方法越多越不知晓怎么办。方法多，就会在各种方法中找优劣，认为这个也不行，那个也不可，最终无法修身成佛。只有选定一种方法，不管别人如何看，不管这种方法有多少不足，努力去做事，自然会有进步。要懂得放手，放下才可前进。在舍弃许多方法的同时，你就会得到一种方法。

## 第四卷　醒昏录

# 法　语

## 一

师谓众曰：汝等既此一会，更无别念，当体全空[1]，有何疑滞叫着便应，拨着便转，更少何物。不肯自信，你二六时中[2]，无处不是观音手眼，无处不是普贤妙行。头头物物，总是佛事。人人各自赤洒洒底。若不自信，由你求得飞身放光，千般变化，与生死不相干。纵求得有个悟入，犹如石火电光，如清水中添一杓灰尘。自是非他，不知是饮丧命之毒药。汝今更不可外觅，但向无趣，向无巴鼻、无用力处拼命舍死，实无别法可得。只看日用动作处，是谁主张。汝若会得，自然解脱。

- **注释**

[1] 当体全空：应当体会真空。全空，真空，涉及四大皆空与真空妙有概念。

### 四大皆空

佛教主张世界万物与人之身体皆由地、水、火、风之四大和合而成，皆为妄相，若能了悟此四大本质亦为空假，终将归于空寂，而非"恒常不变"者，则亦可体悟万物皆无实体之谛理。"四大皆空"是从性的角度对实体的解释，属于胜义谛。

### 真空妙有

即唯识所说三性中之"圆成实性"。圆成实性系远离"我、法"二执所显现之真理。

因远离二执，故称真空；亦非小乘所谓与"有"相对之"空"，而为一真实之有，故称妙有。以真空故，缘起之诸法宛然；以妙有故，因果之万法一如。此即"色即是空，空即是色"之义。故知真空与妙有非有别异，一切存在（五蕴）均由各种条件（因缘）和合而成，故无实体（空），而为假有之存在（有），此均系以世间之观念而承认其存在者。此思想不限于唯识学，即以如来藏系之思想，亦如是强调。佛教之真空并非虚无主义，而系针对现实所发挥之微妙作用。《般若心经赞·五教章通路记》卷二十三"因果不空，因缘不空"是从相的角度解释，属于世俗谛。

[2] 二六时中：佛教用语。二六时指的是一天十二个时辰，二六时中就是指一整天。

• 解读

禅师语录云："无处不是观音手眼，无处不是普贤妙行。"黄檗无念禅师据经开示：佛菩萨无处不在，一念必有感应。但是人的信仰不能建立在感应的基础上。没感应也要信。关键是自性的觉醒。从这个角度讲，福由心造，佛也由心照。《妙法莲华经观世音菩萨普门品》讲："若有持是观世音菩萨名者，设入大火，火不能烧，由是菩萨威神力故。"普陀山是观音道场，峨眉山是普贤道场，但千万不要认为只有去山上庙里才能见佛菩萨。菩萨就在朝拜路上，菩萨就在一念之中。这一善念与天地对应，感通无处不在。到了世界的中心，就是世界的尽头。

## 二

师云：世间无法，世出世间，透得这个无法，便知起处落处[1]。这里若不知，定也不是慧也[2]，不是宗也不是教也[3]。不是盖为[4]，不识本心，所以名为狂妄。故经云：虚妄浮心，多诸巧见，不能成就。从上佛祖，不传别法，直指人心。若不识本心，便向外求于妄心，中复生妄境，如邀空花，复结空果，纵经尘劫，不能成就。只为汝等根性迟钝，不能顿入，老僧今日不免向人假设方便，教你诸人当发信心，莫生疑障。二六时中，回光返照，遇境便看，语默动静，周旋往返，身心莫放，以悟为则。若到这步，更加精进，讨个下落。如是用心，如是返看，看来看去，头头独露，物物全彰[5]，万境不能侵，千魔不能入，悉无缝罅，明暗色空，了无彼此。大地山河、日月星辰，三际因缘[6]，十方造化[7]，不滞纤毫。一个疑情，更无别念，若到这里正是参情结秀，虽然如是，更与一拶，复看个拶的是谁？使他进退无门，上下无路，直教水穷山尽，情忘见绝，豁然㘞地一声，识破娘生面目。大千沙界，顿入圆明事理[8]，佛法朗如杲日[9]。劫外今时，应用无方，始信得"不是一番寒彻骨，争得梅花喷鼻香"。

## • 注释

[1] 起处落处：归宿。

[2] 定也不是慧也：不是定也不是慧。意思是这不是戒律。戒、定、慧是三戒，即三无漏学。三无漏学，佛教术语，指戒、定、慧三学。出自《楞严经》卷六："摄心为戒，因戒生定，因定发慧，是则名为三无漏学。"佛教认为，世间的其他宗教与学问，都是有所缺憾，苦乐夹杂的，虽然看似有益处，但是随着因缘变迁，就会转变成烦恼，所以称呼这些学问为"有漏"之学。"无漏"，意指没有缺憾，可以为人们带来益处、止息烦恼。而三无漏学，即是达到解脱烦恼，得到漏尽通的三种修行方式。三无漏学是八正道的总结，其中包括了持戒、禅定、智慧三者，亦即由戒生定，由定发慧，由慧起修，分别对治人的贪、瞋、痴三毒，最终可以解脱烦恼、究竟涅槃。三者彼此加强，缺一不可，而且相辅相成。只要精进修行三无漏学，必定可以达到最终的解脱之道。三学是对付三毒之法。防非止恶即为戒，戒能伏贪爱心；息虑静缘即为定，定能伏瞋恚心；破恶证真叫做慧，惠能伏邪痴心。

[3] 不是宗也不是教也：意思是这不是宗教。

[4] 不是盖为：不是该为。

[5] 头头独露，物物全彰：事情真相露出来，万物来历看得清。头头，事情的条理。物物，每一物，万物。

[6] 三际因缘：即三世因缘。"三际"是三世，过去、现在、未来，按空间分得横三世佛和按时间分的竖三世佛。横三世佛指西方极乐世界阿弥陀佛，主管西方极乐世界；中央娑婆世界的释迦牟尼佛，主管中央娑婆世界；东方琉璃世界的药师王佛，主管东方琉璃光世界。竖三世佛指过去佛燃灯古佛，现在释迦牟尼佛，未来佛弥勒佛。

[7] 十方造化：即全体生命。十方从方位来说分东、西、南、北、东南、东北、西南、

西北、上、下共计十个方位，从此引申出一个佛理：佛法照耀世界各地，不管你身处哪个方位，都能感受到佛光的普照。造化：生命，有时指福气。

［8］圆明：圆融。

［9］杲日：昊日。杲，音 gǎo，太阳明亮；又为姓。

### • 解读

禅师语录云："不传别法，直指人心。"黄檗无念禅师心事：视野法没有别的，也不是别的，只是一个直指人心，见性成佛。不是没有别法，别人那里有别法，我这里只有这样法。宇宙中不止一个太阳，但我这里就是这个太阳。那么，这是否就是"到哪家说哪家话"？也不是的，到哪家都是说一样话。无非是真言，无非是实话。"不传别法"，意思是专心习禅。"直指人心"，意思是直指自心。以禅接心，跳过外物直接了悟。不是"因外物有所悟"，而是"因上有所悟"。直接从方法上得好处，这是捷径。

## 三

师曰：生不知来处，谓之生大。死不知去处，谓之死大。此个事最为要紧，所以古人如救头然。你等未出家时，乃知生死要紧，既得出家了，圆顶方袍，却去观山玩水，把生死全然不顾。若是眼里有筋、皮下有血的汉子，怎肯这般见解，去诸方参礼知识[1]，请个无意味话纳在胸中？三年五载，孤迥迥的深究，己躬更不回头顾脑。一等中下之流，一无所得，禅又不参，教又不看，昼夜打眠，放心自如，却言我是大了当的人。若恁么见解，千佛出世也救你不得[2]。苦哉苦哉。汝等若要究明生死，须是发大丈夫之志，先要断绝攀缘、妄想、无明、人我、贡高[3]、我慢、谄曲、嫉妒、佛法杂论，眼见耳闻尽情抛在东洋大海，不留丝毫。打扫胸襟，万缘放下。纤尘不立，只看个万法归一。一归何处？毕竟一归何处？此一则公案汝等切莫造次，从上古今贤哲皆从此发明。须是把做一件事，始得却要如冰凌上走，剑刃中行，如万军队里挥刀上阵，莫问输赢，猛敌一场，这般用工，方有少分相应。若是佯佯详详，待信不信，待疑不疑，恁么用工，做到弥勒出世，依然一场惭罗[4]。汝等若信得及，日用动静打成一片，若到这般田地，或有善恶境相现前。皆是你五阴魔障，曩劫习气[5]，切莫认他惟有疑情，昭昭灵灵推之不去，荡之不散，犹如寒潭秋月，无有纤毫趣向，忽然一声疑团粉碎，大地平沉，露出本地风光才好。诸方恳求印正，然后山间林下柴干水便，盘结草庵，待时而至接物利生。今日与你诸人尽情吐露，你自彻去，但办肯心，必不相赚，珍重。

• 注释

[1] 去诸方参礼知识：到各处拜访请教高僧大德。

[2] 千佛出世也救你不得：意思是佛不救不觉悟的人。

[3] 贡高：高傲。

[4] 惭罗：羞惭。

[5] 曩劫：过去劫难。

• 解读

禅师语录云："打扫一胸襟，万缘放下，纤尘不立，只看个万法归一。"黄檗无念禅师心事：启动人的自我净化功能，接来一股源头活水，洗净尘埃，在同一法门里得造就。需要知道：不是到净土去洁净自身，而是洁净了自身去净土。观音菩萨瓶中的甘露什么时候洒下来，当你成为观音菩萨手中的杨柳枝，洁净无尘，那么她就向你洒来。这是观音菩萨拿在手中的暗示，并且是最近的暗示，人应该看得出来。"万法归一"，暗指只有一个法。学佛成佛，学菩萨成菩萨，学金刚成金刚，学罗汉成罗汉。学什么就是什么，这也是一条捷径。禅师心事：不要在尘埃中成佛，而是直接通过学佛成佛，这是"立像成道"的法门。但要知道立的不是外像，而是内在鹄的。

## 四

师曰：汝等不可留心待悟，求神妙处。纵有神妙，亦是妄想。所以学者尽在外觅,只求知见,玄妙不知正是障汝蛊毒[1]。但莫向热闹处求,只那无搭撒[2]、无倚靠、无声臭[3]处,正是汝超出生死路头。汝等病在要明白,闻人奇言妙语,便道渠信得及,吾不知汝信的是个甚么?且道信得的在甚么处?当知信之一字,犹是假说,但向无巴鼻处参取。又云:既无巴鼻,向何处参取。

• 注释

[1]障汝蛊毒:魔障把人毒害。

[2]无搭撒:无勾结。

[3]无声臭:无声无息。

• 解读

禅师语录云:"纵有神妙,亦是妄想。"黄檗无念禅师心事:学佛不是炫耀修行,耍弄神通,不到时候的出现,是假出现,意味着丧失唯一的机会。这是由妄想造成的。应该这样,即使有什么妙处,也应该以并不奇妙的朴素办法宣讲出来,不要惊倒一大片,才能拯救一大片。普度众生要经历惊涛骇浪,但他本身并不是惊涛骇浪,慈航之舟是平稳的舟扬起镇定的帆。救赎是成全,不允许躲避,也不允许无处藏身。逼到绝路再拯救,这是逼出来的信仰,不是菩萨所谓。所谓"菩萨心肠、霹雳手段",主要是菩萨心肠。

## 五

师曰:汝等脚跟未得立地[1],都在靠人言语行持[2]。埋没自己,柱杖不得自由。

• 注释

[1]未得立地:悬在空中。意思是修行没落到实处。

[2]靠人言语行持:靠别人的话引导,意思是没主见。

- **解读**

禅师语录云:"埋没自己,柱杖不得自由。"黄檗无念禅师心事:人不可埋没自己,要掘尘见光,通过修炼激发自性,否则将陷入无处行走的窘境。靠人靠得了一时,靠不了一世。靠佛菩萨也靠不住,佛菩萨正要靠你自己。自己靠自己,自己救自己,这就叫见性了。见佛成佛。那时你会发现一尊佛,那就是你自己。

## 六

师曰:佛性个个圆满,无断无常。譬如日月,东起西没,西没东涌,有何断灭。虽然乾坤皆有坏时[1],日月光有尽时,惟佛性无尽。故名无尽灯。此无尽灯一盏,亦可百千盏。亦可如室燃灯,纵分千盏,未有一毫加减增夺。佛性亦尔。故曰:三世诸佛,一眼放光[2]。佛佛相续,祖祖联芳。

- **注释**

[1] 乾坤皆有坏时:即乾坤反转。所谓坏指反转。

[2] 一眼放光:从一个地方发出光芒。

- **解读**

禅师语录云:"佛性个个圆满,无断无常。"黄檗无念禅师心事:佛性人人有,每个人只要激活佛性,就可以得圆满,就可以得自在。佛性之光是常流水,永不断绝,是我们信仰的依据。

## 七

师曰:或有得了一知半见,便以为足。以牛迹当大海[1],只管放逸。皆是自饮毒药,以为甘露,不知有丧命之患。所以《楞严经》中五十种阴魔,皆是中途成狂[2]。不信有后步工夫[3],不知有声闻缘觉[4],大小果位[5]不同,所以小果欲至佛地最难,何以故?自生满足想故。

- 注释

[1] 以牛迹当大海:踪迹迷失,把踪迹当本体。

[2] 中途成狂:半途而废,被双方清算逼狂。

[3] 后步工夫:自有福报。

[4] 声闻缘觉:因亲自经历奇妙因缘而觉悟。

[5] 大小果位:不同报应带来的不同结局。果位,佛教用语,指的是修佛所达到的境界与阶梯。大果位是大觉悟成佛,小果位是小觉悟。果位指大果位。小乘佛教共有四个果位,分别是阿罗汉、阿那含、斯陀含和须陀洹。大乘佛教共有三个果位,分别是佛、菩萨和阿罗汉。小乘佛教认为现世界只能有一个佛,即释迦牟尼,不可能有第二个佛,佛在小乘佛教中的地位是至高无上的;大乘佛教认为众生皆有佛性,人人皆可成佛,个人修行的最高境界就是佛。

- 解读

禅师语录云:"小果欲至佛地最难。何以故?自生满足想故。"黄檗无念禅师据《楞严经》开示:小成就往往是阻碍大成就的原因。善地即佛地,但行一小善不可能就一切都事了。小善有大功德,大善没功德,把功德归人归佛不归己。到了这一步,始可言成就,小果诚然不足夸。

# 八

师曰:今人出家,住在丛林,一生未梦见,在千百人中只求一个半个识心达本[1],自行自立[2]。古来罕有,若非生铁铸成,浑钢打就的汉子,谁敢承当此事?求知求解者多[3],自信自肯者少[4]。故曰:学道似牛毛,了道如麟角。

## • 注释

[1] 识心达本：认识自心，达到本源。

[2] 自行自立：自己觉悟，自己行动，自己成就。

[3] 求知求解者多：本处特指求佛学知识的多。

[4] 自信自肯者少：树立信仰的少。自信自肯，自己树立信念，自己肯定自己的本性。

## • 解读

禅师语录云："学道似牛毛，了道如麟角。"黄檗无念禅师心事：学道的人多，得道的人少，正因为多中见少，有中见无，这才是真实不虚的佛法。禅师指示我们要"自信、自肯"，要自我树立信念，自己肯定善行。不必别人来证明，自证者明。

# 九

师曰：一切古人所说皆是真心剖判[1]，无有深妙[2]，学人错会，别生知解[3]。我与么说，他又言圣人毕竟有妙处。不知平常，是所以不达自心。若达自心，一切圣人同此一宗。若有一毫不同，便是异端。

## • 注释

[1] 真心剖判：真诚奉告。剖判，解剖本性后得出的结论。

[2] 无有深妙：既不深奥也不奇妙。意思是人的话只有真假，没有深浅。

[3] 别生知解：生出别样误会。

## • 解读

禅师语录云："若达自心，一切圣人同此一宗。"黄檗无念禅师心事：如果直达自己的内心，就会发现内心的善，自性觉醒，无有不善，一切圣人都是这样来的。"同此一宗"，不是说从学术流派上同一禅宗，而是"同此一道"

的意思,都在一个相同的道里得觉悟。什么道?自性觉悟的善道。这善道很奇妙,不是春生夏长,秋收冬藏,而是一颗种子发出,不生不长,不收不藏,种子就是花,种子就是果,他的生命形态不分期,不分形,不分季节开放。这种开放是悄然,是黯然,是度人中度己,是无有圣贤,只是一个真。

## 十

师曰:诸方参礼知识,将意识中百般能所[1]尽情吐出[2],方得自在。佛只为众生种种劳扰不停,便说种种妙法。汝若诸念不生,自然逍遥。众生若安,佛亦安矣。

### • 注释

[1] 百般能所:一切知识与能力。禅语。暗指世俗见解。
[2] 尽情吐出:一吐为快。禅语,畅言接引法。不是听其见解,而是打开其心意。

### • 解读

禅师语录云:"众生若安,佛亦安矣。"黄檗无念禅师心事:人心安定最好,佛心也安定了。这话暗示佛菩萨日夜为我们操心悬想,殷切关怀。打听我们的下落,期待我们的回转。佛是不生不灭的,佛的心也会动摇不安吗?是的,佛与我们一起做人,我们的喜怒哀乐、生老病死,佛与我们感同身受,因此才能针对不同人,不同情况,开出不同方子。方子虽不同,药效则一,都是为我们清心、明目、去火。众生安心了,佛也安心。众生闹腾,佛也不安生。佛虽有无限伟力,只以慈悲救人。他的善报总是大过恶报,他的果总是盖过因,算算加减法,我们得到的大大超过我们所为,无疑其中有白白领受的无尽天恩。

# 十一

师曰：阿弥陀佛发四十八愿[1]，若一草一木不成佛者，不取正觉，且道如何得成？若见有天堂地狱，有凡有圣，不可不疑。除是从自己脚跟下踢破玄关[2]，虚空粉碎，遍法界纯是一个极乐，亦无如是见解，始可参学。

• 注释

[1]阿弥陀佛发四十八愿：阿弥陀佛为拯救众生发的四十八个愿望。是愿望也是佛法，愿望即佛法。见《佛说大乘无量寿庄严清净平等觉经发大誓愿第六》。

[2]踢破玄关：打破玄机。人生并无玄机，只有穿衣吃饭的真理。学佛不是玩弄玄机，而是回到平常。

• 解读

禅师语录云："若见有天堂地狱，有凡有圣，不可不疑。"黄檗无念禅师据《佛说阿弥陀经》开示：真佛临世，同时也有假佛、伪佛四起。但凡修行人看到天堂地狱，或是把人分为圣人、凡人，这都是可疑的。"可疑的"是委婉说法，其实就是不可信。作为一个稍有智慧的修行人，必须知道：恐吓不能成佛，凡是说"信佛上天堂、不信佛下地狱"这种话是恐吓人，不能信，要说"信佛没有天堂地狱"才是正确的。同样地，凡是说"学佛可以成圣、不学佛只能做凡人"这种话是迷惑人，不能信，要说"学佛不分凡圣"才是正确的。禅师心事：不可强迫，要自愿。不可有分别心，要人自觉归善。

# 十二

师谓居士曰：公在方外[1]许久，访遇高人亦多，请示一言。士曰：虽在方外，未有一毫进入，堪得个调身之术[2]，四方求觅，可知出世者少。师曰：公见得天下无人，则是我相，则与众生多了一层。又曰：但有所学得的，总是虚缘幻相，当从自脚跟下猛然觑破：一切意思见解不出造化之手，纵做得千年不死，犹是守尸精灵[3]。若肯信，不涉一足，稳坐长安[4]，但一切放下，无圣可求，无凡可厌。人是人，物是物，那有许多分别。

- 注释

[1] 方外：世俗之外。借用道家语。出自《庄子·大宗师》："彼游方之外者也。"指神仙居住的地方。方外之人指代修道者或僧人。

[2] 调身之术：养生之术。借用道家语。

[3] 守尸精灵：守着肉身，但没有灵魂。

[4] 稳坐长安：禅语。意思是安然守护灵魂，与灵魂相依。长安是首都，比喻人的灵魂。

- 解读

禅师语录云："一切放下，无圣可求，无凡可厌，人是人，物是物，那有许多分别。""那有"通"哪有"，黄檗无念禅师心事：一切往下，放下一切，即可成佛。什么叫"一切放下"？指世上所有存在物、眼前事都放下，当然连自己的肉身也放下。什么叫"放下一切"？指放下是自己的事，要主动放下，不要等人来夺。放下是一个积极舍弃的动作。"一切放下"指从外环境松绑，

"放下一切"指从内心甩包袱,内外都得力,链条就断了。佛经上说"解铃还需系铃人",就是这个意思。

## 十三

师曰:古人常将狮子为喻,何故?不言别类,盖以狮子游行,不求伴侣[1]。行动一步,群兽皆绝野,干胆裂[2]。修行之人亦复如是,独行独步,轮刀上阵,不顾后群,杀得人方救得人。是名狮子儿哮吼一声,群兽奔走,谁敢当敌。

• **注释**

[1] 狮子游行,不求伴侣:禅语,意思是道侣固然重要,关键是独参自悟。
[2] 干胆裂:肝胆裂,形容震慑。

• **解读**

禅师语录云:"杀得人,方救得人。"此语难解,一解就误。黄檗无念禅师心事我们:所谓"人"即自己,我们看到的外部事物只是我们内心的外化,《金刚经》上把这称作"相"。所谓"杀得人,方救得己"不是表面意思,不是说"有能力杀人才有能力救人",绝不是这个意思,这样会误导出"杀人有理"、甚至"杀人成佛"的可怕理论。这话是说"自我了断,才能自我拯救"。彻底的了断好比杀,所以说这句话。这是杀其性,不是杀其身。此事需要说清。佛法没要我们杀人,也没要我们自杀,要求爱人爱己,引身归真。

## 十四

师曰:太聪明者终难说话。百般书籍[1]一目领过,不得一毫疑生,其实也不明白[2],只是意想卜度。如此见解,也是不聪明的人。

## • 注释

[1] 百般书籍：百家书籍，杂书。

[2] 不得一毫疑生，其实也不明白：意思是读书要起疑心才好，知其所以然。鼓励独立思考。

## • 解读

禅师语录云："太聪明者，终难说话。"黄檗无念禅师心事：小聪明是大智慧的妨碍，小得利是大收获的终结，小成果在大成就面前算不得什么。要太聪明者不好说话，因为你说的他都懂，但你为什么要这么说他根本不愿意了解。学佛当明因。

# 十五

师曰：自不识心，便向形迹[1]中窥人，毁谤圣贤，则是招殃。见我朝朝出来，上下提掇，声如雷震，口业不净[2]，一般穿衣吃饭，何名善知识？汝等又作是念，善知识慈悲柔和，如何口业不净？岂不闻善财童子参无厌足王将，一切作恶众生，或剐其肉，或剥其皮，或剖其肝，或截其舌，或断其足，令其痛声远彻，此是先圣化人境界，爱惜众生如护眼目，所以大慈难行[3]。反退人心，问如何是大慈？师曰：手持刀杖，守护正法。

## • 注释

[1] 形迹：外表。

[2] 口业不净：原指因夸耀、失言引起争端，犯下罪孽，本处是禅师谦语，指苦口婆心。

[3] 大慈难行：大慈悲难以推行。暗语，意思是有时需要相应手段。

## • 解读

禅师语录云："手持刀杖，守护正法。"这话也容易理解错。黄檗无念禅师开导我们：佛法是个宝，需要大家守护。所谓"手持刀杖"是形容用心用力护法，坚守自己的信仰，不是去打打杀杀。真修行人只守不攻。也不反攻，只是坚守。只要守得住，就有退却的一天。守宝人岂能离开宝藏？求福人岂能离开福源？禅师要我们坚守真实，不是要我们去向虚幻进攻。

## 十六

师曰：汝等若言本性不是空的，是何形相[1]？若言是空的，此时对面言语者是甚么[2]？汝等若欲出生死，此处当细观察。

- **注释**

[1] 若言本性不是空的，是何形相：禅师设问语，意思是外在表相既然已经消失，可见其性为空。

[2] 若言是空的，此时对面言语者是甚么：禅师设问语，两头设问，推出第三义。意思是我与你面对面，说明实有因缘，毕竟不空。

- **解读**

禅师语录云："汝等若欲出生死，此处（指性空）当细观察。"黄檗无念禅师心事：本性是空的，这空是空明，佛法把这叫做"真空"，不是虚空。佛法真实不虚，专门击破虚空。因为他无所不在，充盈一切，不受时空限制，自由来往，所以称作空。如来叫空王，佛门叫空门。不是说任凭虚空放纵，刚好相反，要击破虚空妄想，回到真实中来。真实世界是自由世界，佛法讲的"空"，可以理解为自由，是本性的真实状态。

## 十七

师曰：不肯自信，便是魔说[1]。不与世同，故曰外道[2]。我今立地看你，纵修行百千年，木食草衣，只与吾一般。又曰：八地菩萨，佛之一字尚不喜闻[3]，何况世间财帛境界而动忧苦。你等实无妙道可学，只这难信二字是实难信。

### • 注释

[1] 不肯自信，便是魔说：不自信（自己没有信仰）就会堕入魔道，说鬼话。

[2] 不与世同，故曰外道：意思是要随喜大众。

[3] 佛之一字尚不喜闻：意思是菩萨不喜欢夸耀佛法。

### • 解读

禅师语录云："你等实无妙道可学，只这'难信'二字是实难信。"黄檗无念禅师心事：学佛学的不是学问，学的是信心。信心、信念、信仰，这才是学佛的魂。魂不可丢，信仰不可失。有了这信仰，一切学问也好，办法也好，全都无师自通。

## 十八

师曰：修行人自谓见性成佛，且道见得的在那里？将呈吾看，既呈不出，又言见性，专向无智人前胡猜乱道，惑乱诸人，堕地狱有日[1]。在自不明白，不可教坏人家男女。有等守空寂的外道，而今不觉受殃，在末后只向明白坑里，自是与人言一切皆空妄言。无道可修，无凡无圣，只个穿衣吃饭，是更无生死可怖。反谤持戒念佛是小乘[2]，见人则夸快乐无穷，到正人面前一毫不敢开口。直待临终之日，忽然忙乱世情，难断意识，不忘一生善恶境界，随心发现，悔是迟也。

### • 注释

[1] 惑乱诸人，堕地狱有日：意思是不把未知、未明、未悟、未喜者示于人，否则有报应。

[2] 反谤持戒念佛是小乘：意思是不可谤佛，各宗派不内斗。持戒念佛是律宗、净土宗法门，与禅宗修行手段不同，目的同。

· 解读

禅师语录云:"不忘一生善恶境界,随心发现,悔是迟也。""悔是"就是"后悔这件事"的意思。黄檗无念禅师心事:念念不忘善恶者,就会成为善恶包袱,并且是善恶的双料包袱。背上有两个大包袱,一个叫恶包袱,一生作恶的恶果。这个包袱还小,大包袱叫善包袱,一生行善的善果。为什么善果压人至死呢?求回报。求回报而不得,岂非更累?不可善恶,始可行善。至于"随心发现",看似由心发出善念,但这个心太随性,不坚定,容易改,也是要不得的。禅师心事我们不要随心,要定心。无心则自现。所谓"采菊东篱下,悠然见南山"即是。

# 十九

师曰:一生干尽千古事业[1],不是寻常口说。问如何干得千古事业?师曰:尔只今有甚么事不尽。

· 注释

[1] 一生干尽千古事业:意思是彻底解决人生问题,得了悟,得解脱。

· 解读

禅师语录云:"尔只今有甚么事不尽。"黄檗无念禅师心事:到目前为止,还有什么事没干过的?好事干尽,坏事也干尽。好加坏等于什么?等于坏。清水加浊水等于什么?等于浊水。有好就有坏,有清就有浊。没有好坏善恶,没有清水浊泥,才是莲花之道。所谓千古事业,不是在现今的事业上更尽一层,或是翻新,或是大总结,而是放下一切,寻找真实的自我。这才是大事。

## 二十

师曰：善知识，问你正是点穴下针，汝若无事，自然不妨[1]。才问着便要寻句佛法抵对[2]，被须弥山塞却口。

• 注释

[1] 汝若无事，自然不妨：意思是修炼要炼，真金不怕火烧。

[2] 才问着便要寻句佛法抵对：意思是参学者着相了，动辄要求佛经印证。动辄要求佛经印证是佛学者，自证于心是学佛者。

• 解读

禅师语录云："点穴下针。"此即对症下药之意。黄檗无念禅师心事：扎针要扎透，悟理要悟出。所谓"悟出"，指又要悟进去，又要悟出来。有时进去，又被塞住。只有出入无碍，才见修行的奇妙。

## 二十一

师曰：参学须要知己[1]，莫在公案言句上求明白。我前数十年，只在黄瓜茄子公案上求明白。便是向外觅，后来听说，拿物非手，吃饭非口[2]，回头返己，方知公案。黄瓜茄子不是外头的。又曰：只教汝别求易，若教汝休歇最难。

- **注释**

[1] 参学须要知己：求学问是为了认识自己。

[2] 拿物非手，吃饭非口：意思是不仅知其然，还要知其所以然。什么因素使手拿物、使口吃饭，这才是关键。

- **解读**

禅师语录云："只教汝别求易，若教汝休歇最难。"黄檗无念禅师心事：放下难，停手难，止心难。一样东西找不到，让你到别处去找，你会同意，因为你还不能死心；让你别找了，你会难受，因为你还认为你们之间真有什么缘。其实，得不到又放不下，刚好证明没缘。如果真有缘，总会千里一线走到一起。不用求的才是缘，不用找的才是灯。

# 二十二

一日龙湖夜坐，有宗师举本来具足，本来无一物，两则因缘示众，有僧对：原来具足。又有对：原来无一物。

师曰：既是无一物，问着便眼睁睁的，心怯怯的，却似有个说不得的物事一般。既是具足，如何开口成滞？恐怕说得不是。随语生解[1]，到他人言下讨分晓。若是真到家的人，如月印千江[2]，似空谷应声，使大众耳目一齐俱见。且问大众听见么？若听见，又坐在是非箩[3]里。若不听见，又当面错过！且问大众如何参究。

- **注释**

[1] 随语生解：跟着别人的话生出所谓见解。

[2] 月印千江：禅语，意思是心不走失。好比月亮照在千万条江河里，千万条江河里都有月亮，真正的月亮只有一个。

[3] 是非箩：是非箩筐，形容烦恼身。

### • 解读

禅师语录云:"若是真到家的人,如月印千江,似空谷应声,使唤大众耳目一齐俱见。"黄檗无念禅师心事:真正悟了的人,自性中见共性,因此说出了众人想说的话,大家都欢喜,大家都明白。"众生成佛",这话意思是人要在众生里成佛,要揪出共性,印证出真知。一个人走的不叫道路,大家走的才是。从这个角度讲,修行是共修,主要是独修无乐,不能互见互补,反而害了修行。佛陀当初告诉雪山上一个人苦修的日子,回到山下寻找道友信徒,即是此意。

## 二十三

师曰:我终日与你说的是西影中现出来的,一个影相尽,大地众生、十方诸佛、历代祖师,蠢动含灵[1]都共这一个西影。大无边际,那里有踪迹等你看得他见。又曰:须知一切作务应酬[2],尽是游戏三昧,才得无事。此时清净,千万劫清净。

### • 注释

[1]蠢动含灵:是蠢动与含灵的省语,指无论愚蠢还是聪明。这是禅师自省语。蠢动,愚蠢冲动。含灵,聪明有灵气。

[2]作务应酬:工作与应酬。作务,做工。

### • 解读

禅师语录云:"此时清净,千万劫清净。"黄檗无念禅师心事:真正的清净不只管一时,而是管永久。千万劫可视为一劫,无非是要肉身消灭;心地清净的人肉身也清净,劫也无所劫,灭也无所灭。"此时"是何时?忏悔即在当下。此时悠悠不久,始知长阔高深。

## 二十四

师曰：汝等若自不信，佛也无奈你何。所以佛有三不能：不能度无缘，不能免定业，不能尽众生。问如何？又说大地众生同成佛[1]。师曰：他见得众生是佛，你若不信，还是众生。

• 注释

[1] 大地众生同成佛：大地众生一体成佛。众生成佛是因为众生有佛性并且互相成就，大地成佛是因为地是佛母（《地藏经》开示）。禅师说大地众生同成佛，意思是说地球带着众生一起成佛，这是一体化过程，所以叫一体成佛。地球本身就是方舟。

• 解读

禅师语录云："佛有三不能：不能度无缘，不能免定业，不能尽众生。"这话同样地不能照字面意思理解，其实黄檗无念禅师是在开示：只要相信就好，如果不信，佛也没办法。不是没办法，是懒得理。所谓"不能无缘"，指佛度有缘人，无缘对面错过。这个缘要自己结，自己求。心一真诚，就是缘分。这时无缘也可度。从这个意义讲，我佛专门来度无缘人，要你真诚地回归自我，勿作外在寻求。"不能免定业"、"不能尽众生"也当作此解，定业（定数）可免、命运可改，只要一心为善；众生尽可拯救，众生无非一人。只要人人自性觉悟，那么就没有不能成就的事。天地无弃儿，所以叫天地。

## 二十五

师曰：老实的便执著，老实的能巧的、便执著能巧的父母未生前不曾带得有老实巧拙的，都是习成[1]，非是本元[2]。若是天机，岂用思量？变化无穷谁能测之？今日若办明日事，便被鬼神觑破[3]。

- 注释

[1] 习成：后天形成。习，习气。

[2] 本元：本原。

[3] 今日若办明日事，便被鬼神觑破：人生不可预设，代天行事，应当随缘精进。

- 解读

禅师语录云："若是天机，岂用思量。"黄檗无念禅师心事：做人是算计，学佛正是要你没算计，本真为人。人在天地的局中，要说算计，人算不如天算，精打细算不如不算，心搞累了，人搞疲了，金银满眼不过是晃一下，何曾有半分享受。禅师心事：宇宙间自有命定，不会提前也不会赶后，当来则来，智慧人当淡定。是福大家分，是祸躲不过。一劫自有一佛，学佛人放心跟佛走，平平安安，不用思量。

## 二十六

师曰：问无有问，答无有答[1]。世人不知，只在问答上作活计。如此行持情识，何年而得休歇？且道尽世间问，问个甚么尽？世间答，答个甚么？若然会得一切佛法世法[2]，自然明白一切知见，自然泯息。又曰：学道人如铁壁石山相似，霹雳无情，方能断物。汝等若信得，及实无深妙处。我也只是个寻常无事的俗人。

• 注释

[1] 问无有问，答无有答：问了也白问，答了也白答。意思是要少问多思。
[2] 会得一切佛法世法：意思是佛法就是世法。世无二法。

• 解读

禅师语录云："霹雳无情，方能断物。"黄檗无念禅师心事：无情手段才能拯救有情众生。众生有情且多情，乃至不能自拔，必须借助一场霹雳才割得断。这场霹雳是内在的觉醒，不是说真正的雷打。如果有人借助法术救人，恐怕其人离魔不远。禅师说的"霹雳"是比喻佛法。佛法能断性断根，所以叫霹雳。

## 二十七

师曰：工夫不可疏懒[1]。若疏懒，便随世情流转。若谨慎，又是障碍[2]。

有疑未尽，切莫自昧[3]。古云："不怕剑戟如星下，只怕藕丝绊杀人。"

## • 注释

[1] 工夫不可疏懒：意思是要精进，暗示该苦修就得苦修。

[2] 若谨慎，又是障碍：意思是要放开手脚，不可死缠烂打。过分谨慎就是不谨慎，因为过分谨慎就会自缚手脚，帮了敌人大忙。

[3] 有疑未尽，切莫自昧：有问题不能隐藏。自昧，自己隐藏。

## • 解读

禅师语录云："不怕剑戟如星下，只怕藕丝绊杀人。"黄檗无念禅师心事：藕断丝连是最可怕的，断藕能发芽，烦恼丝无穷，业也无穷。禅师心事：一丝不挂，才能见性。常人想：何惧一丝？殊不知一丝之后有无穷丝，所以不沾惹一，就不会招来千万。一只蜜蜂的背后是蜂群，一个麻烦的背后是一团乱麻。修行人快刀斩乱麻，不捡不拾不看不怜，就让他乱，就让他死，我自走开。赶尽杀绝一切毒，这叫慈悲，这叫净种。

# 酬　问

## 一

问：性是自有的，为甚么不见？要仗师友提醒才见？

师曰：性虽是有的，不遇师友说破，决不肯自信。譬如粟谷种子，若遇水火损坏，要逢水土发生。一粒归上，发生无尽[1]。人之本性亦复如是，遇情欲而损坏[2]，遇师友指出自信真常。世人愚迷，被情识恩爱管束，不得出头。岂不闻古人舍金轮王位[3]，乞化他方，也只是求师友。仲尼鲤死，不妻，周流四方，也只求师友。如今学者多只在求名，不肯求人，纵求得功名盖世，无非大梦一场。先圣求得一人，如获珍宝，方有付托。譬如传灯，灯灯相传，命命相续。而今学者，东窃西记，以聪明见解认为得道，醒眼人看来岂不惭愧！大丈夫出头一番，性命为重，不可泛泛而已，岂不闻船子和尚云："三十余年海上游，水清鱼晏不吞钩。钓竿斫尽重栽竹，不计功程得便休。"

• 注释

[1] 一粒归上，发生无尽：一颗种子可以发出千万颗。归上，归位，到位。

[2] 遇情欲而损坏：情欲损人性。

[3] 古人舍金轮王位：指佛陀。佛陀简称为佛，其意为"觉悟者"。相传昆仑山的迦毗罗卫国，降生了一位王子，名叫悉达多，后来出家修道，成了无上智慧的彻悟者，也成

了无量功德的圆满者，无上的究竟者，所以称为"无上正等正觉"的佛陀。

• 解读

禅师语录云："灯灯相传，命命相续。"黄檗无念禅师心事：佛法无尽，轮回有尽，斩断因果，成就此生。好比灯火相接灯盏可以换，不灭的是火。好比性灵相通，肉体要更新，不死的是精神。学佛要有伴侣，无侣不成道，无人不成佛。

## 二

僧问：常人日用乐得来，我日用临事之时许多不乐。

师云：求得的乐非真乐也。不知千古圣人，尽是为己[1]。若不真为己，终难出头。或遇善知识，将一则公案，或一奇语问你，只拨你知见病根。若是个真无事的人，随机应答，无有思量[2]。若是佛法知见不忘[3]，虽口不言，面上带色，却有一物妨碍。此个病根最难消释。

• 注释

[1] 千古圣人，尽是为己：意思是认识人的本性。

[2] 随机应答，无有思量：随问随答，也作谁问谁答。不用思考，即兴接引。根据提问者的问题引导他自己回答。

[3] 佛法知见不忘：忘不了佛学见解，反成障碍。

• 解读

禅师语录云："求得的乐非真乐也。"黄檗无念禅师心事：外在的快乐是表面快乐，徒具其形，没有实质内容。求来的乐是可怜的欢乐，与欢乐的本性背道而驰，不是真乐。欢乐的本性是什么？是自性觉醒后为人处世的解脱。注意，是为人处世的解脱，而不是为人处世更高明。天真的人们，为人想"成熟"，处世想"圆满"。所谓的成熟是更虚伪、更盲目、更狠更毒，所谓"圆满"其实是圆滑。为了贪欲得满足,到处求人;若人来求我,又一味装大。芸芸众生,理解的快乐不过如此。更有甚者,以欺压人为乐,不忍提他。禅师心事:回归真我,才有真乐。极乐世界并非极苦转极乐,而是根本没有苦乐,只是一个寻常。水不知道自己能解渴,所以她是水。

## 三

问:用何工夫?

师云:莫生妄想[1]。

曰:如何是妄想?

师曰:求觅工夫[2]。

曰:如何得无事去?

师曰:莫生厌心。日应万端,未见疲劳,便是真无事的人。

- 注释

[1] 莫生妄想:不生妄想。已经生妄想要想生妄想的是谁,不生妄想要想不生妄想的原因是什么。

[2] 求觅工夫:找来找去。苦心但是盲目寻求。

- 解读

禅师语录云:"日应万端,未见疲劳,便是真无事的人。"黄檗无念禅师据佛法开示:真身不疲,真心不累,佛之所以叫佛,在于他不毁坏、不动摇。人处世上,待人接物或轻松或劳累,总的来说劳累;做事或成功或失败,总的来说失败,最后运转不灵人就卡死在各种关系中。人都是累死的,心累不堪。禅师说"真无事的人"做人"未见疲劳",说是他心不累。怎样才能不累?心不随世界走,就可以不累。累的原因是转太快、越太频繁,好像陀螺。修行第一课是什么?就是把心停下来。

## 四

师弟问：如何是善知识？

师曰：善者善达无为[1]，所说法语[2]不从文字中来。通达无量[3]，妙义不用思议。知者混古今事，天地未剖，日月未光，威音那畔境界，无不知之。识者能辨邪正，不被境惑，顶天立地，达佛心宗[4]。广演无上，大法普利群生，大开不二法门，天下独尊，是名善知识。

如何是法师？

师曰：法师者，证九地果位，八风不能动，说法不属有无，不落文字。汝今错会以讲文字者便谓是法师，不知正是谤法。何以故？一切学人只在文字上注解，背自心宗，丧佛命脉。

问：弟一生立志不起，望兄提携。或抱公案？或持经咒？

师云：抱公案、持经咒，要识得那个是我汝？今我尚不知是谁做人，且看父母未生前，一着子是何相貌？忽然觑破，方知天上天下，古往今来，恒沙劫事，无不明了，才不被天下人瞒，方是出世丈夫。

• 注释

[1] 善达无为：借用道家无为概念，指：善于从虚无中发现实有，又善于从现有中发现消无。

[2] 法语：有佛法的话。

[3] 通达无量：通晓世事与佛法。无量，无限。《无量寿经》中的无量有两个含义：一是有量的无量。二是无量的无量。有量的无量，是指数的到却无上限，或说无限，无数。

无量的无量，是想不到、说不出的无量。不可思，即禅宗的"心行处灭"，不可议，即禅宗的"言语道断"。无量的无量实际上指的就是"一心"。一心在佛教有许多名字：真如、自性、法身、实相、佛性、法性、如来藏、圆成实性、本来面目、本地风光、大圆镜智等。一心的真谛不可思议，不可思即禅宗的"动念即乖、心行处灭"，不可议即禅宗的"开口便错、言语道断"。明代高僧莲池大师说：心是无形相的，所以没有任何东西可作为比喻。大凡用来比喻心的，都是不得已，姑且取其仿佛与心的作用有些近似的东西来形容它，使人对于心的概念多少有所领会，但不可以认为心当真如某种东西。试举一例，譬如以镜子比喻心，大家都知道镜能照物，当物还没有对着镜子的时候，镜子不会把物的影像摄入镜中；当物正对着镜子的时候，镜子不会因为物的好恶美丑而生憎爱；当物离开镜子的时候，镜子也不会把物的影像保留在镜子里。圣人的心常寂常照，寂则一尘不染，照则遍觉十方。此心既不住内，不住外，不住中间，三际空寂，而又无所不住，无物不照。所以用镜子来比喻心，只是取其某些略似而已。究极而论，镜子毕竟是一种没有知觉的物体，心难道也象镜子那样无知吗？而且镜子在黑暗中便失去作用，怎能比得上心的妙明真体常寂常照。以此类推，或以宝珠喻心，或以虚空喻心，无论用哪一种比喻，其道理都是一样的。比如佛性，比如涅槃，比如平等，任何对待都是建立不住的。

[4] 达佛心宗：到达佛性根本。心宗，核心。

• 解读

禅师语录云："不被天下人瞒，方是出世丈夫。"黄檗无念禅师心事：不去骗人，就不会被骗。不去害人，就不会被害。天下人互相欺瞒已久，互相编造故事，靠谎话为生，一天不说谎话就不自在，一件事不说谎就觉得不是事，非要搞出假、大、空来不可。修行人立志做"出世丈夫"，就要从自己身上打掉撒谎的恶习。不参与骗局，不编造套子。修行人真诚第一，有几分说几分，自己拿不准实说拿不准，可以不做，可以停下来。不打诳语的不仅是出家人，所有积极向上的人都应该过"无隐瞒"的透明生活。做个坦荡人，成个光明佛。

## 五

问：今人不得圆通，未审病在甚么处？

师曰：或病在穷今博古[1]，歌赋诗词，事事要通，言言要妙。不知蔽真智[2]而求外慧，被知解遮障。或病在取舍二边[3]，忧厌生死，贪乐涅槃，知教是尘[4]。执吝不舍不知爱[5]，一文不值一文。或病在断恶修善，不知背真宗而向知觉[6]，认识神而作元明[7]。古云：金屑虽贵，落眼成翳。

- 注释

[1] 穷今博古：希望穷尽一切知识。

[2] 蔽真智：保护真正的智慧。蔽，荫蔽。

[3] 取舍二边：生死取舍。二边，指生死两头。

[4] 知教是尘：知道终归尘土。知教，教人知道。

[5] 执吝不舍不知爱：执著吝啬但并不自爱。

[6] 不知背真宗而向知觉：不知道抛开门户之见求真知。真宗本指法脉，人人自夸是法脉，就应该保持冷静，所以说背真宗，这是禅师反话。

[7] 元明：道家语，指元气神明（元子）。本处借指本我。

- 解读

禅师语录云："金屑虽贵，落眼成翳。"黄檗无念禅师心事：学会运用，比学会发现更可贵。事实上是，我们不是没发现，不，各人各有明眼处，假使你静心中人讲话，不得不承认哪怕是最平常的人也有独到见解，人人都有生存之道路；然而另外一件事实是，人们往往不能把自己的发现运用自如，于是出现明珠暗投，或者金子闪错了光的情况。金子怎么会闪错光呢？闪在盗贼面前，岂非闪错了光？还有因宝自伤的情况。禅师说"金屑虽贵，落眼成翳"，意思就是说金粉虽然名贵，落在眼里就成了眼翳疾病。禅师深意是：眼睛不是藏金子的地方。可以发现金子，但要把金子放到大众所宜之地，不可自宝。这就叫自宝成翳，是修行人要克制的。佛法其实并不神奇，关键在于运用。所谓"化腐朽为神奇"即是。

## 六

库头问：如何是日用神通变化？

师曰：你二六时中，治事待客，上下酬应，何处不是神通变化[1]。

• **注释**

[1]何处不是神通变化：意思是不追求神通，神通在其中。化腐朽为神奇，化神奇为平常。

• **解读**

禅师语录云："上下酬应，何处不是神通变化。"黄檗无念禅师心事：有修行的人讲究一个随缘，万事随喜，上上下下的应酬都能自如圆通。这不是圆滑，是神通。其中诀窍在于：有求不应。有求必应的是佛菩萨，有求不应的是学佛人。如有人见责，可以这样说：请向菩萨求。千万不可揽事。这是圆通妙道，只是一个不会，不知，不懂，但又不拒绝，让人知难而退，且不伤面子。这是禅师可怜劳心人，特别开示。

## 七

僧问：我日用处处搬营[1]，无处不是觉性灵通[2]，忽然气绝，未审灵灵寂寂[3]的东西归于何所？

师曰：你即今灵灵寂寂的东西，在甚么处！

僧无语。

师曰：学道人惟有此关难破，此处若不分明则属精灵[4]。

### • 注释

[1] 搬营：折腾。

[2] 觉性灵通：悟性很好。

[3] 灵灵寂寂：暗中发光。指灵魂。

[4] 精灵：游荡无依的灵魂。

### • 解读

禅师语录云："你即今灵灵寂寂的东西。""灵灵寂寂的东西"指灵魂。有僧人问禅师：我的灵魂忽然离开我，不知去了何处？黄檗无念禅师斥其荒唐，开示：人的身心灵是统一的，不能分裂了。其关系如下：身体是硬件，心是软件，灵魂是罩子。要说重要，当属灵魂最重要，因为他把人全身罩住，是身心的保护神。这个罩子是为了保护身心而存在，是慈悲神力所致。具体讲，这个罩子是为了保护身中这身、心中之心——真善种子而存在。善种要用善来求。激活自身也就是激活真善种子。身心灵合一，是真善人生，是成佛的必需模式。这是禅师所示。

# 八

僧病中，问：弟子寻常形体坚固[1]，自谓快活，能做得主，无生死可怖。今日忙乱，却死得来，则与常人无异。

师曰：但看忙乱的是谁？如此省得，即无生死恐怖[2]何来。

• 注释

[1] 形体坚固：身体健康。

[2] 无生死恐怖：即《心经》所讲："菩提萨埵，依般若波罗密多故，心无挂碍。无挂碍故，无有恐怖，远离颠倒梦想，究竟涅槃。"用般若智慧超越生死。高于生死的才能超越生死，被生死控制的不能超越生死。

• 解读

禅师语录云："但看忙乱的是谁，如此省得即无生死恐怖何来。"黄檗无念禅师心事：仔细看看谁在一天到晚忙碌不休，这是为心所累的自己，一旦明白忙乱无益，身好好对心，心好好对灵，身心灵合一，就会明白该过真实简单的生活，这种生活没什么高难，也不惊天动地，但最大的好处就是活得踏实。如此以来，生死观念都放下了，如《心经》所言"无有恐怖"。这是人生理想状态，也是应有状态。先不要讲成佛，先把人做好。不与鬼交，才是人样。

# 九

问：道可思议否？

师曰：道是何物，容汝思议[1]？又曰：虽不可思议，灵变滔滔[2]，千问千酬[3]，都从不思议中来。但落言语意解，便属鬼家活计。

• 注释

[1] 道是何物，容汝思议：意思是佛法不是平常所谓思考能获得的。道，本处指佛法。容汝思议，容你思考。

[2] 灵变滔滔：变幻无穷。

[3] 千问千酬：千般问答。

- **解读**

禅师语录云:"但落言语意解,便属鬼家活计。"黄檗无念禅师心事:不能从表面理解人的话,要从动因上探求。只听表面话,都是鬼话。如果成心把鬼话当真,定有鬼把戏。作为一个求真的修行人,能够理解并谅解常人的言不由衷,但自己不打诳语,也不从言语表面听一句话,是从说话人的言语动因上找答案。无心的过错不是过错,有心的行善不是行善。只从内心来看一个人,一切就都明明白白。如何深入人内心?简单,听其言,观其行。若有沉默者,我以沉默对之。

十

问:或有身住佛地[1],朝闻正法,不肯信受,不能了悟来生,还得闻否[2]?
师曰:要了此时即了,有何欠缺更待来生?

- **注释**

[1] 身住佛地:无处不是佛地。本处指寺庙。
[2] 还得闻否:还有机会听到佛法吗?

- **解读**

禅师语录云:"要了此时即了,有何欠缺更待来生?"黄檗无念禅师心事:要了断现在就了断,有什么欠缺的要等来生?言下之意是人要对今生负责,今生的事无法推来生。所谓"修来世"是不可能的,只能越陷越深。不要讲理由,不要讲条件。条件是人创造的,理由却最好不要创造。以了断为布施,就可以不以了断为苦。《金刚经》上说:"菩萨于法,应无所住,行于布施。"《金刚经》继续指示说:这种布施包括色布施与相布施,不着色,不着相,福德不可思量。断了一座桥,成就了桥两头的两座山。断了一个念,成就了对今生负责的修行人。

## 十一

问：如何是透脱[1]？

师曰：用透作么？又曰：透脱者，或因教典，或因触事，或因言句[2]，得个悟入，见大地众生，无不平等，又要出此窠臼，才得自由。

问：如何忘得情境[3]？

师曰：且道情境又是何物？只这个忘字就是病根。此时你问我答，有甚忘得。

• 注释

[1] 透脱：透彻。

[2] 教典，触事，言句：佛教经典，待人接物，言语唱颂。

[3] 忘得情境：把心情（内在）与环境（外在）都忘了。

• 解读

禅师语录云："只这个忘字，就是病根。"黄檗无念禅师心事：不必刻意忘却，让事情按自身规律走。刻意忘却是提醒，反会加深记忆。有的事情不要提，有的可以提，如何提不是问题，该不该提才是问题。人的病根在于哪壶不开提哪壶。也许世上本没有"忘了"，只有故意。所以最好不说一个忘字，才是立志忘情的修行人。山不管云来云去，水不管花开花落，人又何必管世事纷纭。淡定淡定，淡了就能定。

# 十二

客曰：此时说话是一大梦[1]，睡着做梦是一小梦[2]。

师正色曰：此时说话既是大梦，如何是醒时[3]？

客无语。

师曰：若要求醒，直待驴年。

• 注释

[1] 大梦：白日梦，醒时梦。

[2] 小梦：夜晚梦，梦魇。

[3] 如何是醒时：怎样才是醒？这是禅师的责语。对方明知故问，因此棒喝。

• 解读

禅师语录云："若要求醒，直待驴年。"黄檗无念禅师对来客开示：不要骑驴找驴。既然已经醒来，就不要说梦话。什么叫"求醒"？难道现在还不够清醒吗？为何醒过来的人还装睡，好人要装坏人？这种自我哄骗有没有意义？说给谁听，做给谁看？无非一个痴。佛经上说"痴人说梦"，正是要我们不能把自己催眠了。修行人应该这样：宁肯不要虚幻的花，也要真实的草。

## 十三

僧问：你这龙湖僧众，个个皆出火宅否？

师曰：你将甚么作火宅？谁在火宅内？

僧无对。

师曰：你正言语时，在己分上作么生出[1]？

僧曰：且请和尚作么出？

师一喝，僧拟议，师曰：火宅出不得也。

问：如何照见五蕴皆空[2]？

师曰：将何作五蕴？照个甚么？你说看。

• 注释

[1] 在己分上作么生出：在自己的本分上想什么。意思是超出了本分。这是禅师的责语。作么：什么。生出：想出。

[2] 五蕴皆空：五蕴皆空是佛教用语，出自《般若波罗密多心经》，指外界的事物和内在的想法都是"空"，也都是"色"，人对它们不可能产生什么影响，它们对于人的本性都不应该有什么影响。因此教导人们要放下一切，摆脱苦厄。《般若波罗密多心经》：观自在菩萨，行深般若波罗密多时，照见五蕴皆空，度一切苦厄。其大意是：观自在菩萨进入般若深观状态时，照见五蕴诸法皆空而不是自己所能主宰决定，因而度脱一切痛苦与灾难，提出了"五蕴皆空"的重要性，即"五蕴皆空"能使人摆脱"一切苦厄"。

- **解读**

禅师语录云:"你将甚么作火宅?谁在火宅内?"连续两个问,将故意找问题的人喝醒。黄檗无念禅师心事:火宅都是人自找的,故意说起火宅的人必定自己就在里面。世人欲望升腾,即是火宅。如果没信心,凡火更旺,业火更毒。一旦坚定信念,火就没了。不是没了,是作用不到自身,那就是没了。不是水灭火,而是火自灭。这是真修行。修行修的不是水灭火,而是火自灭。

## 十四

居士问:某甲[1]向学[2]之心久矣,而不知何门悟入。

师曰:公今二六时中,上下酬应,无非悟门[3],不必更求悟门。既欲向学,学到无可学处,便是真学。问头脑,今时学者把古人看得太高了,重彼轻己,是为小人。只要信得自己是人,方知圣人亦只如此,才不被圣凡所碍。

曰:某在家行忠孝,而恐上下不到[4],常有一愧在心。

师曰:古之行孝者多不自知,若自知我能行孝,恐上下不到是为造作,非真行孝也。若真行孝,无心可愧,无尔我分,不用做作,上下自然一团纯和[5]。若要做个名色[6]出来,令人知我行孝,正是忘恩背义不孝之子。

- **注释**

[1] 某甲:某人,或自称之代词。

[2] 向学:好学。本处指好佛学。

[3] 悟门:领悟之处。

[4] 某在家行忠孝,而恐上下不到:想行孝道又不知道如何行孝道,因而怕双亲不喜欢。

[5] 一团纯和:一团和气。

[6] 名色:名堂。

- **解读**

禅师语录云:"学到无可学处,便是真学。"这是禅师对好学居士的针对性开示。黄檗无念禅师心事:向外学习不如在内觉醒,自性觉醒是真正的学习。向自己学习就可以了,自性里面有一切,三千大千世界都包括在里面。并不是不谦虚,找源头就得回头。并不是封闭自己,深入必定是孤独的。

## 十五

客曰:过去许多古人,毕竟也有个不了事[1]。

师曰:莫替古人担忧,只要自家果然了得干净,命根断绝[2],自然与一切古人相见,莫要管他了不了。又曰:你开言吐语时古人在那里?

曰:不晓得。

师曰:不晓得最亲切[3]。

曰:我还不亲切?师曰:你不亲切处问来?

客无语。

师叹曰:有话须向知音说,不是知音莫乱言。

又问:一切人如何得自在去?

师曰:我今一目所视,个个停停当当[4],贵者自贵,贱者自贱,寒则穿衣,热则取凉,何处不自在。

- **注释**

[1] 不了事:不懂事,不成样子。

[2] 命根断绝:从命根里尘缘断绝。

[3] 不晓得最亲切:不知道最亲切。不知道最真实,真实的就是亲切的。

[4] 个个停停当当:各人有各人的命,无不停当。

- **解读**

　　禅师语录云："莫替古人担忧，只要自家果然了得干净。"黄檗无念禅师心事：古人今人面临的都是一个解脱生死的人生问题，自己解脱了，那么看世界就是好的。人与世界不和谐，关键在于人自己，原与世界无关。世界是由心造就的，心不安，世界必动荡。心安世宁。不要说"让我满足我就安心了"，由着人的性子，孙悟空做了如来佛也不会安心，必须要说"我现在就安心了"。这不是因为得到，而是因为放下。

## 十六

　　问：初入信位[1]，菩萨云何能说种种法？

　　师曰：到是不参学的人，无有一毫知觉打搅[2]，赤洒洒[3]地无有参杂。能说种种法[4]，故曰一超直入如来地。

- **注释**

　　[1] 初入信位：初信不久。信位是相对果位说的，先有信位后有果位。

　　[2] 知觉打搅：知识打扰。

　　[3] 赤洒洒：赤条条。

　　[4] 能说种种法：种种法都通，种种法都说。

- **解读**

　　禅师语录云："一超直入如来地。"黄檗无念禅师心事：人一觉悟，见性见佛，一个人生大超越就来到了自在的如来地。"如来地"即极乐地，庄严佛土。这不是一个比方，而是真实存在。怎样的超越才算大超越？怎样的超越才能甩掉众人？怎样的超越才能进入？答案很简单：转身就是超越。连方向都超越了，还有什么不能超越的。禅师在此悄然指示：有时真不能和大众一个方向。佛法虽为众人，但解脱不在众人中。

## 十七

问：设有人把世间文字[1]都背得么？

师曰：历代祖师[2]谁不背过。六祖不识一字，三藏十二部无不贯通。只为学者逐文解义，若有一则公案、一卷经不看得粉碎[3]，不名参学事毕[4]。

• 注释

[1] 世间文字：世上文字，所有书本知识。本处指所有佛经。

[2] 历代祖师：本处指历代禅宗祖师。印度第一祖是佛的弟子摩诃迦叶，印度第二十八祖和中国禅宗第一祖是菩提达摩，真正将禅宗中国化的中国禅宗六祖惠能。初祖菩提达摩，二祖慧可，三祖僧璨，四祖道信，五祖弘忍，六祖惠能。惠能之后禅宗无祖师。

[3] 一卷经不看得粉碎：把经书看破。

[4] 不名参学事毕：不叫把佛经学完。

• 解读

禅师语录云："六祖不识一字，三藏十二部无不贯通。"黄檗无念禅师据《坛经》开示：学佛学的不是佛经，学佛学的是佛心。六祖惠能禅师不识字不要紧，认识到自己的心就所有的经典都贯通了。所有的经典都在讲述一个字：真。要回到真实中来，莫被人世幻影带走。所有人都在发出一个心愿：悟。都希望打破迷境，走出迷宫。答案是：不要再走下去，迷宫岂有尽头？迷宫岂无陷阱？请原路退回到入口。不再走了，就叫走出。

## 十八

问：华严十回向[1]云，菩萨布施顶髻，肝胆手足更不言易处，云何只要舍痛处难处？

师曰：过去恒沙，诸佛历代祖师，谁不舍了痛处？若不舍此痛处，不名布施[2]。生死牢关，终不断根。须要拼命舍死一番[3]，方得解脱。但自思惟我意中何事最痛？唯有学道求明白是你心中最痛的。恐怕舍了便落生死，皆是自生恐怖[4]。世人贪爱情境，便是苦海。你今贪恋佛法知见，亦名苦海。问：既不见不闻，如何进功[5]？师曰：此一关绝要出生死，问不得别人。一切人到此都不知趣向[6]，此处若不觑破，难得了脱。

• 注释

[1] 华严十回向：《华严经》，全名《大方广佛华严经》，是大乘佛教修学最重要的经典之一，被大乘诸宗奉为宣讲圆满顿教的"经中之王"。据称是释迦牟尼佛成道后，在禅定中为文殊菩萨、普贤菩萨等上乘菩萨解释无尽法界时所宣讲，被认为是佛教最完整世界观的介绍。华严宗旨：系"法喻因果"并举，"理智人法"兼备之名称，一经的要旨，都包含在题目中。大，即包含之义；方，即轨范之义；广，即周遍之义，即一心法界之体用，广大而无边，故称为大方广。佛，即证入大方广无尽法界者；华，即成就万德圆备之果体的因行譬喻；严即开演因位之万行，以严饰佛果之深义，此为佛华严。此经以因果缘起理实法界为宗，说菩萨以菩提心为因而修诸行，顿入佛地的因果，显示心性含摄无量、缘起无尽、时空行愿等相涉相入、无碍无尽的理境，及佛果地寥廓无碍、庄严无比的胜境。所说十回向是：一、救护一切众生离众生相回向；二、不坏回向；三、等一切佛回向；四、

至一切处回向；五、无尽功德藏回向；六、随顺平等善根回向；七、随顺等观一切众生回向；八、真如相回向；九、无缚无着解脱心回向；十、法界无量回向。

回向，又作转向、施向。即是以自己所修之善根功德，回转给众生，并使自己趋入菩提涅槃；或以自己所修之善根，为亡者追悼，以期亡者安稳。诸经论有关回向之说甚多，兹根据诸经记载，将回向种类归纳成六种：一、回事向理，将所修千差万别的事相功德，回向于不生不灭的真如法界理体；二、回因向果，将因中所修的一切功德，回向至高无上的佛果；三、回自向他，将自己所修的一切功德，回给法界一切众生；四、回小向大，将自觉自度的小乘之心，回向转趣於大乘的自利利人；五；回少向多，善根福德虽少，以欢喜心大回向，善摄一切众生；六、回劣向胜，将随喜二乘凡夫之福，回向欣慕无上菩提。回向是实践"自他两利"、"怨亲平等"的大乘菩萨道的最佳法门；因为回向的对象可广及法界一切众生，而回向怨亲债主，可以化解恶缘为善缘、化阻力为助力。回向是"无缘大慈，同体大悲"的精神体现，唯有了悟"人我一如，怨亲平等"精神的人，才能回向。所以一念回向心，为菩萨一切行中推为上首；因此，无论修什麽行门，做什麽功德，皆应回向。

[2]若不舍此痛处，不名布施：学佛找痛处，从痛处下手。否则不叫布施。布施即把金钱、实物等布散施舍给别人。布施是奉献落到实处。奉献是身布施与心布施。布施是大乘佛法六度之中的第一项，六度以布施为首，布施有三种：财施、法施、无畏施，舍财而施名为财施，历代三藏法师说法，令人悟道，称为法施，观音菩萨现神力救众生苦，是无畏施。

[3]须要拼命舍死一番：先死后生。

[4]自生恐怖：自己心生恐怖。佛说有四大恐怖：身恐怖，心恐怖，事恐怖，无名恐怖。

[5]进功：用功。

[6]趣向：去向。

• 解读

禅师语录云："贪恋佛法，知见亦名苦海。"黄檗无念禅师心事：什么都不能贪了，坏东西贪了更坏，好东西一贪就坏，连贪恋佛法都成魔障了，何况其他。求乐得苦海，只因过了头。学佛是学一点点，修行是修一点点。一点点意趣，见性微笑。一点点领悟，受益终生。梅花开一枝，佛法就一点。唯有不贪者赏梅得诗意，学佛出真知。

## 十九

居士曰：此道除是不闻便罢，若一下看破了，神妙不可测。

师曰：也没有你妙处[1]，且将甚么作妙，你说看。士佯笑。

师曰：病根难得尽，何怕你如何有个意思在，打搅不得平淡。

又曰：我也晓得道是讲不得的，人人是有的，只到临事时分疏不下。

师曰：你晓得个甚么？只这个晓得的，就是你病根。

又曰：我求此道，受了许多辛苦，而今才得，谁敢说我的不是？

师曰：你既有个是的，莫说许多辛苦[2]。便受百千年辛苦，何曾梦见？在此事也不是你苦中求得的。观你所说，世人都没有道，只你得了道，此是越外生出的知见，极利害，便是这个埋没你一生。

又曰：或有一人不信当下是佛，只要念佛苦修，善果圆满，方才得成，此人如何？

师曰：此便是成佛的种子[3]，万无一失。曰：或有一人，立地就是一了，一切了更无纤毫疑滞，此人如何？

师曰：正在疑[4]。

居士忙然曰：如何是疑？

师曰：好个问头，只你不懂。

• 注释

[1] 也没有你妙处：不是你想的那么美妙。

[2] 莫说许多辛苦：在苦不言苦，悟苦不言苦，救苦始言苦。

[3] 此便是成佛的种子：禅师指出念佛苦修确实可以成佛。方法错了不要紧，心没错。

[4] 正在疑：正可怀疑。禅师指出真正了的人不说了，说了的人不是了。

• 解读

禅师语录云："你晓得个甚么，只这个'晓得'，就是你病根。"黄檗无念禅师心事：有的事情知道了，也不能说，更不能自以为是。学佛是暗中一点头。若有人问，只说不知。不是装聋作哑，是确实不知。对天地唯能敬畏，对父母只能感恩，对朋友只能祝福。我唯一的知识是自己的无知，我唯一明白的是自己的黑。浓浓深渊，曈曈暗影，要靠自己发亮，才能走出世界。灯不说话，光来说话。佛不说话，慈悲来说话。佛法能包容愚昧，但不能包容智慧。学佛戒杂，智慧一多路就堵死。雍正皇帝当皇帝的时候在大臣的奏折上经常批一个词：知道了。后来成了居士，再后来成了和尚，他对人常说：不知道。他悟道了。知识是负担，太阳也不可能永远升腾，该落就落。学佛是一个"静观落日在光明"的过程。日落以后不是黑暗，是光明在心中。他的沉默昭示了满足。暗中得好处，胜过明地抢果子。一人一报，需要各自领受。努力自修，谦虚就是福。

# 二十

居士曰：当下须识本体，照察灵明，便得自在。

师曰：若当下有个照察更不自在[1]。虽然照察得明白，也是相外光影。若是自己，如何用得照察。

• 注释

[1] 照察：照镜子端正自己，比喻正身。若当下有个照察更不自在，禅师心事说照察固然重要，但不要人为设立镜子乱照，关键在于正心。

• 解读

禅师语录云："虽然照察得明白，也是相外光影。若是自己，如何用得照察。"黄檗无念禅师心事：镜子本身是不用照镜子的，不自信的人才会照镜子。如果有人自夸明白，没有镜子看看又如何。学佛第一阶段，以佛为镜，这是好的，但也没什么可以自夸的。到了学佛第二阶段，把佛轻轻推开，自己就是一面镜子，不照而明，这才算是有了光。光是发光，不是反光。做光就要做光源，做人就要做真佛。

## 二十一

学人曰：孔圣人才是真不容己[1]。

师曰：一切人皆不容己[2]，何况孔圣人。

曰：此是无根之谈。百姓争田争地，相打作闹，一忧一喜且不得，他也是不容己？

师曰：此正是他真不容己处。

### • 注释

[1] 容己：容己之私。

[2] 一切人皆不容己：其实人人都想大公无私。

### • 解读

禅师语录云："一切人皆不容己，何况孔圣人。""不容己"在此处是内省的意思。黄檗无念禅师心事：所有人都应该内省，何况立志做圣人者。孔圣人之所以是孔圣人，就在于他敢于内省不惧。内省出圣人。"不容己"这个词很形象地说明了内省应该彻底。心灵容不下不洁，生命容不下不纯。修行纯粹无杂念，不是圣人也成圣。

## 二十二

问：你和李卓老这一起人，又无传授，糊来糊涂的，是那一宗下的人？

师曰：若有传授，便是邪法。我也不是五宗[1]门下人，三世诸佛，历代祖师，皆从这一宗[2]而出。

• 注释

[1] 五宗：指禅宗五派。菩提达摩说："我本来兹土，传法救迷情，一花开五叶，结果自然成"。"一花开五叶"：禅宗后来发展为五个小宗派：伪仰、临济、曹洞、法眼、云门。或者说禅宗从菩提达摩以后，又传承了五个祖师。

[2] 这一宗：禅宗里的禅宗，心宗。并不是宗派，而是法门。

• 解读

禅师语录云："若有传授，便是邪法。"黄檗无念禅师心事：外在的传授不顶用，再传也传不到心里去，越传越多，越传越邪，越传魔性越大，只是增长知见的障碍烦恼。禅师心事：要有心传，才能得真知。要有内修，才能开本性。心传靠悟，不靠学。心传不是传，是不传之中的真传。

## 二十三

友人问：如何是机锋？

师曰：机锋是甚么？速道速道[1]。

友人无语。

师曰：你当面错过。

• 注释

[1] 机锋是甚么？速道速道：禅师心事，说机锋者没有机锋，越是平常话越有机锋。

• 解读

禅师语录云："你当面错过。"这是针对友人问机锋而言。黄檗无念禅师心事：你要的机锋已经当面错过，暗示机锋就在当面错过中。能对得上的机锋几乎没有，能醒得上的机缘也几乎没有，此事奇妙处在于错过之后的吻合，差异中的互补。一根钉子一个用固然痛快，半截钉子也能用。当面错过没关系，大家都转身必然相逢。学佛不是一个人的事，是大家配合，大家回转。互见才能见性，错过别有相逢。

# 二十四

问：道果有耶？果无耶？

师曰：说有说无，二俱成谤[1]。

曰：如何即得？

师曰：无求即得。

曰：如何是道之体？

师曰：满口道不着[2]。

问：四人离散时如何？

师竖起拳曰：这个不属四大。

• 注释

[1] 说有说无，二俱成谤：说佛法有没有都是诽谤。说有但得不到，就会失望乃至因

爱生恨；说没有但明明有，这是撒谎。因此佛法不可说，可悟，可行。

[2] 满口道不着：再多话答不出。意思是不可答。

• 解读

禅师语录云："无求即得。"黄檗无念禅师心事：求人不如求己，无求于人，自得于心。自得于心是心得。我们的内心告诉我们：得到不是加添什么，而是不失去。"无求"是不外求的意思，"即得"的"即"是马上的意思，一旦不外求，马上有收获。修行人是个问心人，凡事问自己内心的神明，万事难不倒，万事有答案。

# 二十五

问：古人除却咽喉唇吻，道一句来这一句[1]。如何道？

师曰：我不除却咽喉唇吻[2]，你且道一句看。

学人无对。

师曰：你被语音塞却口。

• 注释

[1] 除却咽喉唇吻，道一句来这一句：不要嘴巴，说一句是一句。意思是话从心里说。

[2] 我不除却咽喉唇吻：我还是用嘴巴说。意思是心口一致。

• 解读

禅师语录云："你被语音塞口。"这句话意思是被话塞住了口。黄檗无念禅师心事：人的话如果不是出自内心，就会自相冲突，自己听起来都刺耳，严重的可以把自己呛死。因此佛家有禁语、止语的讲究。禁语禁的是废话，止语止的是一切话。默不出声，才有所悟。不鸣则已，一鸣惊人。

## 二十六

问：如何是自性？

师曰：不说不说[1]。

曰：如何不说？

师曰：恐你不信[2]。

曰：和尚真实语谁敢不信？

师曰：你若肯信，不觅真实。

• **注释**

[1] 不说不说：禅师说了。禅师说的话就是"不说"。开示法有二：说有，说无（说不）。说有是为了标注无，说无是为了破有。

[2] 恐你不信：怕你不相信。禅师的工作是引导人相信，不是指出有人不相信。

• **解读**

禅师语录云："你若肯信，不觅真实。"黄檗无念禅师心事：真正有信念的人不用求证正确，不用寻找真实。意思是自己确定就可以了。修行是什么？修行是要回自己的权利，原来我们有判定一切的能力，又有一切判定的法门。只用法眼一照，迷局就清。不用请判官，自己来断案。不用照镜子，心里有明镜。所谓真实，就是真心诚意。

## 二十七

问：如何是下学而上达[1]？

师曰：即今要达个甚么？速达我看[2]。

学人无对。

师曰：即今达不出，如何上达。

• 注释

[1]下学而上达：儒家语，原意是通过学习达到上进的目的，本处借指学佛之人通过修行让佛菩萨知道。这是妄念。

[2]速达我看：快让我看。这是禅师的嘲语。禅法无定，有时冷嘲热讽，不离菩萨心肠。

• 解读

禅师语录云："即今达不出，如何上达？"黄檗无念禅师心事：学道不是一个下学上达的问题，而是拿什么来下学上达的问题。如果达不出（指不能见性），那么上下都是问题。禅师心事：没有上下左右，只有一个中。得到了中心、核心、原点，四方八位都向自己靠拢。当我们盛衰事情的目的，就所有的事情都能成。

## 二十八

问:见性成佛是否[1]?

师曰:是[2]。

曰:性是无形的,如何得见[3]?

师曰:性是有形的,只你不见[4]。

曰:请和尚指出我看。

师曰:我说你不见。

• 注释

[1]见性成佛是否:明心见性可以成佛对不对?这是提问者明知故问,设圈套为难。

[2]是:对。明知是圈套,也如实回答。禅心无畏。这是无畏施。

[3]性是无形的,如何得见:心性无形,怎么看得见?提问者希望禅师展示看不见的东西,耍弄禅师。

[4]性是有形的,只你不见:在我看来,心性是有形的(人的外在形象就是内在心性),但乱性的人得意忘形,自己看不见。

• 解读

禅师语录云:"我说你不见。"这是针对有人要禅师拿出佛性的证明来而说的。黄檗无念禅师心事:见性成佛是正确的,佛性也是可以看见,可以证明的,但他不是作为一个存在物而存在,也不是作为一个现象而存在,也不是作为一件事而存在,那么他是以什么方式存在的呢?因为人而存在。所谓"佛法依人"就是这个意思。人在佛就在,佛性就在人性中。当面就是佛,还需要找什么?自己就是佛,还需要问什么?眼睛看得见眼前,自己的眼睛看不到自己的眼睛。禅师心事:见性成佛的见不是肉眼看见,而是内心觉悟自会有所见。

## 二十九

问:阳明先生说无善无恶是性之体[1],是否?

师曰:是[2]。

曰:我也晓得性体是无善无恶的,可是否[3]?

师曰:不是。

曰:如何他的是,我的不是。

师曰:他分明对汝道,性是无善无恶的,你走在善恶上去了[4]。

• **注释**

[1] 无善无恶是性之体:没有善恶是心性的本体,本来无善恶。这是王阳明著名的四句教中的一句。四句教:无善无恶心之体,有善有恶意之动。知善知恶是良知,为善为恶是格物。

[2] 是:对。禅师承认理学家的话,心学、禅学印证。借理施教,这是方便法门。

[3] 可是否:究竟是不是。这是提问者第二次问,意在反复。

[4] 你走在善恶上去了:禅师暗示要慎言善恶。说善恶即有善恶,说是非即有是非。

• **解读**

禅师语录云:"性是无善无恶的。"黄檗无念禅师心事:人性有善恶,佛性无善恶。人性升华即为佛。"人性有善恶",指人性有善有恶,性本善的同时性本恶,善恶同体,不能剔开,一剔开就成全恶。"佛性无善恶",指没有是非心、功德心、只是一个真。只做真的,不做善的。其实这就是大善,只是不说、不标榜,也不争辩。你说我是善人也好,恶人也好,怪人也好,俗人也好,一概听了就是。学佛是无闻,学佛是无见。无善无恶,所以善恶都成就,这叫普度众生,没说只度众生中的善人。

<h1 style="text-align:center">三十</h1>

问:尧舜干的事业,今人如何干不来[1]?

师曰:尧舜当初怎么做,何尝要是与不是[2]。今人且不去干事,只在那分别处想是与不是。若是丈夫气概,出头一番,撩起便行,管甚好歹。怎么信得及[3],便与前圣无差别也。

· 注释

[1] 尧舜干的事业,今人如何干不来:这是借儒家语研讨佛家话,孟子说尧舜也是人,王阳明说人人都是尧舜,提问者问为何今不如昔,意思是暗示禅师不行,修行不对。

[2] 何尝要是与不是:何曾分对与不对。这是禅师的驳斥语。指出人性无对错,只有真假。人生无生死,只有聚散。

[3] 怎么信得及:这样相信还来得及。怎么,这样。禅师心事:什么时候建立信仰都及时。但信仰不是等车,幸福不是藏宝,要主动配合救赎。

· 解读

禅师语录云:"撩起便行,管甚好歹。"黄檗无念禅师心事:关键在行动,不要口头上下工夫。所谓"撩起"即拉起,"撩起就行"即拉起就走的意思。不是不管好歹,而是好歹过去。禅师心事:是与非,好与歹,其实人人都是本性自明的,原本不必磨来磨去,关键在于行动。坐禅不如行禅,思善不如行善,悟真不如为真。

## 三十一

问：狗子有佛性也无[1]？

师曰：有[2]。

曰：赵州因甚道无？

师曰：既无，谁传持到今日[3]？

曰：不晓得。

师曰：用晓得作么。

- 注释

[1] 狗子有佛性也无：禅宗公案，赵州禅师名言。赵州和尚说狗子无佛性，意思是狗子有它的佛性，没有你理解的佛性。即自性自得、不由他说。

[2] 有：有佛性。禅师故意与赵州和尚反着说，引导思考。

[3] 既无，谁传持到今日：没有怎么传。意思是既然传下来了就说明了有这回事。

- 解读

禅师语录云："用晓得作么？"意思是运用晓得去做吗？也就是说：好东西开生就会用。这是针对佛性的传承而言，有的说有，有的说没有，黄檗无念禅师心事：已经在运用了，就足以证明是有的。这就叫因用知有，大有则大用。已经在运用了，还要问有没有这个东西，这确实是有点傻。一旦确定其有，就应该大用。有是为用而存在的。学佛正是要大放光芒，任何事情运用自如都能叫神通。

## 三十二

问：圣人道无声无臭是性否[1]？

师曰：是。

曰：视听言动是性否？

师曰：是。

曰：这两段是同是别？

师曰：你且将一段呈出我看。

曰：对和尚的是视听言动。

师曰：这是视听言动，你唤甚么作性？学人拟议。

师厉声曰：那里有声臭来？问草木有性否？

师曰：有。

曰：性在何处？师曰：性在说话[2]。

曰：他何曾会说话？

师曰：又在说。只你不信。

曰：如何他不知痛痒？

师曰：痛痒虽有，但无分别。

• 注释

[1] 圣人道无声无臭是性否：听不见、闻不到的是性（本性）吗？这是引用道家语。老子说道是：视而不见，名曰夷；听之不闻，名曰希；搏之不得，名曰微。此三者不可致诘，故混而为一。

[2] 性在说话：人之所以开口，本性使然。听言即见性。

• 解读

禅师语录云："性在说话。"这是针对有人问"佛性在哪里"作的答。黄檗无念禅师心事：人的话中有几分真实，就有几分佛法。说话不是耍心机，说话是真性情相接，真缘分相投，气息相合，共同成就。不是肉体在说话，是灵性在说话，这是真正的说话。可以确定的见性之言有：恩言，即感恩的话；赞语，即礼赞的话；诗语，即真性所感说出的诗歌。其外还有很多，总之真话是人话，好话是佛话。禅师说"性在说话"，确实如此。

## 三十三

问：如何是已发[1]？

师曰：古人传得的，今人参究到得的，意识知解明白得的，都是已发。

曰：如何是未发？

师曰：未发是圣人的本命元辰。不觉晚年精神疲倦，收拾不住，走透一点消息，被曾子眼明口快道个。唯至今相传都用意识，拟议将作道传，不知正是夫子败露不甘心处。若是颜子箪瓢陋巷，洒洒乐乐，无一点气息，你到何处传说他？今人只管寻觅他乐处，岂不诬谤先圣[2]？纵有一点消息，等你领会得，也是从门入者，不是家珍。

• 注释

[1] 已发：儒家语。孟子说人性的可贵在于未发（没发出），已发（已经发出）就小了。

[2] 今人只管寻觅他乐处，岂不诬谤先圣：意思是要找到他快乐的根，要找到他还没快乐时快乐的储放处、发生处。

• 解读

禅师语录云："未发是圣人的本命元辰。"黄檗无念禅师精通儒释道，贯通为佛法。此处说的"未发"是儒学术语，出自孟子，意思是未发之善是真善，要发之以气，不要发之以行；一旦发出就小了，因此未发的形态是最好的；"本命元辰"是道家语，指人的元神真身。禅师这话的意思是：还没有发出的人性是真性情，还没发生的决定了已经发生的，说到底，人的生命要看将来，不能看过去与现在。《金刚经》上说，过去心、现在心、未来心俱不可得，可得的是未发之心。起念最要紧，这是真学佛的修为。

## 三十四

问：手不攀枝，足不踏枝，口衔一枝[1]，忽有人问西来意，如何答得？
师曰：汝即今未衔枝时，人问你答个甚么？且速道一句看。

- 注释

[1] 手不攀枝，足不踏枝，口衔一枝：提问者自比雀鸟，耍弄小聪明，以空（空中雀鸟）说空（佛法说的性空）。

- 解读

禅师语录云："汝即今来衔枝时，人问你，答个甚么？"这话是针对提问者的话说的。有提问者自比雀鸟，说鸟在天上飞，手不攀枝、足不踏枝，空中飞行时如果要找家在哪里，怎么说？黄檗无念禅师据佛理开示：手足不触地，鸟在天上飞，家在鸟性中，不在鸟身中。鸟性即佛性，性之所在即是家之所在，原不在于天上地上，有无所依。

## 三十五

问：读诵四句偈，等功德无量无边，是那四句？
师曰：亲见、亲闻、亲知、亲觉[1]。复曰：你省得么？

曰：省得。

师曰：叫你持经，为甚么又被声尘污染。

• **注释**

[1] 亲见、亲闻、亲知、亲觉：亲见如来（见性）、亲闻佛法（闻声）、亲知佛谛（解难）、亲身觉悟（证果）。

• **解读**

禅师语录云："叫你持经，为甚么又被声尘污染。"黄檗无念禅师心事：学佛最怕反复，反复是魔，一击而中、全身而退是圣手。有弟子问什么是四句偈？禅师已经告诉他：四句偈就是亲见、亲闻、亲知、亲觉，答案已经出来，还要问，这就是存心不信。禅师心事：以话诱人，等于其心杀人。直来直往，彼此无害。经上叫你信，你偏不信，话多灰尘多，如何能见明珠一颗？禅师心事：拨开乌云见青天。

# 三十六

问：如何不得自由？

师曰：不自由者，病在贪求。贪名高尊显，被顾惜魔管束，不得自由。贪人恭敬，被恐怖魔管束，不得自由。贪聪明智慧，被名言教典管束，不得自由。汝贪天福，又被十善魔管束，不得自由。汝贪极乐，又被想魔管束，不得自由。汝贪真如，又被真如魔摄，不得自由。汝贪涅槃，又被涅槃魔摄[1]，不得自由。世人愚迷，不知佛是无求人[2]。汝若无求，处处自由。世间有求最苦，不知现前受用。贤妻孝子，富贵尊显是汝累劫之因。曾供养过他，今生出来，遇缘则受，缘尽则散。这是汝合受用的事。古云：随缘消旧业，更莫造新殃。只好随时度日，遇饥吃饭，遇寒穿衣，只待缘尽，脱了这领臭布衫。天堂收不住，地狱亦无名，这个大受用，谁人肯自信。

• **注释**

[1] 顾惜魔、恐怖魔、名言教典、十善魔、想魔、真如魔、涅槃魔：即妨害自由的七魔。分别指：顾惜名声以至成魔，自己吓自己恐怖成魔、迷信佛经成魔、十方行善上瘾并要求回报以至成魔、妄想不能自己制止控制以至成魔、迷信佛法成魔、幻想涅槃以至成魔。

[2] 佛是无求人：意思是佛不求人，从来没有求来的佛。关键在于激发自己的佛性。

• **解读**

禅师语录云："不自由者，病在贪求。"这话看似好懂，其实有深意。黄檗无念禅师心事：贪求是病，让人不自由，但这话千万不能理解为贪得不自由是病之所在，如果贪得自由就没问题了。不但想贪，还想贪得自由，这才是最可怕的。禅师心事：必要时可以不要自由，牺牲自由，把自由与贪求一起埋葬。种子哪有发芽的自由，到了该发芽时自然会发出。佛性也是如此，佛性不自由，他把自己捆得紧、埋得深，为了是不贪求上进，自会有上进的一天。自由是修行的死敌，约束是修行的福报。若问学佛人有什么福报？最大的福报就是终于能管住自己了。

# 三十七

僧问：如何是智人无梦[1]？

师曰：我这里莫说梦话。

僧再问，师大声曰：莫作梦会好。

曰：不省。

师曰：你若不省，日用千状万态，功业超群，总是一梦耳。

又问：初学从何门入？师曰：你从南来北来？

曰：南来。

师曰：好个入路。又问：如何出离生死？

师速叫一声，僧应诺。

师曰：从这里出。

曰：和尚说的话，我不晓得。

师曰：等你晓得，堪作甚么？

曰何故瞒人？

师曰：你梦不醒，反怪别人[2]。

• 注释

[1] 智人无梦：道家语，本作"至人无梦"。《庄子·大宗师》："古之真人，其寝不梦。""其寝不梦，神定也，所谓至人无梦是也。"意思是得真元（先天元气）的人不做梦，梦是泄露元气的。

[2] 你梦不醒，反怪别人：痴人说梦，还说别人痴。

• 解读

禅师语录云："我这里莫说梦话？"黄檗无念禅师心事：见真人要说真话。真性真心，不是妄念妄求。但凡有游戏之戏，即是妄念妄求。游戏风尘不是我辈之能，那是仙家生活，学佛这人要老实修行，这叫学仙不说仙话，佛话不是胡话。有几分说几分，不势高，不降低，好比上台阶，一步一个脚印。走一步下两步等于没走，走一步跃两步，又能跃到何时？佛经上说，梦是魔。那么梦话都是鬼话。痴人说梦，离死不远。真想得福报的人应该知道：福在实中求。但凡一个人诚实了，一件事做扎实了，我们就都知道，福报就在眼前。这是禅师据经所示。

# 偈

居士问：日用何为？师以偈答曰：

终日闲闲无所为，记得曾参一字机[1]。无限精神空费了，依然还是旧行持。
终日闲闲无所为，鸟啼花笑互酬机。客来问我为何事，饭罢庵前走一时。
终日闲闲无所为，蒲团竹椅尽生埃。祖师公案忘来久，禅客来参懒接陪。
三十年前学坐禅，犹如求镜去磨砖[2]。于今忘却途中事，语默依稀记不全。
饥即餐兮倦即眠，有时微笑水云边。赤心片片无人会，下是黄泉上是天。
饥即餐兮倦即眠，闲忙动静只随缘。人间甲子无心记，开到梅花又一年。

· 注释

[1] 曾参一字机：曾参即曾子，曾子讲孝，其"一字机"（一字诀）就是孝，不忘根本。

[2] 求镜去磨砖：即磨镜为砖，禅宗典故，意思是不可能。研磨砖瓦欲作成镜子，只能是徒劳无功。此语喻办事不得要领，终不能成功。原典出自《景德传灯录》卷五：唐朝道一和尚常习坐禅，未能悟道。南岳怀让禅师问他："大德坐禅图什么？"回答说："图作佛。"怀让即取一砖在他庵前石上磨，道一问磨砖做什么，怀让回答"磨作镜"，道一奇怪道："磨砖岂得成镜？"怀让反问："磨砖既不成镜，坐禅岂得成佛？"接着怀让开导道一说．"如牛驾车，车若不行，是打车对还是打牛对？你是学坐禅，还是学作佛？若学坐禅，禅非坐卧；若学作佛，佛非定相。于无住法，不应取舍。"一番话使道一如梦初醒，拜怀让为师。

## 下帙　黄檗无念禅师醒昏录

• **解读**

　　这组诗是黄檗无念禅师回答弟子的提问作的六首偈子。弟子问："日用何为？"意思是平时该怎么修炼？禅师以诗作答，告诉他的不仅是平时的修炼，就算不是平时，或是非常时，这些修行都是管用的。任他天崩地裂，我自修行不变。始知天也不崩地也不裂，人心不崩溃就没有什么可崩溃的，人心一坚定就能坚定一切。

　　第一首讲："无限精神空费了，依然还是旧行持。"此即行持不变的意思。禅师心事：基本的东西一开始就都知道了，不要轻视他，基础就是终极，首战即决战。不要在中间空耗，要把基础，佛理就在中。这首讲打根基。

　　第二首讲："客来问我为可事，饭罢庵前走一时。"此为穿衣吃饭即是真理的意思。并没别样事，常事见常理。既然上天让我吃一碗饭，就有吃一碗饭的道理，饭落肚中，有何可疑？并没有二样心，只有感恩惜福的心。别看我无事，吃好每碗饭这就是大事。

　　第三首讲："祖师公案忘来久，禅客来参懒接陪。"此为忘佛见佛、忘道得道之意。不用挂嘴边，不用记心上，忘记一杯水，渴时见流泉。这样彻底的忘却，为的是不让他变成妄想，入了梦，成了魔。一旦放不下，就什么都毁了。这首讲忘情怀。

　　第四首讲："于今忘却途中事，语默依稀记不全。"此即抱残守缺见朴之意。禅师心事：记不全就记不全，要忘却全忘记。与其在加快上打转，不如见新知。说新也不新，只是迈过去。禅师心事：人之苦恼在于得不到，而不去搞明白为什么得不到。如果明白得不到是正常、是必然、是应该、是福气，那么就会看淡已经到手的。虽然看淡，仍想得到，这种矛盾而真实的心态是每一个修行人都曾体会的，应该更加珍惜，至于淡不淡是各人的事儿。这首讲看现在。

　　第五首讲："赤心片片无人会，下是黄泉上是天。"此即我心自明、我心自决之意。上是天，下是地，中间是什么？不能说中间悬着一颗心，要说中间有一颗接通天地的心。无人会，就自己会。一片冰心在玉壶，一片赤心却不在火中。心火已退，双目就清。用无知无欲来开智慧，比用智慧来开智慧好。这首讲开天眼。

第六首讲:"人间甲子无心记,开到梅花又一年。"此即苦尽甘来之意。不记苦则不苦,不思乐自然乐。梅花总是开在世人不察觉的时候。修行人要学会静候消息。以梅花见梅花,以如来见如来。真性觉悟,共赏奇香。这首讲见福报。

黄檗无念禅师这六首诗、六个偈子,分别讲了学佛六阶段,分别是:打根基、行自然、忘情怀、看现在、开天眼、见福报。诚然是寻常佛理,但不寻常的果报、不可思议的佛法在其中,是老禅师无私的开示,值得认真学习。

# 牧牛图颂

### 寻 牛

入山拨草急追寻,
峻岭荒郊竹径深。
寻到水穷山尽处,
回头忽听野猿吟。

### 见 迹

溪边岭畔足迹多,
不是牛兮是甚么。
紧密行缠牢着脚,
好携绳索急追他。

## 捉 获

狭路崖前觉一声，
全身独露在荒青。
悠悠唤转灵苗[1]引，
贯鼻穿绳孔现成。

## 调 治

牢把绳头痛策渠，
旷陈劣性渐凭除。
二时水草勤调治，
体伏纯然乐宅居。

## 纯 和

散放无拘养幻身，
纵横无处绝埃尘。
这回不触凡情境，
左右周旋逐故人。

## 归 家

宛转回头归故家，
啰啰哩哩出烟霞。

鞭绳蓑笠俱抛却,
铁笛横吹不犯牙。

## 存 人

得意忘缘迥出山,
堂堂无束任清闲。
眠云枕石深鼾睡,
那肯容身落世间。

## 俱 忘

人亦空兮牛亦空,
寒光寂照尽融通。
大千沙界无名相,
依旧扶桑[2]在海东。

## 还 源

识破从前不假功,
古今凝洁一非聋。
欲知端的还源处,
山自青兮花自红。

## 入 廛

赤脚鬅头出世来，
春风满面展唇腮。
玄关金锁皆方便，
只要当人荐得开。

• 注释

［1］灵苗：嫩草。

［2］扶桑：太阳。本为树名。传说日出于扶桑之下，拂其树杪而升，因谓为日出处。亦代指太阳。《山海经·海外东经》："汤谷上有扶桑，十日所浴，在黑齿北。"又指中国东面的古国，有时指日本，有时指墨西哥。《南齐书·东南夷传赞》："东夷海外，碣石、扶桑。"《梁书·诸夷传·扶桑国》："扶桑在大汉国东二万余里，地在中国之东，其土多扶桑木，故以为名。"

• 解读

这十首《牧牛图颂》流传很广，影响很大。用放牛打比方，意思是不要丢失自性，自己管好，自己成就。里面包含了精湛佛理，是修行人指南，应该用心体悟。结合自身，成就大法。

第一首《寻牛》，讲："寻到山穷山尽处，回头忽听野猿吟。"讲的是要回头。山穷水尽还不回头，只能撞死。

第二首《见迹》，讲："紧密行缠牢着脚，好携绳索急追他。"讲的是见踪迹。无影无踪是不可能的，风都有条路，牛是庞然大物，只要顺着他的性子找，就能找到。如果乱了牪更好找，到处是痕迹，不要跟着他乱就是了。

第三首《捉获》，讲："悠悠唤转灵苗引，贯鼻穿绳孔现成。"讲的是重新上枷锁。枷锁好，牛没枷锁不听话，人要自由翻了天。这不是泯性，而是保存天性。穿了鼻子，保了全身，这买卖划算。

第四首《调治》，讲："二时水草勤调治，体伏纯然乐宅居。"讲的是调性子。这是真功夫了，要给他好处，更要他知道害处。没有怕心成不了佛心，恐怖中才见拯救之功。等他性子纯了，温顺了，就知道安居乐业。野牛好调教，家牛难调教。野牛之野还好收拾，家牛之奸不好收拾。贤人教子易子而教，高僧驯牛易宅而安之。多准备几处牛栏，牛就乐了。

第五首《纯和》讲："这回不触凡情境，左右周旋逐故人。"讲的是开眼识故人。一番调教，终于对我好，谁是旧主人。旧主人是唯一的主人。那把牛从小喂到大的，岂只是驱使牛的人，岂非与牛共同命运的人？怀旧当感恩，老牛识主人，这是关键。无主之牛是最悲惨的，收拾牛性子，来见旧主人。

第六首《归家》，讲："鞭绳蓑笠俱抛却，铁笛横吹不犯牙。"讲的是回家乐。不用打，不用骂，好牛儿自己回家。这是众生家园，只因一念之善，成就三生之缘，故有九地之乐，何来四时之困。牛要想自在，就要向无私奉献的牛草学。牛吃牛草，草与牛都成了佛。这不是杀生，是护生。家是什么？家是护生的场所，需要无私奉献。

第七首《存人》，讲："眼云枕石深鼾睡，那肯容身落世间。"讲的是超凡尘。这时的牛已成仙子，悠然自得。仙家爱骑牛，就是这个寓意。牛一旦没了狂性，就成了人的向导。耕耘之功不归人，也不归牛，归于大地。牛该干的活就是感恩知足地生活，放下心来，使自身安稳。

第八首《俱忘》，讲："大千沙界无名相，依旧扶桑在海东。"讲的是忘客身。此身再好也是客，此心再不好也是主。且看大千世界如沙尘，日出日落不上心。忘了身心之战，身心俱爽。忘了梦魂之贪，梦魂都宁。牛儿忘了青草与流泉，自身就成了山。

第九首《还源》讲："欲知端的还原处，山自青兮花自红。"讲的是见本性。世界之所以美好，就在于不是创造。世界之所以美好，就在于本来如此。孔夫子的全部学问是述而不作，佛陀的一切妙法是我心自知。

第十首《入廛》，讲："玄关金锁皆方便，只要当人荐得开。"讲的是登堂入室。廛音禅，是永恒的意思。既然见了本性，心锁自开，缰绳自解，好一只天地之间充满灵性的野牛。天性完全，完美如斯。不伤人的野牛是真正的野牛，不自伤的野牛是见性之佛。世上有把锁，见人就开。这把锁叫无尽藏，这个人叫有尽心里。心只一点，对应成千万。开了锁宝藏满室，第一反应是什么？

第一反应是分享。见性成佛，见宝往往成魔。只要有一分私心，牛性一下子又发作。所以要说共性成佛，共修共赏，共赴极乐。

以上十首诗，分别是讲要回头、见踪迹、上枷锁、调性子、识故人、回家乐、超凡尘、忘客身、见本性、入堂室。以牛为喻，妙趣横生，是学佛人同参的经典。

附录

# 小 传

## 南皋邹元标

昔韩公上佛骨表,尉潮阳与大颠往来,留衣别,士缙疑之,予谓此公聪明盖世,能转法华,必不为一疏便了生平,其言颠曰:实能外形骸以理自胜,不为事物是非窒碍。夫曰:以理自胜犹未深悉其义也,公亦达矣。欧阳、苏子才高八斗,好与诸僧往还,欧公曰:时于其人,察其气魄,有为世用者。而苏子则时遇可人,箭锋相射,苏公亦有逼人处。诸先生皆一代鸿硕,好与方外人游者何哉?盖身处火宅,入林樾睹萧萧数竹,顿令心地清凉,亦以夙因故。

予束发,每到萧寺,五脏若冰,不可言说。乡里中,所与二三僧,唯推鲁掺,作田亩无败行,然亦足敬也。浪游南北所接僧,非无赫然为世顶礼者,大都落风流、讲解窠臼,俨然如天竺古先生者,实难其人。

庚寅,以吏部郎谪南比部,时大司成新建,邓文洁公为祭酒,忽有无念禅师过公,以贤关不便款洽礼而之予衙斋。予亦馆之别室。旬日茶饭,外无他语。文洁过诘,曰:作何究竟?予曰:无语。文洁曰:此透体汉,无错过。予曰:无忙,在。别去又数年,念公过而访我古树下,坐对蒲团,相视而笑。予赋诗数首别念公。又别去数年,不知念公入我深也者。

念公名深有,楚麻城人。早年父母谢世,家长者习其有奇因,纵之披剃。一日有名宿谓曰:生死事大,须是参得明,始不负一生出世。念公启曰:何之?

示而之伏牛，伏牛不契，又之七尖峰，之东台，之五台，之燕蓟，之丫住山，之庐山，掺苦行者数十余年。凡五岳名山，无不跋涉，其所参承名师，曰大休，曰秋月，曰无穷，曰古清，曰遍融，无不顶礼。其所承指示也，曰黄瓜茄子，曰提话头，曰还饭钱。有言灵承如天帝语，未明也。如负须眉，不肯下誓死而已。

志坚功苦，盖垂数十年。诸知见若片雪红炉，即证诸名宿。名宿首肯始下山，次与卓吾李长者友。长者以不善，藏为世忌。公终身左右之，有告之曰：大贵人。方怒炽曰：斫首穴胸，何妨予。因是而知念公之定也。诸缙绅闻而争倒屣。直浙豫章七闽，焦太史、陶祭酒、黄庶子、王方伯、袁考功，皆降心相聚，念公时有启发，如大雨普布。

随根生活，诸士缙欲徙舍舍公，未数日即飘然去。野鹤冥鸿，不可萦矣。世有自称妙悟，以为必依宰官大臣而阐扬佛法者，予窃谓清虚苦空，佛之大旨。不从一草一木，降心而从万紫千红，处逐世，佛之道有是乎？嗟乎狂慧风炽，毒流衿佩，念公独藏锋遁世，此所以貌古风高，独步一世也。浩浩空门，龙象有几。予奈何不思作念公小传。念公懿行最伙，以俟逸史。夫使韩、欧、苏诸君子及文洁公起，必以元标为知言。

论曰：世儒好辟佛，佛不可辟，所以辟者狂禅耳。念公名行冠一世，恂恂若处子。栖隐一山，当楚中州界。遥瞻紫气隐隐隆隆，岂无谓哉。

# 赠无念上人序

## 复所杨起元

世皆知佛为出世之学,予以为出世不足以尽佛,佛亦精于经世者也。

后世称君道者,孰大于尧,尧在位五十载,不知天下治与不治,乃游于康衢,闻儿童谣曰:立我蒸民,莫匪尔极;不识不知,顺帝之则。又有老人击壤而歌曰:日出而作,日入而息,凿井而饮,耕田而食。夫作息饮食,泯识知而顺帝,则尧之所求于民者止是耳矣,而后世言治者莫加焉。盖道极于此,故治亦极于此也。世之所以成人者,日用而饮食也,本何识知之有?唯治民者或乘以私智,犹投石于定水之中而波浪起,以知应知,以识应识,是以天下扰扰多事。禹之言曰:尧舜之民皆以尧舜之心为心,寡人之民各以其心为心,嗟夫!帝降而王,其辨固在是欤?非民心之有异,乃存于己者未定也。

予观佛之说汪洋浩荡,纵横变化,不可穷诘。而究其实际,不出于现量。过去心不可得,未来心不可得,现在心不可得,如此则念念寂灭,虽有知识安可停哉?如此则日出不顾日入,日入亦不顾日出,耕田不顾凿井,凿井亦不顾耕田,如耳目口鼻不相逾而互为用,如此则善不知爱,恶不知憎,生不知欣,死不知恶,大道之世何以逾此。予故曰:佛精于经世者也。彼出世者,西域所歆艳,亦往佛所立之名色而佛因之也,不然道固无有不出世者也,奚必立出世之名然后出世哉!昔有僧闻鼓声举锄大笑而归,百丈曰:俊哉!此是观音入理之门。后唤其僧问何所见?僧云,某闻鼓声归吃饭。此真悟入实际者也。使其遂陈所见,堪作何用哉?

无念上人初参学善知识，遇善知识于蔬圃中植蔬，跪问佛法大意。善知识曰：黄瓜茄子。上人不契，辞去，历尽辛苦，几丧身命，忽地梦醒，方大彻悟，依旧是黄瓜茄子也。

黄瓜茄子谁不识之而上人独不识，必待历尽辛苦，几丧身命，疑团啐破，然后识焉，又奚怪夫陶唐之民处帝尧炉锤间五十年、然后知作息饮食之事哉！帝尧之于其民，竭其一生之精力，尚且五十年然后民知如此过活，矧后之治天下者，未尝竭其精力，安可复望哉！帝尧之求于民者，合下止于如此，尚且积之五十年，矧后之求于民不止如此也又安可复望哉！唯后世不能竭其精力以求于民，而求于民者亦不能止于此，是以能竭其精力以求于民而求于民止于此者莫过能仁氏也。夫竭其精力以求于民者，乃竭其精力以自求者也。求民止于此，乃自求止于此者也。是故通于佛法者，然后可入尧舜之道。而世之学佛者，区区于西方净土、及了生死而已，其惑者至求福田利益，广施财宝造寺度僧以为功德，儒者耻之，遂谓佛之教足以惑人而仇疾之，不复深惟其理，而吾儒之学竟止于粗浅而不足以入尧舜之道，此其故不可不一明也。

予赋性最拙于孔孟之言，茫然未有得也。近因博之释典而参之旧学，殆似有可以发明者，遂不自揆而以经世言佛。盖言经世者谤佛，而言出世者亦谤佛也，均一谤也，不若言经世矣。无念上人其谓之何！夫三乘十二分教，不出黄瓜茄子中。黄瓜茄子岂出世者耶。

# 书龙湖图赠无念上人

## 卓吾李贽

此石湖景也，有石在两水之间。石殊不巨，然其屋可比维摩丈室，能容瞿昙一千二百五十诸大弟子与俱者。风吹竹户，月落深潭，朝烟暮霞，足称幽雅。湖之西，架木为阁，直侵湖上，其名曰芝佛院。有上人来居之，其名曰无念。

吾不知上人果能无念否也？夫周子讲道于此多年矣，一旦乃能得上人于戒律之外，虽上人亦不以戒律故满足其意，而时时与十方贤圣穷究真乘，观其心不无念不止也。湖之胜愈以有加而芝佛之院、栖佛之楼结构焕然，非徒然矣。虽然真乘可冀，无念大难。夫学道者大都其心欲细，细则能入；其气欲粗，粗则能出；意欲其柔，柔则善纵；志欲其强，强则善夺守；欲其密，密则神不可窥；发欲其疾，疾则魔不敢近，方正也而遽奇。虽八面掠敌可也，甫奇也而忽正，可使千圣落胆矣。彼以天地为栋宇者，将以为大矣，不知特醯坛之鸡耳。以宇宙为幕席者，自以为快矣，不知特瓮牖之子耳。要皆以一人之知虑而欲测无穷之佛智，以一己之度量而欲忖无尽之佛事，以一二之手足而欲遍无边之佛国，是以北辕转疾，去楚转远，非有至人，又安足与议至道哉！上人若无念乎？无念是以语之。

石湖有潭，无念居之。石湖有屋，无念止之。石湖有经，无念会之。石湖有佛，无念念之。昔念石湖，今念自己，念而无念，石湖澄止。

# 无念上人诞辰

## 卓吾李贽

  有僧无念,学道精勤,众人不知,目为庸僧。我与念僧相伴九载,知其非庸,以念无故。何谓念无?与俗人处,念即自同于俗。不见俗故,将念离俗。是故一时贤人,目之为俗。然念僧真实俗也。与贤人处,念即自同于贤;不见贤,故将念希贤。一时俗人目为贤,然念僧真实贤也。呜呼,佛澄涂掌罗什吞针,念僧不能,但不可以。念僧不能,故而遂高视澄公与什公也。汾阳腥秽,布袋街头,念僧不肯,但不可以。念僧不肯,故而遂下视汾阳与布袋也。

  是岁也,己丑是日也,二月十七,念僧生身。实当是日,载茶载歌,载觞载咏,聊以为欢,共登无遮道场,永以为好,不妨游戏三昧。念僧其欲为名高乎?抑且俗与同也。俗与同,则十方无壁落。为名高则大地生荆棘,得力不得力皆于是乎,在咄咄,吾且观之。

# 赠别无念禅师

## 定宇邓以赞

余最善念，盖尝求无焉而不获，今乃知不必无矣。何也？念性本无非断，故无以觉，此则为佛。以此觉人，则为师。予常以语人，人如聋如哑。

今年秋，无念上人来自楚，余留居五日，则见其不寂不乱，庶几前所谓无念矣。

然上人谓我曰：前念即凡，后念即佛，是犹在转移之间夫。既知念性本空，则无烦恼，而非菩提。无生死，而非涅槃。如钗钏是金，非融故金。泡沫是水，非灭故水。是以举一众生而诸佛并摄，举一念而法界全收。又何前后之有欤？上人爽然曰：如是如是。兹其归也，书以贻之。

## 送无念禅师赴豫章请

**衡湘梅国桢**

　　余得念师，朝夕越十五年。平生碍膺之物，一旦消释，是师大有造于余也。

　　师所居黄檗山，僻险而瘠硗，豺虎之所盘据，人迹所不到。师与徒众披荆榛，创庐舍，择可耕者耕之。缁素麇至堂庑，日臻岿然，一大丛林矣。师每言为道，真切无过，邓定宇三十年如一日也。

　　今海内志道者多而江西为盛，故其意常在江西。兹赴请往，余老且病不能从，期以明春归。如期而不归，余即老病，当扁舟从之，还结夏于黄檗山也。

# 送无念禅师还楚

## 定宇赵用贤

不佞于佛理,未窥一班也。然亦时时好从学佛人游,获聆绪论。其贡高执有者,谬谓已得法要,而不知竟落偏义。苦行谈空者,自许既证大觉,而不知亦堕迷情。盖法等虚空而心执有无,觉海混漾孰窥真际?宜不佞之疑而增畏也。

庚寅春,仲胡山人荆父过白下,荆父故善言名理,称辩才,无上乃数推。无念禅师不事语言,直契宗旨。不佞因得一叩威仪,少承謦欬,目击道存,无所容声,然后知菩提自有密义,大乘自有正法,爽然心开,几不虚此生矣。

禅师复且杖锡还楚,不佞恨从游之。无几而又愧攀留之无术,辄呈短章,聊识私仰云尔:

头白于今侍远公,南宗谁复悟真空。

帝城钟晓秋云杳,一苇相将度楚东。

# 赠无念禅师偈

### 五台陆光祖

有念念为邪，无念念即正。炳炳大师言，指我成佛迳。
末季学语流，剿袭皆戏论。有无属二边，正邪非自性。
一落语言筌，执药翻成病。人言无念师，宗门提正令。
本出庸流家，剃发修苦行。归依于空门，遍参求悟证。
疑破黑漆桶，皮毛脱落净。入佛兼入魔，非凡亦非圣。
我闻如是言，稽首遥礼敬。师忽入白门，随众得参请。
果聆玄妙谈，聋瞽诧观听。辩才若风生，说法似泉迸。
德山临济机，的的在杷柄。老夫愚钝人，未能领上乘。
尝闻古尊宿，如实语相应。出言昧本真，天壤隔分寸。
斗争坚固时，魔佛互衰盛。吾党二三子，择法孰为胜。
归来读我书，聊取意根静。

# 因无念禅师示客偈

## 讱庵方沆

余将北行报满，以暑甚，小憩城南，会无念禅师自楚黄石湖来，因与王水部圭叔朝夕参，承彼此甚适。客曰：无念特禅寂枯槁者之为耳，二君与游，不虞妨正道而废职业耶？噫嘻有是哉！自无念之偕余山中，予见其饥餐倦息，朝盥夕浴，而未尝有怠事也。又见其风月清佳，据梧支策，独来独往，若神游太虚而不知其出于尘埃之表也。有时接见士大夫，主宾应酬，杯盘交错，徐察之，无厌色也。有时挥麈谈空，则理不必天地有而语不必千圣道者，无念肆言之，吾两人肆听之，纚纚乎若旁之无人也。盖无念而无不念，无无念而实无念，吾师乎！吾师乎！予且将终身与之游，安知其妨正道而废职业耶？遂作偈以示之偈曰：

真空妙智镜同圆，枉废磨砻历岁年。到底凭君拈扑破，始知父母未生前。
白牛闪烁秘形山，牧子招寻日往还。鼻孔拽来绳忽断，方知秖在故园间。
空谷何缘自应声，洪钟待叩为谁鸣。从他巧觅知音者，唯有聋人听得真。
真性圆明照大千，还如片月落平川。云何逐影生差别，昧却中天一点圆。
穿衣吃饭原无事，兀坐闲眠岂是禅。学道不从声色荐，工夫历劫总如然。
无边空界任周流，一性能将一切收。影里觅心那可得，大如仓海认浮沤。

# 读龙湖集寄怀念禅师

### 如真李登

承惠龙湖集,细读数过,乃知字字句句皆大乘法要,且直截简明,当下即得本心,无可增减者。师接引来学,功德懋哉!懋哉!别后二律录呈:

其一
杖锡凌西去,龙湖烟水深。江山虽隔面,风月自同心。
有念尘蒙镜,无情芥逗针。瑶琴时独抚,天际托知音。

其二
锢疾悲无始,轮回似掌翻。何期虚白室,即是涅槃门。
人去遗规在,心亡性自存。秪今开宝月,可复遣重昏。

# 禅那歌

### 荆父胡怀玉

庚寅岁，客白下，同念禅师结夏鹫峰寺。一时慕道之士多落知解窠臼，偶然有感，作禅那歌，并求印可：

禅那廓然包太古，非色非空不可睹。海底波斯驾铁船，个里何曾有佛祖。
白象无端降梵宫，天上人间击法鼓。周行七步复拈花，心印相承入东土。
碧眼胡僧坐不言，一花五叶荫寰宇。马驹踏杀天下人，棒喝纵横互宾主。
传灯迩来千载后，衣钵生尘野干吼。须弥欲倾龙象愁，念师忽起信不偶。
披衣孤坐万缘空，白云红叶堆窗牖。鹿女衔华虎受降，魔王问道展两手。
无非无有无非有，鼻孔双垂牙在口。雪峰毬，赵州狗，八角磨盘空里走。
维摩杜口毗耶城，瞬目扬眉成过咎。本来如是绝纤尘，劫火洞然亦不朽。
德山持钵太连涎，末后一句阿谁扣。禅师划开死生关，明月清风自为友。
人我山，无明酒，日对空王勤抖擞。梦里翻身不离床，称锤是铁原非垢。
忆昔燃灯授我记，有情共证金刚际。无须锁子两头摇，摩尼却向衣中系。
历劫恒沙光不殊，五阴浮云亦难蔽。定非定，慧非慧，世尊乞食入舍卫。
灵山一会坐俨然，华藏庄严开圣谛。白毫日照毗卢阁，芥纳须弥何广略。
金毛狮子铁围山，作者好求无病药。泥牛耕月火生莲，八风不动坐寥廓。
北斗藏身水逆流，黄面老子难摸索。说与阎浮世上人，火急回头犹是错。

# 赠无念禅师偈（时同卓吾住龙潭湖）

## 澹园焦竑

念公过金陵，予日与谈禅，得其慈力，一时涉入，如幻三昧。此其机缘，非在一期，果报间也。赋此以赠：

春深闻尔百花潭，曾与维摩共一龛。浮世无成悲小草，空门何意见优昙。
龙知听法归池钵，马为驮经度岭岚。乌榜宗风今欲振，好传消息遍江南。

# 论　禅

### 石公袁宏道

禅有二种。有一种狂禅，于本体偶有所入，便一切讨现成，去故大慧语李汉老云：此事极不容易，须生惭愧，始得往往利根。上智者得之不费力，遂生容易心，便不修行，多被目前境界夺将去作主宰，不得日久月深，迷而不返。道力不能胜业力，魔得其便，定为魔所摄持。临命终时，亦不得力。无尽居士云：世间粗心于本分事上，不曾于十二时中，密密照管，微细流注，此是业主鬼来借宅耳。此病近于高明者往往蹈之。

又有一种不求悟入，唯向事上理会，以念佛习定为工课。才见人提起向上一着子，便要抹去，见执法修行者，则赞叹。见心上干干净净，洒然不挂一事者，反以为不修行而疑之、谤之。此等虽外面无破绽，可摘其实，心火熠熠，如欠二税。百姓相似，至于遮障宗乘，害佛慧命，亦终为地狱种子而已。盖凡近于沉潜，又往往坐此病也。余游天下所见者，大都不出此二种，而执法修行不求悟入一病，尤为近来无灵根者之所托逃。

今年再会念公，始知宗门尚自有人，佛祖大事犹有可与激扬者耳。而念公犹然谓我曰：大事未明，如丧考妣；大事已明，如丧考妣；大事既明矣，若之何如丧考妣耶？又引古德云：此事须悟始得，悟后须遇人始得。若悟了遇人的，当垂手方便之时，着着自有出身之路，不瞎却学人眼。若秪悟得干萝卜头，不唯瞎却学者眼，兼自己动便伤锋犯手。予乃叹曰：此事以悟为极则矣，谁知悟后政自有事耶。若予者，虽几番有所解入，然猢狲子实未捏杀水牯牛，实未得纯熟也。若硬休去，是未大死而求大活也。悟且未能，而况于大慧所云之大法乎？况于夺饥人食，解耕夫牛，为人抽钉拔楔乎！此念公既悟以后之事，非予事也。

# 再晤无念禅师纪事

### 石公袁宏道

余山居九载,再游南北,一时学道之士俱落蹊径。至白下晤焦先生,使人复见汉官威仪。有来询者,余曰:焦先生洪钟也,试往扣之。及予归柳浪而念公适至,老成典型,居然在目。盖予之耳不闻至论,余之舌噤而不得吐久矣,抚今思昔,泪与之俱。夫使海内人士无志大乘则已,若也生死情切,则幸及此二老尚在,痛求针劄。余非阿私所好者。盖予参学二十年,而始信得此二老,及自谓不至误人。若但欲持戒学语,则无事此老锤凿矣。

# 本住法颂寿念师八十（有序并书）

## 憨山德清

　　不慧披服道风三十余年矣，竟无缘一睹光相。且以业力驱驰幻海，将二十年如托异国。故与法门诸大知识音问益远，顷投老匡山，望黄檗刹竿咫尺间。侧坐白毫相中，日蒙照拂，无由一致问讯。前秋陈无异居士入山，道及老师慈念殷勤，是知先蒙摄受者非一日矣。不慧何缘过辱加被之如此也，感谢无量。比来宗门寥落，野干乱鸣，殆不堪听，所幸老师踞窟狮子，虽全身未露，而爪牙无敢撄者，时闻吼音，为之庆快。惜乎颓波日倒，难以障回狂澜也。若不慧者忝辱法门，无一得可指，宁不虚生愧死耶？顷侍者广舍来知老师法算，喜登上寿，人天集庆，不慧愧衰质不能从法会之末，聊陈颂祝，少见一念向往之忱，所愿法身常住，道化无方，竖金刚幢为众归仰，无任翘勤瞻望之至，不腆薄供惟慈纳受顷者。复有曹溪之行，奉觐之缘，当在龙华三会耳。言之耿耿，神与此俱。（序）

　　今上御宇之三年，仲春二月十有七日，乃黄檗山无念禅师四百八十甲子之辰也。唯师少志向上，蚤悟自心，开顶门之正眼，竖无畏之高幢，法门归重，衲子趋风，莫不指归第一义，令入自信之地，诚末法之津梁，长夜之慧炬也。宗门寥落，赖师独振其家声，不慧虽未承颜而心光相照，不隔一毫以法忘情，无彼我相，为日久矣。嗟予老矣，愧不能一接麈尾以结法喜之缘耳。今幸值师示生之辰，十方宰官、居士、缁白众等各持供养而兴庆赞，不慧闻而欢喜，私谓悟无生者、离寿者相非四相之可迁，安可以世谛而拟之耶？乃说本住法颂，

敬遣侍者遥持香华,用申赞叹。是以滴水而称大海,以一隙而睹太虚,非敢尽其涯量,聊见微忱,以法供养之意耳。而说颂曰:

诸法自性本寂灭,湛然不动如虚空。世界森罗及万象,唯此一法之所印。
佛未出世祖未来,此本住法无欠阙。草芥尘毛体自同,白牯狸奴亦知有。
何况众生各具足,而与诸佛性平等。平等自性无生灭,又岂四相之可迁。
不来不去无始终,是故名为本住法。若人悟此体如如,一超顿绝凡圣见。
正眼开时生死空,迷悟两关当下辟。已过关者掉臂行,独蹈大方无滞碍。
犹如狮子自在游,非是野干可随逐。揭开五蕴封蔀茅,露地披襟坦然坐。
是名无畏解脱人,从此常依本法住。唯师了此本住法,独蹋黄檗最高峰。
巍巍不动若须弥,万象森罗齐颔首。日月游行若电光,世界山河镜中影。
良以心空身亦空,混融万法无起灭。是故一尘与空合,而与虚空共一体。
一切微尘亦复然,身与微尘等无二。身尘既入法界空,自性体与虚空等。
此空即是本住法,入此法者寿无量。空中世界任起灭,一切圣凡从去来。
是法不动相常住,此是大地众生寿。众生既与诸佛同,吾师岂与众生别。
但愿吾师常化生,证入众生无量寿。

# 开黄檗山记

## 石公袁宏道

　　无念禅师少年苦参，至四十始了。初创金地龙潭参禅，最号胜处，此地隔城二十余里，已为闲寂，而师复有深藏之志。又得黄檗山。盖师去黄檗，正愚兄弟来龙潭时也。急遣使邀回，对谈数日语。卒抵掌黄檗之胜云：山极峻，顶独平，上有荒田数亩，麋鹿成群如婴儿头上饥虱。每钁山药充食后，徐行庵外看群鹿戏，鼓掌谈之则皆星散。有荒田可耕，野菜可食，麋鹿可作伴，此福宜为衲子受。予志决矣，遂入黄檗山为终老计。且贻书我曰：贫道己事未明，向天涯觅宝藏，劳碌三十余年，今识海少停，只合插钁山居，以尽天年。予曰：此山寂寞久矣，应有所待，其待师耶？遂书其颠末以识之。

# 法眼寺记

## 石公袁宏道

余见天下衲子多矣，穷山僻谷，或未尽见。然求苦参密究，具宗门正知见者，如吾友无念禅师，实近日海内之优昙也。

禅师麻城人，名深有，十余岁而遍参诸方，口无味，身无衣，足无履者几三十余年。凡宗门大老，若遍融、云外、大安、大方辈，靡不咨叩。久之豁然有入，始卓锡于麻城之龙潭湖，与异人李卓吾为友，后复厌喧，寄栖商城之黄檗山。山势博大崇耸，迥无人迹，念公见而爱之。

涉其颠，复睹平衍，乃曰：是可田。询之山下民，则曰此商城张太学田也。岁久不治，已同石田。念公曰：田虽荒，可垦。僧众居此参禅念佛之暇，令其开荒种畦，可足一年粮，吾可藉此为终老计。会十兄弟访李异人及念公于湖上，念公自山中来，语及山中事，是时予同年范光父令商城，予走一字语之光父，欣然以檀施事属太学，太学大喜，愿尽以施僧，念公念田荒芜已久，非数年可尽辟者，今受田当并受粮，田荒粮重，恐反成累，遂语太学曰：檀越以全田见施，极是利益，但恐僧人一时难垦，愿开一亩则僧完一亩之粮。太学如命。于时龙湖本色衲子，安分度日，不为虚浮无忌惮之行者半，居此山，剪荆棘，治蓁楚，虎豹之与居，猿狖之与伍，数年以后佛殿僧舍粗可居住，衲子躬耕，自锄自种自食，无求于世。即道可办，居然有古丛林之风，予闻而喜之。

嗟乎，十方檀施极非细事，耕种而食，虽较劳苦，而食之无愧。且古大善知识皆亲自锄田栽菜，腰镰荷锸，不以为苦，后来学者才有一知半解便思坐曲录床，受人天供养，次者骺骺饱食，褡帽长衣，烧香煮茶作山人冶客之态，耕种之事愈所耻而不为。末法衰替景象，于此可见。今黄檗如是，何异古百丈黄檗乎？又闻其上麋鹿多躁田苗，僧皆架屋夜守，佛声浩浩，山答谷应。四季有野菜黄精可食。予又闻而乐之，愿与念公共住。

　　昔五祖演云：今年一寺庄田颗粒不收不以为虑，唯一千五百衲子一夏举一个狗子无佛性话竟无一人发明深为可忧。今黄檗山中诸衲子其有能发明狗子无佛性话者有耶？无耶？或有所待耶？皆未可知。然近日狂禅炽盛，口谈此事，现成一切无碍者项背相接，与其豁达空以拨无因果，真不如老实修行念佛之为妥当也。愿念公严立藩篱，与此清净道侣，老于此山，其有詑詑。然为无忌惮之言行、无忌惮之行、口角圆滑、我慢贡高者不许停此山一时一刻。庶几儿孙相传，法堂之草永不复生矣。

# 护塔文

## 长公梅之焕

恭惟无念禅师宿断钝根，早磨慧剑，言语文字不立，大心直取法王。艰难险阻备尝，拼命始归乐国。一扫三涂六道，顿超万劫千生。正法眼方开，老婆心复切。未明如丧明如丧，似有情痴。一法才通万法通，更无理障。成己以成物，总此一成。救世如救焚，急于自救。点化者百之一二，唯邓宗伯尤高足之后，许可者十之二三，于家司马有祝。

予之叹东宫卫尉，西有道人，管各窥其一班，竿更期于百尺。西方有圣人出焉，未能或之先也。东土以我公归兮，更莫为之后矣。誓不尽不佛，何忍遄归？然有寄有还，岂容久恋。

爰成宝塔，用备藏舟。当如来诞生之辰，正浮图合尖之日。息形并息影，俨然七尺之躯。忘死未忘骸，聊尔一杯之土。琅函留半偈，何须开石椁之文。舍利吐毫光，不用借漆灯之焰。已无晓梦迷蝴蝶，一任空山哭杜鹃。狮子潜声，林鸟犹疑说法；麒麟高卧，野狐不敢浪眠。此日雍门，已不陨孟尝之泣；他年华表，复何有丁令之悲。求大药而驻朱颜，只争旦暮；置虚器而运死，想一视与亡骨。且与俱朽矣。身隐焉用文之焕，闻木樨转语，不谓见而知之，标黄檗遗踪。或有闻而起者，敢云誉墓，聊榜传灯。

# 行　由

## 侍者怀淑录

　　吾师名深有，字无念，别号西影，楚黄麻邑人也。父熊，母黄氏，生于嘉靖甲辰二月十七。五岁失怙，寡母甘贫无倚。年十有六，因患痘，垂绝，兄与叔父议，许出家，乃苏。比愈，送游荡山，祝发三载。

　　偶一日，有一方僧至，师殷勤恭敬。方僧曰：你既出家，当为修行。生死事大，若不修行，必堕轮回。师问曰：如何是轮回？僧曰：十方一粒米，重如须弥山；若还不了道，披毛戴角还。师悚然曰：如何免得轮回？僧曰：云游四海，参求善知识指明心地，方得解脱。师问曰：那里有善知识？僧曰：伏牛、五台。

　　师闻此说，密走出外，欲往伏牛，不知去处。遇一僧，引至徐州七尖峰。彼有知识，号大休。师至，休已示寂。因问一禅僧，当时有何言句开示往来？僧曰：昔有一僧从峨嵋来，为道甚切，一到要见休，正在茄园架瓜，僧至园中问如何是西来意？休指茄曰：黄瓜茄子。僧不契，再问，休曰：莫劳道，黄瓜茄子。僧终不契，下山别参一禅师，禅师曰：你从何处来？僧曰：尖峰来。曰：大休有何言句？僧举前话，禅师合掌曰：真大慈悲！吾师闻举惘然，曰彼问西来意如何便答黄瓜茄子？禅师曰：你问他去。

　　师终日迷闷不得明了，往伏牛又问一禅师。禅师曰：你自参会好。复往北京问诸名宿,皆不肯说。嘉靖丙寅登坛受戒后,疑情结滞,胸中成痞,复往五台遍问明师。诣东台参秋月,月曰:你就是善知识。师又问黄瓜茄子,月曰:且放下,在此过夏听《楞严经》。师住月余,虽日听经,与此事大不相干。早晚又求问,月曰:在此住有日,自然明白。

师下山又问一僧,号无穷。穷曰:古人求道,二三十年受尽百般辛苦,方得明白,你不曾受一些辛苦,如何就得明白。师问曰:如何苦修便得穷?曰:立禅不睡,打七炼魔,吃麸咽菜,跪门乞食,年深月久,习气磨尽,自然明白。师依此行,跪门乞食,不顾形命,遍参江浙名宿,复欲往终南。至襄阳遇一僧曰:不必往终南,古来名宿出于伏牛。此山号为隐山,龙象皆萃于此。

师即与同到伏牛,至扫帚,漫入场打七,正昏沉中,有一名宿号云外,入堂小参。曰:咬定牙关紧捏拳,话头常举在目前;十年不明西来意,老僧替你下黄泉。正中师病。待一七醒,至静室中,叩问西来意,求之再三。外曰:我住此山四十余年,只得个轻安寂静,实未识西来意。师问:如何是轻安?外曰:我昔会十二众,立志参禅,不明心不休,三年后各人散去,我心未止,在七房内打七,昏沉如山,浑身不能转动,堂头和尚曰:你上山拖柴,遣开昏沉便罢。若不得开,我办下一捆揽竿替你打散这魔王。我便上山去拖柴,脚手都移不动,走到半山,至一大石下,自曰:我这一回至少有三百揽竿,不如死在石下。一头撞去,恰似有人以掌托住,浑身如万绳解脱,脚似登云回来。和尚曰:你今日山中得了好事,自此已后再无昏沉。

师便辞出到堂中打七,待期满,复往五台。路逢一僧,号宝珍。见师苦甚,谓曰:我师是善知识,号古清。师问:既是善知识,有何教诲?珍曰:昔有一僧号无尽,事我师三载求道甚切。先师问:尽你吃我三年饭,如何不还我饭钱?尽曰:我不昧心。先师曰:那个是你心?尽茫然而出,至饭后叫无尽如何不送饭钱来?尽曰:我不晓得那个是心。先师怒罚佛前头顶一砖跪至晚,饮食汤水都忘吃,浑身汗流,跪至更深。众:你且放下砖,待老师起来,再顶。尽曰:你各人去睡,莫管。我骗了老师饭吃,若不知心,跪到明年。跪至五更,闻鸡鼓翅而鸣,抛下砖击门喊曰:接饭钱。先师曰:如是如是。

师问曰:当时送个甚么还饭钱?珍曰:你去问他。师曰:他在那里?珍曰:他往终南去了。师又加一重疑,同到五台。大小静室,无处不到,一一请问。

对曰：他心不与你相干。复至北京，参遍融师，未开口，被他一喝，唬得胆裂心惊。复往山东见一禅师，姓孔禅师，曰：我四十人辛苦方得此事，你的疑我替你了不得，除非自了。始得复往伏牛打七，到第四七中，猛然得个轻安，方晓得云外言语，真实不虚。

虽然只是疑情不散。又问一禅师，禅师曰：禅难明白，不如念佛，求生西方容易，仗阿弥陀佛威力，慈光摄受，临命终时，生于彼国，花开见佛，岂不快哉！师依此语，回至麻城。结庵于丫杵山。闭门禁足，昼夜六时，专求往生。虽然终日念佛，心中疑滞不散。待三年毕，又复遍参江浙，转至庐山，会大安禅师。安问曰：汝号甚么？师曰：无念。安曰：那个是无念？师茫然无对。傍有一僧跪求开示？安曰：起来，转一转。僧便转。安曰：谁叫你转？僧曰：老爷叫我转。安一喝。师正不识，无念又被这一喝，忧闷下山。

至舟中大病，饮食都不下，自叹曰：无念自不识，枉做人在世上。友朋劝曰：且从容，吃些茶水，是你忙不得的。复回本山，正忧闷中，有二人至，请师诵经。师辞曰：我不会诵经，三辞不获免，后至经堂，会几友夜坐，叙数年行脚。友人曰：何不问你自家。师曰：如何是自家？对曰：拿物非手，吃饭非口。师听说：每朝吃饭时，不觉失手，碗在卓上，分明是手，口如何不是？行住坐卧，恍惚如梦。忽然夜中有哭笑二声相触，猛然开悟，喜倒卧床，睡至五更。友人至榻前，问你昨夜见个甚么？师又茫然无对。昨夜欢喜惊散十分，又转生烦恼，不觉大病，不进饮食。主人请医下药，师曰：我十分精神想失八九。医曰：也只劳神太过，心火逼急，两眼皆肿。师自叹曰：今年若不识，无念自缢而死。友人曰：你有此志，今年必得。

五月余，身未沾席，食未充饱，终日如梦。一日从榻坐起出门，偶见面一盆在当路，掇起送至柜中，见有果笼，将手推开，不觉失手，柜盖打头，浑身汗流，抚掌笑曰：遍大地是个无念，何疑之有！从前疑滞，一齐看破。友人问曰：你见个甚么？师曰：亲见你我，才得个逍遥自在。己卯，石潭居士延住龙湖。辛巳，卓吾居士来访。夜坐问曰：你见处说说看。师从始至终，一一吐露。居士曰：你且放下。

师心下没有理会，同住四十余日，邀过黄安居士，请众友会，每日交谈，你只放下。师曰：我没有甚么放下。得住月余，回龙湖看淆讹公案不省，渐渐有疑，请问石潭居士。居士曰：你还要看经，师曰：我不识字，不知看甚么经？居士曰：看《维摩经》，《楞严经》虽好，你看不得。师曰：如何看不得？居士曰：此是最上一乘的文章，我也理会不来。师听说，如箭入心，他把我做那样的人看。回到龙湖，就看《楞严》，看到"知见立知，即无明本"，忽然疑病又发，四五年的欢喜全然失散。疾往黄安，居士一见，问曰：工夫何如？师曰：我有一疑。居士曰：疑个甚么？师曰：知见立知。居士正色曰：这个不是你知见。师又不契。居士邀众友到驷马山会，有讲僧至，同会。夜坐，居士问曰：清净本然，云何忽生山河大地？法师讲罢，居士曰：无念你说看。师将开口，居士将师膝上一推曰：这个瞽师。

忽猛省，归至龙湖。静坐数日，平生所得的杳无踪迹，从此以后疑惑净尽。不遇本色宗匠，恶辣钳锤，堕在识见海中。鼓腹摇唇，以为自得。担阁数年，愧感邓公相信之极，设尽计较，欲剿他识见，不知自己脚跟未稳，先丧己命。

忽省十地菩萨梦见众生，身堕大河，欲救度，故起勇猛心，发大精进，蓦地猛省，人法两空，始得入门，全无干涉。从今而后，只是旧时人，不做旧时梦。

偈曰：

四十余年不住功，穷来穷去转无踪。而今穷到无依倚，始悔从前错用功。

# 忏　文

大明国河南汝宁府光州商城县黄檗山法眼寺

侍佛礼忏庄严净土应（巳）七孝徒（某某）洎合山缁白孝眷等词伤圆寂本师，深有无念大和尚，示生于嘉靖甲辰年二月十七日午时，于湖广黄州府麻城县太平乡高岸村游荡山袁家坳社下受质，住世甲子五百有四干，天启七年丁卯岁七月二十八日巳时在于河南汝宁府光州商城县南黄檗山法眼寺示寂。

悲仰本师念公和尚，夙乘愿力轮，摧见网。超举拂拈槌之常格，露炎焰毒鼓之真机。苦参四十余年，不与万法为侣，幻住八十四岁，未将一字与人。虽李老志量，冲天慢习，犹嫌侠骨。即邓公天资近道，宗脉早恸斯人，所以二十载求友勤，渠应知粥饭时为人亲切。追夫榆景逾扬，远照之晖，譬彼晨星独耀高旻之峻，云集遍诸方耆硕，鸥游倾一代名卿。得髓得皮，此外凭谁付嘱。日面月面，今时难共举呈。方期与赵州齐年，不觉已优昙暂现。瑞烟珂雪，泥洹示希有之祥；宝网金台，窣堵涌神工之助。奔赴则林木变白，攀号则大地鲸音。悼人日之西沦，惊夜珠之自失。况（某）等身依慈怙，莫报重恩。大事未明，难免南泉一哭。祖意梦在虚劳，首座装香兹当。本师（巳）七之辰，故遵古宿清规之典，伏愿生则定生安养。莲开此日，灭而不灭，毗卢茎化，全身劫火洞然。时漫道随他去也，古炉冷湫地，方知落处分明。体众生未度，不取正觉之愿。王即沙界现前，不舍一法为佛事岩头，滴水踢翻处，满月当空。潭底孤灯吹灭时，大千照彻与么别。峰相见空，教孝子帷下哀哀若待。补处下生，只恐痴人眼前梦梦。仰仗三世诸佛，特地证明，留与后代儿孙共伸回向，涓今吉旦，修设该罗法界，利济四生。凡圣圆融，冤亲平等，水陆无遮，讽经礼忏。焰口普利,法施道场一供。上报四恩,下资三有。

恭祈佛力大利幽明。

**黄冈弟子樊志张法名常灯述**

# 黄檗无念禅师传

(根据资料编写)

无念禅师原名深有,是湖北麻城人。早年父母双亡,家族里的长者知道他有佛缘,让他披剃出家。有一天,有个老禅师对他说:"生死事大,一定要参悟出,才不辜负此生。"无念禅师问:"到哪儿去参?"老禅师指示他去伏牛山。到了伏牛山参不出,又去七尖峰、东台山、五台山,又去河北、北京,又去丫住山,又去庐山,苦行几十年。凡是五岳名山,都到过了。无念禅师的师承很多,拜过的老师有:大休禅师、秋月禅师、无穷禅师、古清禅师、遍融禅师等。每到一处都虚心求教,顶礼恭谨。这些都是传给无念禅师的禅法有:黄瓜茄子、提话头、还饭钱等。有些话像天书,一般人不懂。无念禅师参禅心切、心诚,好像对不起当世大丈夫,就差没发誓去死。志向坚定,修行刻苦,几十年如一日。有很多真实见地,就像雪里送炭,让人觉得很舒服。无念禅师很尊重师长,那些老禅师让他下山他才下山,不让他下山他就不下山。

朋友里面,他与著名异端思想家李卓吾(李贽)感情深厚。有些长者认为李卓吾不是善良人,兴趣世忌晦来往,只有无念禅师常在李卓吾身边。有人告诉无念禅师:"你不要与李卓吾来往了,大贵人已经生气,要收拾李卓吾。"无念禅师说:"就算你砍了我的头,劈了我的胸,我还是要与他来往。"通过这件事,大家都知道了无念禅师意志坚定。无念禅师的佛法与人格感染众人,官绅们都争着与他来往,向他求教。直隶、浙江、河南、江西、福建,这几省的居士弟子尤其多,比如:焦太史、陶祭酒、黄庶子、王方伯、袁考功等人,都放下架子来与他相聚。无念禅师诸多佛法开示如天降霖雨，使唤苍生受益。无念禅师的生活方式潇洒不羁，随性自在。官绅们请他住别墅，没住几天就飘然去了。就像野鹤飞鸿，不会被世俗绊住。

无念禅师的朋友袁宏道说：无念禅师十多岁的时候就出远门，几乎参遍了当时有名的禅师。食不知味，没件好衣服，没双好鞋子，艰苦学禅三十多年。大凡宗门大老，都问过了。很久以后才豁然明白，结束参学，回到家乡，开始弘法。一开始住在家乡麻城的龙潭湖，与奇人李卓吾做朋友。后来讨繁华，寄住在商城的黄檗山。这山高大雄浑，荒无人烟，无念禅师一见黄檗山就很喜爱，上了顶，见山顶平坦，说：可以耕田呀。就问山下的农民，说：山顶上原来就是张太学的田，现在荒了，休耕太久，成了石田。无念禅师说：田虽然荒了，还可以开垦。修行的僧人住在这里，参禅念佛之际可以开荒，充足一年口粮，此地很好，我可以在这里终老了。过了段时间，十兄弟（十个结拜朋友）访问奇人李卓吾与无念禅师在龙潭湖上，无念禅师刚从黄檗山下来，就说起了希望建寺开荒这件事。当时我的同年范光父做商城县令，我写了封信给范县令，希望能帮助无念禅师实现这个愿望。范县令欣然同意，告诉荒田原主张太学。张太学大喜，说愿意把黄檗山顶上的田地全部送给无念禅师。无念禅师考虑到山田荒芜太久，没几年来开垦不完，工程浩大，恐怕吃不消。并且太学还赠送粮食助力开荒，田、粮太多恐怕反成累赘。就对张太学说：多谢檀越！和尚不敢贪多，请先给我一亩。张太学就照他的意思办。大家都尊敬无念和尚的德行，说他不是虚浮之辈，安分度日，这是本色。四方相助，荒田重开，新庙建起，取名法眼寺。自耕自足，有古丛林之风。

无念禅师的侍者怀淑说：我师父原名深有，字无念，别号西影，湖北黄麻邑人。父亲姓熊，母亲姓黄。生于嘉靖甲辰二月十七，五岁丧父，孤儿寡母穷苦无依。十六岁那年患痘，快死了，哥哥与叔叔商量让他出家，不久病就好了。送到游荡山断发出家。三年后的一天，有个游方僧来，我师父待他很殷勤恭敬。游方僧说：你既然出家，就应当修行，不然必堕轮回之中。于是我老师开始了漫长的参学生涯，直到四十年后，才得大彻大悟。先前有一位老僧告诫无念禅师道："十方一粒米，重如须弥山。若还不了道，披毛戴角还。"无念禅师听了，悚然惊醒，于是决志参访，自誓今生定要究明生死大事。在行脚途中，无念禅师曾经听到有一位僧人举这样一则公案：有僧问大休禅师："如何是西来意？"大休禅师道："黄瓜茄子。"无念禅师不明其旨，遂生大疑惑。于是遍参江浙名宿，却一无所得。后听说大安禅师在庐山接众，无念禅师遂前往参礼。大安禅师一见无念禅师，便问："汝号甚么？"无念禅师道："无念。"大安禅师又问："那个是无念？"无念禅师茫然无对。于是便留在大安禅师座下请益。一天晚上，无念禅师正在坐上用功参话头，忽然听到外面哭笑二声相触，猛然惊悟。后来有一天，他在厨房里，偶然看见一盆面放在地上，行走不便，于是将面盆掇起来，放入柜中。柜子旁边正好有一只果笼子，无念禅师准备顺手将它推到一边，不觉失手，触动了柜盖，柜盖正好打在他的头上，这意外的一击，将他心中的疑滞，一下打掉了。无念禅师当即豁然大悟，通身汗流，大笑道："遍大地是个无念，何疑之有？"万历辛巳年（1581年），无念禅师前往龙湖，与李卓吾居士同至驷马山。当时有一讲经师也来到那里。李卓吾居士问讲经师："清净本然，云何忽生山河大地？"讲经师于是依文解义，说了一通。李卓吾居士未置可否，回头看了无念禅师一眼，问道："无念，你说看。"无念禅师正要开口拟对，李卓吾居士忽然推了一下无念禅师怕膝盖，说道："这个瞽师！"无念禅师当即猛然省悟。原来，"十地菩萨，梦见众生身堕大河，欲救度故，起勇猛心，发大精进，人法两空，始得入门，全无交涉"。于是作偈云："四十余年不住功，穷来穷去转无踪。而今穷到无依倚，始悔从前错用功。"弟子常灯在忏文中说：本师无念大和尚生于嘉靖甲辰年二月十七日午时，诞生地在湖北黄州麻城县太平乡高岸村游荡山袁家坳社下，天启七年丁卯岁七月十八日巳时在河南汝宁府光州商城县南黄檗山法眼寺圆寂。